GUIAS PHILIPS

Pantanal & Bonito Brasil

PROJETO
PHILIPS
BRASILIS

ESTE GUIA FAZ PARTE DO
PROJETO PHILIPS BRASILIS
QUE TEM POR OBJETIVO INCENTIVAR
A CULTURA, A ARTE,
OS PATRIMÔNIOS HISTÓRICO E
AMBIENTAL BRASILEIROS

GUIAS PHILIPS

Pantanal & Bonito

Brasil

HORIZONTE GEOGRÁFICO

PUBLIFOLHA

2000

HORIZONTE
GEOGRÁFICO

Diretor geral: Peter Milko
Diretor comercial: João Pedro Waack

GUIAS PHILIPS
Pantanal & Bonito

Diretor de redação: Peter Milko
Editor executivo: Nilton Pavin
Editor de arte: Fernando Hotz Fonseca

Coordenação geral: Sueli Rumi
Coordenação executiva: Fernanda de Paula
Consultorias: Paulo César Boggiani (geologia); Cláudia Vieitas e Haroldo Palo Jr. (meio ambiente); Rubens Junqueira Villela (meteorologia); Sérgio Simões (serviços)
Pesquisa de campo: Celair Ramos Peralta, Flávia Toqueti, Gavur Kirst, Marina de Azevedo Silva
Redação: Beto Leite, Mauro Castex, Sérgio Simões
Revisão de texto: Hassan Ayoub
Versão para o inglês: Versão Final Traduções Técnicas
Chefe de arte: Chico Nunes
Diagramação: Ariana Assumpção Silva e João Carlos Botelho Ferraz
Edição de fotografia: Lizimar Dahlke e Victor Andrade
Colaboradores: Andrea Manograsso, Beatriz Santomauro, Daniel Japiassu, Paulo César Boggiani, Rubens Junqueira Villela, Sueli Rumi (textos); Adriano Gambarini, Carlos Zaith, Cícero Viegas, Cláudia Vieitas, Denise Greco, Haroldo Palo Jr., Izan Petterle, Lizimar Dahlke, Mário Friedlander, Milton Shirata, Peter Milko, Victor Andrade, Zig Koch (fotografias), Alex Argozino, Geraldo de Moura Filho, JFerraz (ilustrações); Carlos César Martin, Sérgio Dieguez, Sidnei Canova (mapas)
Gerente administrativo: Mauro de Melo Jucá
Circulação: José Augusto Pires de Abreu
Atendimento ao Leitor: Marcos Fernandes
Produção Gráfica: Mauro Melo
Fotolitos: Spell
Impressão: Camargo Soares

Guias Philips
Pantanal & Bonito

Horizonte Geográfico
Av. Arruda Botelho, 684 - 5° andar
CEP 05466-000, São Paulo - SP - Brasil
Tel. (11) 3022-5599 Fax: (11) 3022-3751
E-mail: horizonte@horizontegeografico.com.br
Site: www.horizontegeografico.com.br

Todas as informações contidas neste guia foram obtidas até agosto de 2.000. É recomendável que o usuário confira sempre os horários de funcionamento das atrações, dos ingressos e demais dados de utilidade. A Editora não pode se responsabilizar por eventuais prejuízos que possam ocorrer em função da mudança das informações. Para acompanhar a atualização e obter novas informações, consulte o site: www.horizontegeografico.com.br

A Horizonte Geográfico agradece o envio de dados que auxiliem na atualização das informações e serviços apresentados nessa publicação, que poderão ser enviados pelo correio, por fax ou pelo e-mail: redacao@horizontegeografico.com.br

Distribuição: Publifolha
Divisão de Publicações do Grupo Folha
Av. Vieira de Carvalho, 40, 11° andar
CEP 01210-010, São Paulo - SP
Tels. (11) 3351-6341/6342/6343/6344 - Fax: (11) 3351-6330
Site: www.publifolha.com.br

Série Guia Philips de Turismo Ecológico do Brasil.
Publicado em 2000 pela Horizonte Geográfico.

Sumário

Prezado Leitor,

Cobrir quilômetros de áreas inóspitas em busca de fazendas longínquas, lagoas isoladas, ninhais escondidos, comunidades distantes, cachoeiras atraentes e paisagens deslumbrantes. Esses foram alguns dos desafios que a equipe da Horizonte Geográfico enfrentou, ao percorrer durante dez meses por terra, água e ar os mais variados rincões da maior planície inundável do planeta e suas serras adjacentes, Chapada dos Guimarães e a Bodoquena, onde fica Bonito. Nesse período, mais de 30 profissionais envolvidos, do piloto de avião aos especialistas em cada área de atuação, desvendaram os mistérios de uma das regiões mais isoladas do Brasil, nos Estados do Mato Grosso e Mato Grosso do Sul.

Visitamos mais de 30 cidades, percorremos inúmeros rios, cavalgamos por dezenas de fazendas, sobrevoamos várias regiões e ainda verificamos hotéis e pousadas. O resultado você irá acompanhar agora, com destaque aos 23 roteiros exclusivos. Ao mesmo tempo, levantamos as características ecológicas e culturais do Pantanal e do seu entorno, dando um panorama geral que vai deixar você por dentro do meio ambiente e da história da região. Desenvolvemos ainda com nosso amigo e colaborador Haroldo Palo Jr., que documenta o Pantanal há mais de 15 anos, um catálogo dos principais animais e plantas da região, detalhando seus hábitos e curiosidades, o que permitirá ao visitante identificar as espécies que observar e conhecê-las melhor.

Tudo isso para que você realize seu sonho de conhecer o Pantanal. Ecoturismo, ou turismo cultural, não importa a modalidade: esta parte da região Centro-Oeste do país é o melhor local para se observar as mais variadas espécies animais no Brasil e ao mesmo tempo, descobrir a original cultura pantaneira, que consegue moldar o homem do campo às exigências de um ambiente onde quem manda é o ciclo das águas. O isolamento, as poucas alternativas de hospedagem e as cheias cíclicas criaram uma aura especial de aventura reservada apenas aos mais audaciosos. Esperamos que, com esse Guia, você possa planejar sua viagem com mais segurança e tranqüilidade, sentindo a emoção de descobrir o Brasil.

Bonito e Chapada

Bonito surgiu no início dos anos 90 como um dos primeiros destinos de ecoturismo do Brasil e rapidamente se tornou uma excelente alternativa para quem fosse ao Pantanal Sul. Um peculiar acordo entre donos de terras e agentes de turismo permitiu levar visitantes a usufruir atrações existentes em áreas particulares, monitoradas com a presença obrigatória de um guia, tornando-se um exemplo de turismo ecológico bem monitorado e sustentável. Repleto de rios com águas cristalinas, cavernas e cachoeiras, Bonito é o lugar ideal para quem aprecia a natureza e se encanta com a inédita experiência de observar peixes como se estivesse num aquário, enquanto flutua na água límpida.

As escarpas e cachoeiras da Chapada dos Guimarães são um convite irrecusável para quem visita o Pantanal Norte. A 60 quilômetros de Cuiabá, o clima ameno e o relevo acidentado são um excelente contraponto à quente e úmida planície pantaneira. As mesmas águas que depois se integram ao rio Paraguai no Pantanal, formam cavernas, cachoeiras e vales na Chapada. Foram essas mesmas águas que ao longo de milênios esculpiram as surpreendentes formações rochosas que são a marca registrada da Chapada.

Nosso desejo é que com esse Guia, você possa se envolver e descobrir os encantos, a beleza e os mistérios desse fantástico pedaço do Centro-Oeste brasileiro.

Peter Milko
Diretor de Redação

Como usar este Guia

Esse guia de viagem vai possibilitar seu acesso seguro e correto à todas as maravilhas – naturais e culturais – do Pantanal. Para ajudá-lo a planejar o passeio, o guia oferece informações úteis e detalhadas desde como chegar em cada local, até a identificação dos animais e plantas.
Por questões geográficas, dividimos as cidades em duas regiões distintas: Pantanal Norte e Pantanal Sul; incluímos também a região de Bonito e da Chapada dos Guimarães.

Descobrindo o Pantanal, Cenário Ecológico e Homem Pantaneiro

Ao longo desses capítulos, há uma série de informações referentes à localização das regiões (com tabela de distâncias das principais capitais, mapas e dicas do que levar), à cultura pantaneira, à história da ocupação da região e aos aspectos geográficos.

Roteiros

Aqui você encontra informações enfocando os diversos aspectos humanos e geográficos de cada ecossistema.

Relação das principais atrações com endereço completo.

No quadro em azul estão as distâncias, em quilômetros, para as principais cidades; número de habitantes; CEP; DDD; e telefone do principal órgão de turismo da cidade.

Mapa da região central da cidade com as principais entradas e saídas.

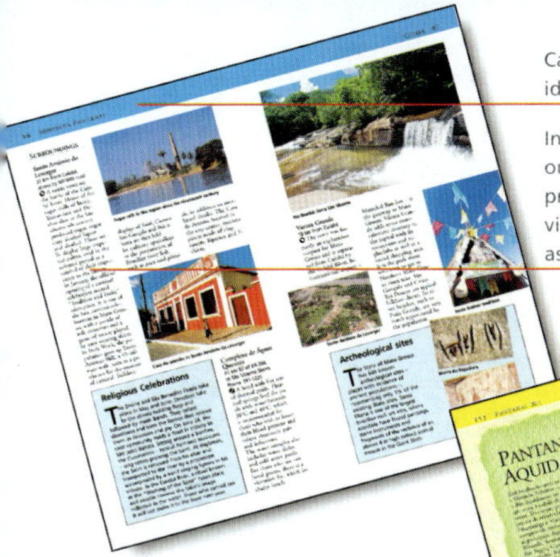

Cada capítulo tem sua cor própria, identificado pela tarja superior.

Incluímos também o item Arredores, onde estão indicadas as cidades próximas que também merecem ser visitadas; e boxes específicos com aspectos históricos e culturais.

Os mapas ilustrados contêm os principais atrativos; os rios, parques e áreas de conservação mais importantes; as rodovias asfaltadas (em vermelho) e estradas de terra (em laranja) mais relevantes e as cidades relacionadas no capítulo correspondente.

Serviços

Aqui você encontra a relação dos principais serviços de apoio ao visitante. Opções detalhadas de hospedagem, alimentação e telefones úteis: de aeroportos, rodoviárias, locadoras de veículos, agências de turismo, bancos, hospitais, polícias Florestal e Federal, companhias aéreas e compras. Nesse capítulo há também uma série de dicas referentes à saúde (vacinas, alimentação e cuidados com a água); precauções com os animais; referências para o estrangeiro; e uma relação de livros, CDs e sites referentes ao Pantanal.

Animais e plantas

Para facilitar a observação de animais, incluímos uma relação das principais espécies, com descrição completa, hábitos e curiosidades.

Observações

- Para facilitar a consulta, incluímos no início do Guia um índice geral que engloba todos os capítulos; no final, um outro só para cidades e um terceiro que inclui as espécies da fauna e flora da região.
- Nos textos, procuramos abreviar todas as referências relacionadas à distâncias e áreas: quilômetro (km), metro (m), hectare (ha).
- O mapa utilizado na abertura dos capítulos refere-se à Bacia Hidrográfica do Rio Paraguai.
- Nas capitais Campo Grande e Cuiabá, as melhores opções de compras estão no texto; nas demais, estão indicadas na seção de serviços.

Descobrindo o Pantanal

NOVOS DESAFIOS A CADA PASSO

Em uma das mais belas regiões naturais do nosso país, a grande variedade de fatores ambientais determina condições para a coexistência de milhares de plantas e animais, numa contínua explosão de vida.

Área alagada em Corumbá

Quem vai ao Pantanal entende, com facilidade, que, na natureza, tudo tem ligação e que, interferências estranhas podem também, facilmente, romper seu equilíbrio. Cores, sons e formas se sucedem em espetáculos de beleza constante provocando um grande impacto no visitante. Surge nele a vontade de ampliar os conhecimentos sobre os personagens deste espetáculo e melhor compreender os mecanismos responsáveis por toda a riqueza e complexidade da região.

Até bem pouco tempo, ir ao Pantanal era uma aventura difícil, dada à precariedade das estradas e da hospedagem disponível. Além disso, uma série de informações infundadas alarmava os possíveis interessados: doenças raras, feras, pântanos. Somente os moradores locais e poucos especialistas conheçiam as variações do clima, as possibilidades de locomoção, os lugares adequados ao estabelecimento de fazendas, pontos de pescaria ou observação científica.

Atualmente, a situação é diferente. A melhoria do acesso e a ampla propaganda da região têm atraído empresários, comerciantes e turistas em busca de oportunidades, como a da novidade do turismo ecológico. Não há dúvida de que, com o crescente ritmo do desenvolvimento, o Pantanal certamente sofrerá impactos.

Cachoeira do Aquidabã é uma das mais altas da região de Bonito, com 120 metros

PANTANAL E REGIÃO

Fronteira Internacional
Divisa Interestadual
Parque Nacional ou Área de Preservação Ambiental
Pista de Pouso / Aeroporto
Rodovia Federal
Rodovia Pavimentada
Estrada de Terra
Pantanal

Cabeça-seca é a menor das três espécies de cegonhas do Brasil

Mas, as decisões sobre o tipo de interferência humana adequada e aconselhável devem ser tomadas após estudos sérios, bem como estrita observância das leis que regem a ocupação das áreas naturais.

Marreco irerê

Para que seja utilizado sem perder suas características excepcionais, o Pantanal precisa ser conhecido e respeitado por todos os cidadãos, conscientes da responsabilidade que temos de legar às gerações futuras este enorme e belo refúgio de vida. De uma margem a outra do rio, a paisagem pode mudar radicalmente: matas de galeria de um lado, campos de outro. Bugios fazendo algazarra em um galho de árvore alta da mata, com capivaras tomando banho logo abaixo. Socós, anhingas, garças e cabeças-secas empoleirados em troncos secos, logo adiante, não permitem que os biguás – voando em formação – possam pousar no mesmo local. Os gritos das araras-azuis nos acuris chamam a atenção para um capão de mata no meio do campo. Tudo no Pantanal indica a presença de animais: sons – muitos sons –, rastros, mínimos movimentos. Com os pantaneiros, aprende-se a prestar atenção nos detalhes e a identificar, um a um, os moradores destas paragens onde a garantia de vida é a presença da água.

Tereré e jacarés

O pantaneiro vive do gado, do rio e daquilo que a região oferece. É o habitante local, conhecedor profundo do regime de cheias e vazantes, da fauna e da flora. Possui costumes próprios como tomar tereré (erva mate gelada tomada em chifre de boi), tocar berrante para reunir o gado,

As capivaras habitam áreas pantanosas, lagoas e rios

Guaxinim, também conhecido como mão-pelada ►

Arco de Pedra, formação rochosa da Chapada dos Guimarães

levar a faca amarrada às costas e temer o esturro da onça – que ataca o gado. Os habitantes locais sofrem com as mudanças recentes em sua terra.

A ação dos coureiros que, matando os jacarés – principais predadores das piranhas – aumentou a quantidade destes animais em águas antes tranqüilas para banho. A entrada da soja, o rodízio do pasto dos grandes pecuaristas e o garimpo do ouro auxiliaram na retirada das matas de galeria – que protegiam as águas correntes – e no assoreamento de vários rios.

Nas margens do complexo pantaneiro, dois outros locais chamam a atenção do visitante: Bonito ao Sul e Chapada dos Guimarães a Norte. No primeiro, rios cristalinos com peixes multicoloridos, cachoeiras e cavernas atraem justamente pelo que as águas oferecem. Transformado em área de esporte, lazer e aventura, Bonito tem tantas atrações que dificilmente uma só visita permite conhecê-las.

O melhor é mesclar um pouco de cada: caminhadas, mergulhos, cavernas, passeios de barco e observação de fauna.

Na Chapada, as altas formações de arenito, a fauna abundante do Parque Nacional e as infindáveis cachoeiras que descem encosta abaixo encantam os que chegam até lá. Viajantes famosos como os integrantes da Expedição Langsdorff, no início do século 19, foram os primeiros a retratar suas belezas ao mundo. Localizada a poucos quilômetros da capital do Mato Grosso, a Chapada dos Guimarães é o centro geodésico da América do Sul – ou o ponto central do continente, eqüidistante entre os Oceanos Atlântico e Pacífico. Desde o final da década de 70 vem atraindo visitantes em busca de esoterismo e, mais recentemente, em busca da aventura de caminhar pelo cerrado, observando de baixo – ou de cima – os paredões que formam seu relevo acidentado.

Rio Paraguai, Corumbá

Mergulho na Gruta do Mimoso, em Bonito

Gruta Lago Azul, em Bonito, tombada pelo Patrimônio Histórico ►

COMO CHEGAR

DE AVIÃO

O meio mais prático é via aérea, por isso, os mais bem equipados aeroportos da região - Campo Grande e Cuiabá - são os principais pontos de chegada para quem pretende conhecer o Pantanal, Bonito e Chapada. Partindo de São Paulo, as empresas Varig, Vasp e TAM oferecem vôos diários para **Campo Grande**. Para **Cuiabá**, ainda partindo de São Paulo, além das empresas acima, a Transbrasil também opera uma linha regular. O mesmo se aplica ao Rio de Janeiro, mas, nesse caso, todas fazem primeiro uma escala ou conexão em São Paulo. Há também um único vôo diário para **Corumbá**, feito pelo TAM.

DE CARRO

Para conhecer o Pantanal Sul e Bonito, a cidade de **Campo Grande** é o principal referencial. Para chegar até ela, há duas alternativas: ou pela BR-163, vindo de Cuiabá, ou pela BR-262, partindo de São Paulo. De Campo Grande para **Bonito,** basta tomar a BR-060, no sentido de Guia Lopes de Laguna.

Quem vai ao **Pantanal Sul**, a melhor alternativa é seguir pela BR-262, para Corumbá. Para o **Pantanal Norte**, tome a BR-163, no sentido de Coxim e Cuiabá. Em **Cuiabá**, há diversas opções para adentrar o Pantanal. Pode-se tomar a Transpantaneira (MT-060) em **Poconé**, no sentido de **Porto Jofre**. Outra opção é seguir pela BR-070, no sentido de **Cáceres** e, a partir desta cidade, tomar um barco.

	Aracaju	Belém	BH	Brasília	C. Grande	Cuiabá	Curitiba	Florianópolis	Fortaleza	Goiânia
Aracaju		2085	1590	1636	2664	2770	2559	2898	1102	1829
Belém	2085		3027	2347	2942	2941	3193	3500	1610	2017
BH	1590	3027		714	1266	1622	1021	1443	2468	828
Brasília	1636	2347	714		1134	1133	1442	1767	2059	205
Campo Grande	2664	2942	1266	1134		724	950	1281	3108	856
Cuiabá	2770	2941	1622	1133	724		1674	1999	3193	941
Curitiba	2559	3193	1021	1442	950	1674		339	3437	1186
Florianópolis	2898	3500	1443	1767	1281	1999	339		3782	1517
Fortaleza	1102	1610	2468	2059	3108	3193	3437	3782		2252
Goiânia	1829	2017	828	205	856	941	1186	1517	2252	
João Pessoa	635	2090	2221	2244	3276	3382	3172	3510	675	2441
Maceió	282	2070	1049	1908	2936	3043	2832	3177	974	2101
Natal	793	2107	2340	2383	3414	3520	3309	3654	523	2579
Palmas	1660	1592	1531	1003	1721	1468	2051	2382	1806	865
Porto Alegre	3296	3854	1760	2111	1413	2137	720	497	4174	1855
Porto Velho	4231	4397	3083	2607	2185	1462	3135	3466	4654	2402
Recife	508	2116	2075	2121	3149	3253	3041	3387	788	2310
Rio Branco	4722	4854	3581	3092	2655	1960	3645	3949	5431	2900
Rio de Janeiro	1907	3453	429	1140	1414	1978	835	1180	2808	1176
Salvador	344	2149	1430	1457	2485	2591	2380	2725	1317	1650
São Luís	1597	806	2296	2038	2913	2660	3244	3568	999	2057
São Paulo	2231	2933	581	1027	1026	1608	408	792	3109	929
Teresina	1156	930	1936	1768	2727	2475	3059	3397	670	1871
Vitória	1372	3105	526	1224	1879	2142	1300	1645	2273	1338

	Natal	Palmas	Porto Alegre	Porto Velho	Recife	Rio Branco	R. Janeiro	Salvador	São Luis	São Paulo
Aracaju	793	1660	3296	4231	508	4722	1907	344	1597	2231
Belém	2107	1592	3854	4397	2116	4854	3453	2149	806	2933
BH	2340	1531	1760	3083	2075	3581	429	1430	2296	581
Brasília	2383	1003	2111	2607	2121	3092	1140	1457	2038	1027
Campo Grande	3414	1721	1413	2185	3149	2655	1414	2485	2913	1026
Cuiabá	3520	1468	2137	1462	3253	1960	1978	2591	2660	1608
Curitiba	3309	2051	720	3135	3041	3645	835	2380	3244	408
Florianópolis	3654	2382	497	3466	3387	3949	1180	2725	3568	792
Fortaleza	523	1806	4174	4654	788	5431	2808	1317	999	3109
Goiânia	2579	865	1855	2402	2310	2900	1176	1650	2057	929
João Pessoa	180	2116	3908	4843	135	5314	2519	956	1601	2837
Maceió	507	2055	3568	4503	245	4989	2180	617	1583	2504
Natal		2133	4046	4981	288	5452	2680	1111	1463	2981
Palmas	2133		2720	2929	2142	3676	1957	1604	1283	1788
Porto Alegre	4046	2720		3598	3781	4043	1555	3117	3911	1166
Porto Velho	4981	2929	3598		4716	504	3439	4052	4118	3062
Recife	288	2142	3781	4716		5203	2392	829	1628	2716
Rio Branco	5452	3676	4043	504	5203		3949	4533	4867	3570
Rio de Janeiro	2680	1957	1555	3439	2392	3949		1726	2725	429
Salvador	1111	1604	3117	4052	829	4593	1726		1662	2052
São Luís	1463	1283	3911	4118	1628	4867	2725	1662		2982
São Paulo	2981	1788	1166	3062	2716	3570	429	2052	2982	
Teresina	1174	1096	3725	3932	1185	4879	2365	1219	445	2780
Vitória	2142	1283	2020	3603	1857	4078	533	1193	2618	862

DE BARCO

O maior rio do Pantanal, o **Paraguai**, é uma espécie de avenida para se conhecer bem a região. Ele pode ser alcançado em Corumbá (MS) ou no outro extremo, na cidade de Cáceres (MT), já no Pantanal Norte. Outro rio importante para a navegação é o **Cuiabá**. Por ele, é possível ir de Cuiabá para Barão de Melgaço, ou mesmo para Porto Jofre.

João Pessoa	Maceió
635	282
2090	2070
2221	1049
2244	1908
3276	2936
3382	3043
3172	2832
3510	3177
675	974
2441	2101
	351
351	
180	507
2116	2055
3908	3568
4843	4503
135	245
5314	4989
[illegible]	[illegible]
956	617
1601	1583
2837	2504
1161	1140
1984	1644

Teresina	Vitória
1156	1372
930	3105
1936	526
1768	1224
2727	1879
2475	2142
3059	1300
3397	1645
670	2273
1871	1338
1161	1984
1140	1644
1174	2142
1096	1283
3725	2020
3932	3603
1185	1857
4879	4078
2365	533
1219	1193
445	2618
2780	862
	2175
2175	

O QUE LEVAR

Em pleno Pantanal, é um tanto difícil encontrar refrigerantes, sucos de frutas ou mesmo água mineral. Nas longas caminhadas, provavelmente, a única fonte de água p saciar a sede será um riacho ou uma lagoa. Por isso, para aproveitar bem sua viagem e terras pantaneiras, siga algumas dicas para não sofrer com o sol, insetos e outras surpr da natureza durante as pescarias e safáris fotográficos, entre outras atividades

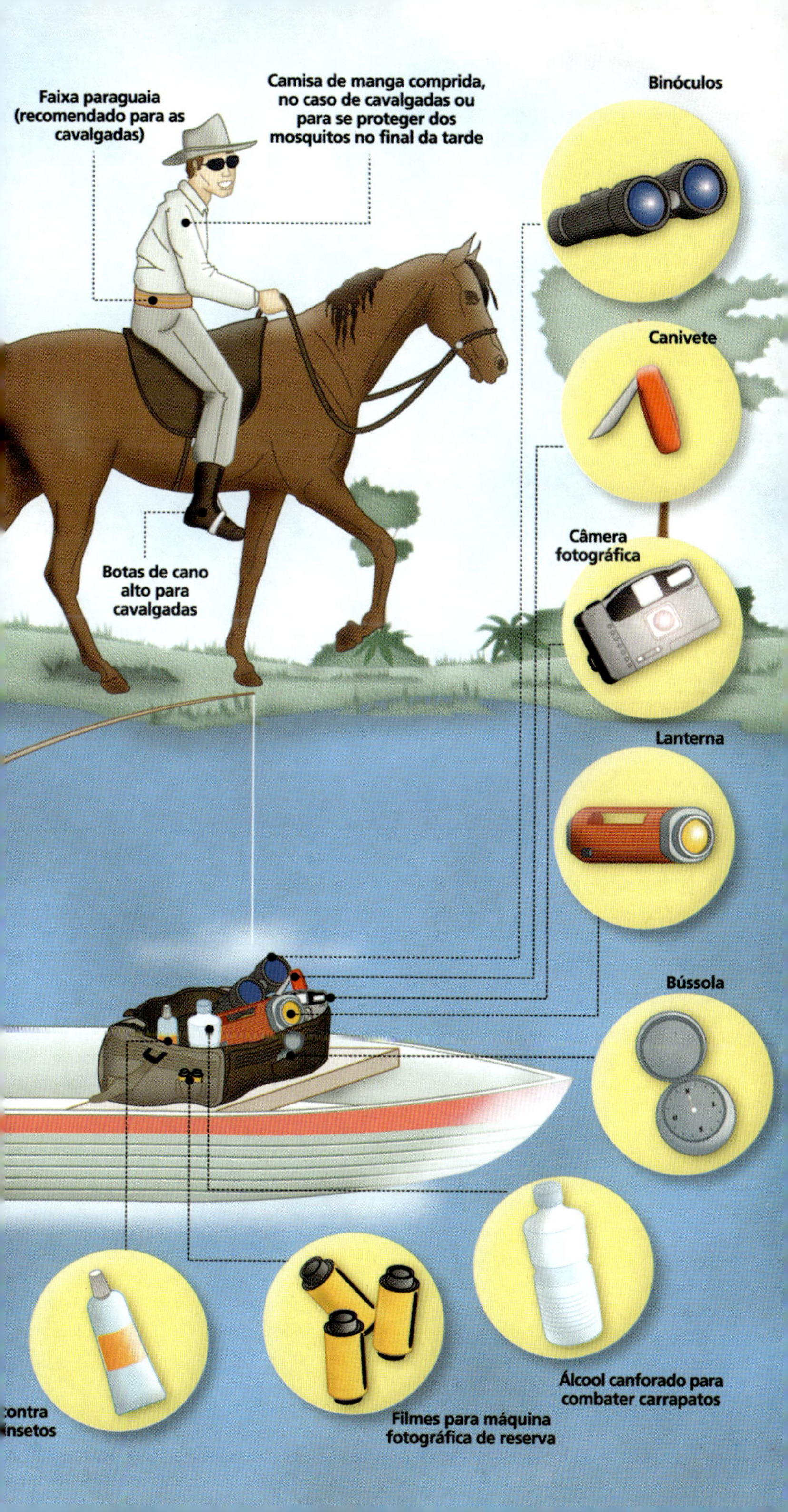
Faixa paraguaia (recomendado para as cavalgadas)
Camisa de manga comprida, no caso de cavalgadas ou para se proteger dos mosquitos no final da tarde
Binóculos
Canivete
Câmera fotográfica
Botas de cano alto para cavalgadas
Lanterna
Bússola
:ontra
insetos
Filmes para máquina fotográfica de reserva
Álcool canforado para combater carrapatos

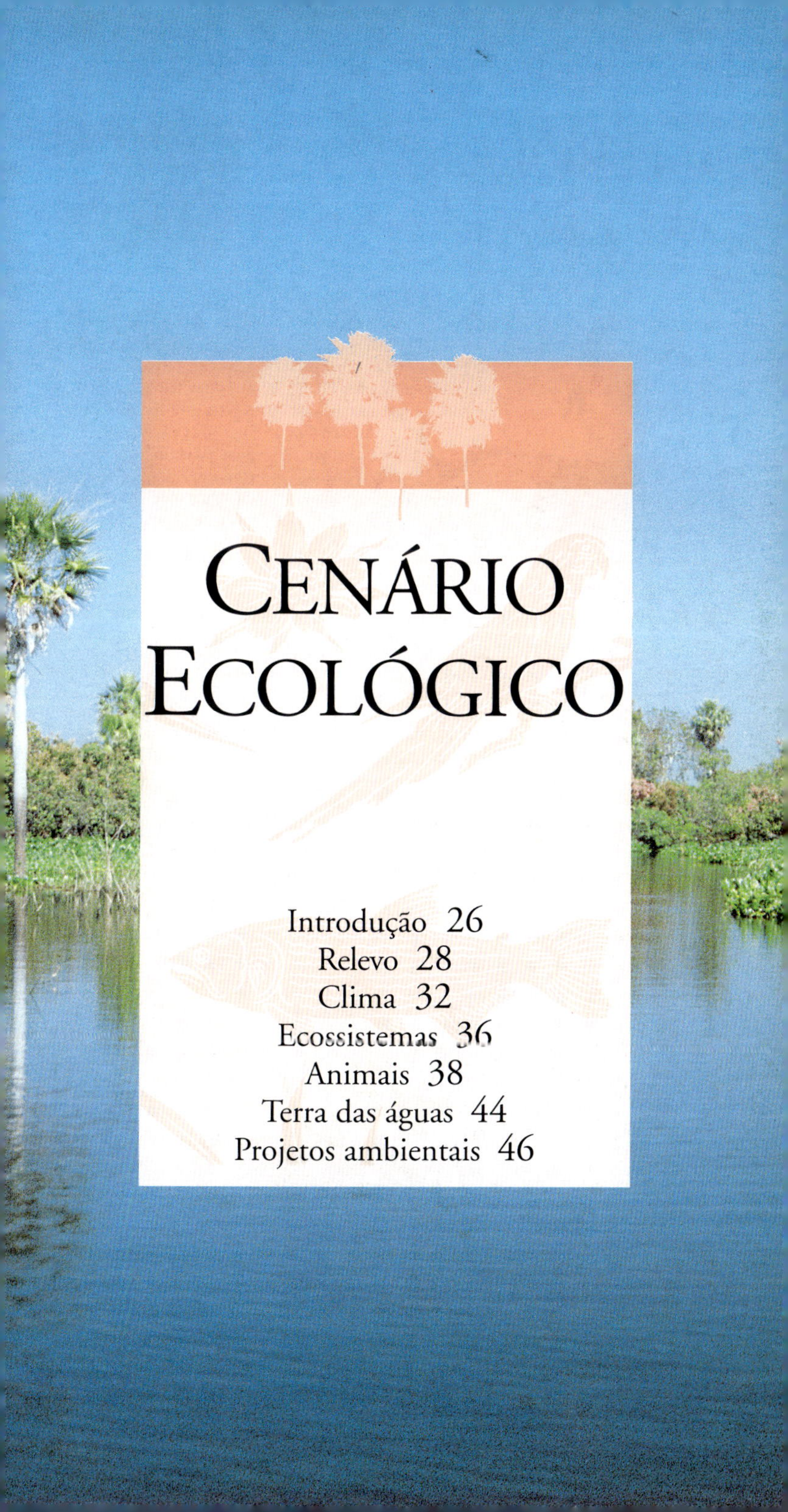

Cenário Ecológico

INTRODUÇÃO AO PANTANAL

Ninho de tuiuiús

O Pantanal espalha-se por uma planície de, aproximadamente, 230 mil km^2, abrangendo o extremo Oeste do Brasil e partes do Paraguai e da Bolívia, na maior planície alagável das Américas. O cenário pantaneiro é único no mundo, mas não deve ser confundido com pântano, como o próprio nome sugere.

Trata-se de uma incrível mistura de ecossistemas, que abriga paisagens distintas, como campos, alagados e matas com influências da Floresta Amazônica, do Cerrado e da Caatinga. É totalmente dependente das águas e regido pelo fenômeno das cheias e das secas, que movimentam a vida na região. Essa enorme planície tem como único escoadouro o rio Paraguai, e toda a água das chuvas que preenche as depressões dos terrenos e enche as cabeceiras dos rios nas regiões mais elevadas, localizadas ao Norte, espalha-se lentamente, rumo ao Sul, pelo restante da planície durante cerca de seis meses por ano.

Durante as cheias – que se iniciam em janeiro e atingem, lentamente, seu ponto máximo em maio/junho –, as águas formam baías, lagoas e corixos. Com o final das chuvas, as lagoas passam a concentrar uma grande variedade de seres que atraem outros animais que estão em busca de água e alimento, como catetos, quatis, queixadas e aves aquáticas. Quando as águas baixam, no período de seca – de agosto a dezembro –, os nutrientes por elas trazidos depositam-se sobre o solo, enriquecendo-o e oferecendo alimento para os animais da região. É nessa época, por exemplo, que a piúva, ou ipê-roxo – árvore símbolo do Pantanal –, floresce. Graças a este ir e vir das águas, o Pantanal consegue abrigar uma grande diversidade de fauna e flora, tanto terrestre como aquática. É também uma importante rota de migração de várias espécies de aves. Para sentir um pouco a sua diversidade, basta olhar ao redor ou acompanhar um amanhecer e entardecer na região: jacarés, tuiuiús, onças, ariranhas, anhingas, gaviões, cervos, socós, bugios e uma infinidade de insetos povoam os rios, as matas e as lagoas, somando cores e ruídos ao ecossistema pantaneiro, encantam qualquer observador.

Pôr-do-sol no Cerrado

Fazenda do Pantanal Sul ►

UM RELEVO DETERMINANTE

Lagoa próxima do rio Negro

O Pantanal é uma extensa área plana, cuja altitude varia apenas de 80 a 150 metros acima do nível do mar. Está circundada por planaltos escarpados e terras mais altas, tendo como alguns limites a Serra da Bodoquena, a Chapada dos Guimarães, a Serra do Amolar e o Maciço do Urucum. E sua principal característica é o fato de estar sujeita a inundações periódicas; este fato ocorre porque o Paraguai, o único rio que leva as águas para fora do Pantanal, tem declividade de apenas um centímetro por quilômetro em média, dificultando o escoamento das águas. Além disso, no extremo sul do Pantanal, nas proximidades da cidade de Porto Murtinho, existe uma barragem natural, conhecida como Fecho dos Morros, que também contribui para o represamento das águas. Situa-se no centro da América do Sul e todas suas águas fazem parte da Bacia do rio Paraguai.

As características do relevo têm nomes próprios, às vezes, curiosos.

Serras: são as maiores elevações do terreno pantaneiro e podem atingir até 1.000 metros. É o caso do Maciço do Urucum, no Pantanal Sul, onde os solos são rochosos e mais secos. A vegetação predominante é a típica do Cerrado, mas, no alto, podem aparecer espécies da Caatinga, como os cactos.

Parque Nacional da Chapada dos Guimarães

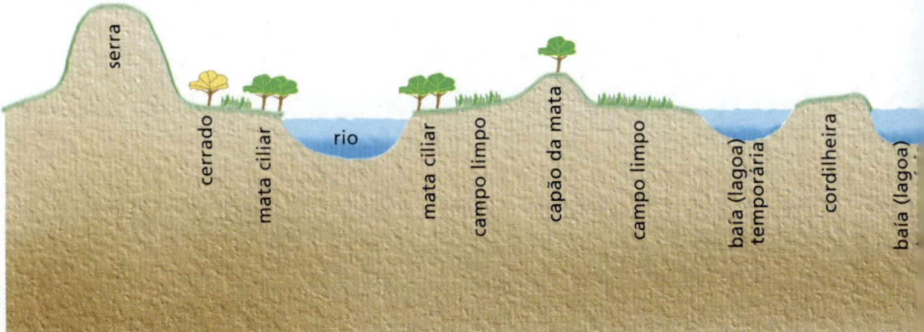

Corte de relevo do Pantanal

Morros: em alguns locais da planície pantaneira, aparecem elevações em torno de 150 metros de altura, denominadas morros isolados. Durante as cheias, propiciam refúgios para a fauna nativa, que busca nas suas matas e cerrados a fuga do alagamento das terras mais baixas. No alto, novamente, podem ser encontradas espécies típicas da Caatinga.

Cordilheiras: são pequenas elevações da planície de até 2 metros de altura, dispostas sobre faixas arenosas. Sua cobertura vegetal corresponde aos capões de mata dificilmente atingidos pelas cheias, propiciando refúgios à fauna silvestre e ao gado durante este período. Por serem terrenos mais altos, funcionam também como barreiras na planície pantaneira, auxiliando a represar a água que se acumula nas baías.

Árvore típica da região do Cerrado

A ÁGUA E SEUS CICLOS

Todos os anos, o ciclo da inundação se repete. As águas que escoam pela planície pantaneira têm como principal fonte as chuvas intensas nas cabeceiras dos rios, especialmente ao Norte, nas nascentes do rio Paraguai. A partir dessa região, as águas transbordam dos leitos dos rios e a inundação desce lentamente rumo ao Sul. Apesar de o principal período chuvoso compreender os meses de dezembro a fevereiro, é entre maio e julho que as águas atingem seu nível máximo na planície. É também durante as cheias que ocorre o abastecimento das lagoas, que depois funcionam como reservatórios. Existe outro ciclo das águas, que acontece com menos regularidade. Trata-se das grandes cheias, que podem assumir proporções catastróficas, como as de 1905, 1959, 1974, 1976, 1977 e 1979. Nessas ocasiões, as rodovias e as ferrovias foram alagadas, houve grande mortalidade de animais silvestres e de gado. Em fevereiro de 1977, por exemplo, foi decretado estado de calamidade pública em Corumbá por causa da histórica inundação.

Vista aérea de área alagada, próximo de Cáceres

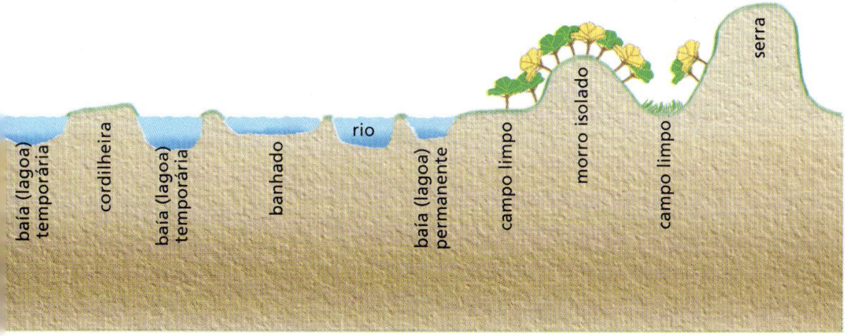

O NOME DAS ÁGUAS

Entre as diversas paisagens formadoras do Pantanal, os rios são considerados os mais importantes. Os grandes cursos d'água possuem, normalmente, águas barrentas e correm com pouca velocidade, devido à baixa declividade do terreno. A vegetação das margens varia conforme o terreno e aparecem como matas de galeria, campos, cerrados ou alagados. Além destes terrenos, a água também pode ser encontrada em outros locais.

Vazantes: equivalem aos canais amplos e largos de escoamento. Funcionam no período das cheias fazendo a comunicação entre rios e lagoas.

Corixos: são pequenos cursos d'água que funcionam como canais de drenagem permanente, cujo volume varia conforme a época do ano. Durante as enchentes, possuem tanta água que podem até ser confundidos com os rios principais.

Banhados: são as áreas planas vizinhas aos rios, por onde a água extravasa. Também são chamados de brejos ou alagadiços, dependendo da quantidade de água acumulada. Têm vegetação típica de solos encharcados ou vegetação flutuante.

Baía formada na parte baixa da planície

Baías: são lagoas cujas águas escoam para os rios e estão localizadas nas áreas mais baixas da planície. São separadas pelas cordilheiras e podem ser temporárias ou permanentes. As águas são calmas e, normalmente, apresentam vegetação flutuante, principalmente nas áreas mais rasas. Algumas lagoas possuem grande concentração de sais, que atraem animais em busca de suprimentos alimentares durante a seca e, por esse motivo, são conhecidas como lagoas salinas.

O GRANDE MAR INTERNO

Devido ao fato de o Pantanal ser uma região muito plana e baixa, com milhares destas lagoas espalhadas pela grande planície, alguns estudiosos pensaram que a área pudesse ter sido um antigo mar interior. Até meados do século 16, acreditava-se que a região era um imenso lago de água doce. O historiador alemão Schmidel chegou a batizar a região como Lago dos Xaraés, em referência a uma tribo indígena que habitava a região. Esse nome continuou sendo usado mesmo após a constatação de que não se tratava de um lago, mas sim de uma planície sujeita a inundações. Foi apenas no começo do século 20 que a região passou a ser conhecida como Pantanal, denominação também imprópria, uma vez que não se trata de uma região permanentemente alagada e muito menos de um pântano. O mito de que no Pantanal já havia existido um mar teve grande repercussão na década de 30. Os defensores da idéia acreditavam que lá existiam grandes reservas de petróleo, iguais às jazidas petrolíferas da Bolívia. Até a década de 60, as prospecções geológicas do antigo Conselho Nacional do Petróleo e da Petrobrás não localizaram nenhuma evidência de óleo. As conchas encontradas na região são de água doce e as "lagoas salinas" apresentam, na verdade, águas carbonatadas, não tendo nenhuma relação com a água do mar.

O Mar de Xaraés

Um dos que acreditavam no mito do mar interior que teria existido na região do Pantanal foi o escritor Monteiro Lobato, que incluiu nas suas histórias infantis várias alusões a esse inexistente "mar interno".

Conchas antigas

A ORIGEM DA GRANDE PLANÍCIE

Esta extensa área plana foi, há 60 milhões de anos, uma região elevada, resultado do mesmo processo geológico que formou a Cordilheira dos Andes. Esta área elevada sofreu rupturas com rebaixamento de blocos, dando origem à depressão pantaneira, que foi posteriormente entulhada por centenas de metros de sedimentos vindos das serras adjacentes, carregadas pelos rios. Esse processo durou milhares de anos e houve bruscas mudanças no clima, ora árido ora úmido. Nos períodos áridos, formaram-se extensos campos com a areia soprada pelo vento das dunas e graças à ausência de vegetação.
As chuvas torrenciais também teriam contribuído para o transporte de grande quantidade de areia para a Bacia do rio Paraguai, que ficou depositada no sopé das escarpas. Entre estes gigantescos depósitos de areia, denominados leques, destaca-se o do Taquari, que ocupa um terço da planície pantaneira e condiciona a distribuição dos principais rios da região. Sobre essas areias corre o rio Taquari, formado por uma série de canais, cujos cursos podem mudar a qualquer momento. Nas áreas limítrofes desse depósito do Taquari, encontram-se os rios Miranda e Paraguai, que apresentam canais sinuosos mas dentro de um leito bem definido.

Travessia do gado ►

As formações vegetais

O Pantanal é formado por um mosaico de paisagens distribuídas na imensa planície alagável. Os grandes biomas vizinhos – o Cerrado e a Floresta Amazônica – ajudam a compô-la, misturando espécies vegetais e animais, como os buritis e as vitórias-régias. A Caatinga, apesar de distante, também possui espécies representadas no Pantanal, principalmente no alto dos morros e das serras. É o caso do cacto mandacaru.

Fazenda às margens do rio Negro

Campo: é a paisagem mais freqüente no Pantanal. Pode estar em áreas alagáveis ou em extensões mais altas e secas. Nas regiões sujeitas ao alagamento temporário, os campos são mais "limpos", com várias espécies de capim e poucas árvores ou arbustos, onde animais silvestres e o gado pastam calmamente durante o período de seca. Nos locais mais altos, se desenvolvem os campos cerrados, com a vegetação típica do ecossistema vizinho: árvores retorcidas de cortiça grossa sobressaem-se em meio às gramíneas.

Mata ciliar

Mata: entremeando a vegetação baixa dos campos, surgem as matas. As de galeria, também chamadas de ciliares, acompanham os cursos d'água e, conseqüentemente, se mantêm úmidas durante o ano todo, além de proteger os rios da erosão. Além destas, ocorrem também os capões de mata, que são manchas de vegetação com árvores frondosas e encorpadas, que preferem terrenos mais altos com solos mais ricos. São estes capões que podem ganhar diferentes nomes conforme as espécies presentes: carandazal, para áreas ricas em carandás; acurizal, onde predominam acuris; e piuval, para as com várias piúvas, entre outras.

UM CLIMA NADA AMENO

Rio Paraguai, Corumbá

A região do Pantanal está na faixa dos climas tropicais quentes e úmidos, apresentando, na maior parte, médias anuais de temperatura do ar superiores a 24ºC. A precipitação pluviométrica anual é da ordem de 1.000 a 1.250 milímetros ao ano, o que não é muito, se comparado com as regiões vizinhas dos Estados de Mato Grosso do Sul e Mato Grosso. Nesses lugares, o índice sobe para 1.500 milímetros ou mais, reforçando o fato de se tratar de uma região semi-árida.

Embora essas médias de temperatura anuais sejam estáveis, em torno de 24°C e 25°C, ocorrem também temperaturas extremas, variando entre –1°C e 41ºC. A razão destes contrastes térmicos é a alternância de correntes aéreas na direção Norte-Sul, entre a Cordilheira dos Andes – a Oeste –, e o Planalto Brasileiro – a Leste. No inverno, este corredor canaliza os ventos frios do Sul que se dirigem ao Equador, causando um resfriamento intenso, denominado *friagem* na região. Este fenômeno ocorre até cinco vezes em um ano, mas pode estar totalmente ausente em outros anos. Chega a alcançar até o vale do Amazonas. Foi o que aconteceu em julho de 1975, quando o Centro-Sul e o Oeste brasileiros viveram a chamada "geada do século": ventos extremamente frios e secos sopraram no Pantanal a até 40 km/h, fazendo a temperatura cair a quase 0ºC numa madrugada.

Cuidado com a friagem: Pantanal, Bonito e Chapada podem ficar gelados sem aviso prévio durante o inverno, que vai de maio a setembro. Não deixe de levar bons casacos nessa época.

O oposto também pode ocorrer, quando os ventos sopram de Norte, quentes e úmidos, provenientes da Amazônia, canalizados pelo mesmo corredor. Nessas ocasiões acontecem os grandes aguaceiros no Pantanal, que em poucas horas podem precipitar o mesmo volume de água que cairia normalmente em um mês. Em Corumbá, em janeiro de 1987, foram registrados 145 milímetros num período de 24 horas. Estes ventos de Norte podem ainda interagir com os ventos de Oeste que cruzam a cordilheira andina,

Vegetação típica da região alagada

vindos do Pacífico, e gerar grandes tempestades. Estas, geralmente, começam durante a noite sobre o Paraguai e deslocam-se para o Mato Grosso do Sul e Mato Grosso, com intermináveis trovoadas, chuvas fortes e ventos de rajada.

UMA LAGOA

É entre maio e julho que a planície apresenta seu nível máximo de cheia. É nessa época também que as lagoas estão funcionando como reservatório máximo de água; algumas abastecem os rios no momento em que estes começam a baixar.

Apesar de possuir um aspecto comum, a fauna e a flora de uma lagoa podem variar conforme a profundidade, o solo e a concentração de sais minerais da água. É um dos locais preferidos pelas grandes aves e pelos jacarés em busca de alimento. Algumas lagoas possuem ainda sais dissolvidos, ficando ligeiramente salobras. São chamadas de lagoas salinas e atraem alguns animais, que lambem o sal depositado em suas margens. Pequenos seres aquáticos crescem nestes ambientes, propiciando alimento para aves como os maçaricos migratórios.

Normais Climatológicas - 1961-1990

(118 m.) CÁCERES	T	Tx	Tx	Tn	Tn	PRP	MAX24h	U.R.
JAN	26,4	37,3	32,3	14,0	22,5	263,2	95,0	84,1
FEV	26,3	37,6	33,9	12,0	23,6	182,1	78,6	85,0
MAR	26,5	36,5	32,3	11,5	21,9	169,6	87,4	80,9
ABR	26,8	36,8	34,2	1,0	21,0	104,4	83,5	84,5
MAI	25,0	35,8	32,8	3,0	18,9	48,2	63,4	83,2
JUN	21,8	35,2	29,7	2,5	16,4	27,5	56,4	83,4
JUL	21,6	36,0	30,9	2,0	15,6	24,1	54,0	76,5
AGO	22,9	38,3	32,3	1,3	16,9	26,0	63,0	73,1
SET	24,8	39,0	32,8	9,2	19,8	51,3	53,0	71,0
OUT	27,0	39,0	32,5	9,8	21,6	78,2	66,0	76,8
NOV	26,7	38,9	35,2	13,1	22,6	155,6	78,2	80,5
DEZ	26,5	39,8	34,2	18,0	22,8	218,1	105,4	84,9
ANO	25,2	39,8 (1985)	32,8	1,0 (1971)	20,3	1460,7	105,4 (DEZ, 1979)	80,4

(625 m.) PORTO MURTINHO	T	Tx	Tx	Tn	Tn	PRP	MAX24h	U.R.
JAN	23,3	35,8	29,5	14,8	18,9	300,2	67,0	85,0
FEV	23,5	35,2	29,6	14,3	19,1	259,5	79,0	85,0
MAR	23,1	36,6	30,0	14,1	16,9	281,4	66,0	85,0
ABR	22,6	33,6	30,3	7,7	17,3	132,9	112,0	85,0
MAI	20,8	33,1	29,2	2,4	14,1	56,7	66,0	90,0
JUN	19,8	33,2	29,8	-4,5	11,4	8,5	35,4	71,0
JUL	18,8	34,3	29,6	-1,6	9,4	10,9	61,0	67,0
AGO	21,0	37,6	31,9	4,3	11,4	16,8	66,0	61,0
SET	23,2	38,2	32,5	8,0	15,6	93,9	61,6	67,0
OUT	23,3	38,2	31,2	9,6	17,5	161,3	65,2	80,0
NOV	23,4	36,0	30,3	12,9	18,5	263,9	94,0	85,0
DEZ	23,1	34,8	29,4	15,0	18,6	321,0	93,2	88,0
ANO	22,2	38,3 (1926)	30,3	-4,5 (1933)	15,7	1910,0	112,0 (1935)	79,0

(130 m.) CORUMBÁ	T	Tx	Tx	Tn	Tn	PRP	MAX24h	U.R.
JAN	27,0	14,6	32,7	37,5	23,2	207,1	144,9	78,3
FEV	26,9	15,3	32,4	38,3	23,2	122,7	76,3	80,8
MAR	26,7	12,4	31,9	37,1	23,5	137,7	88,7	81,6
ABR	26,0	13,0	30,6	36,2	21,6	78,0	119,8	78,5
MAI	23,1	6,2	8,1	34,3	20,6	53,4	76,7	80,9
JUN	21,1	6,0	26,2	33,2	17,2	30,5	46,6	79,2
JUL	21,8	1,4	26,9	34,4	18,7	29,2	60,7	72,4
AGO	22,7	4,6	28,4	36,8	18,1	32,4	75,9	72,6
SET	24,2	9,2	31,0	38,4	19,7	47,0	54,8	72,5
OUT	26,6	11,6	32,1	40,5	21,9	82,0	57,6	71,8
NOV	27,0	14,0	33,1	39,9	22,7	144,0	101,6	75,7
DEZ	27,2	16,2	32,9	39,6	23,1	154,2	63,6	77,0
ANO	25,0	1,4 (1975)	30,5	40,5 (1987)	21,1	1118,2	144,9 (JAN 1987)	76,8

(151 m.) CUIABÁ	T	Tx	Tx	Tn	Tn	PRP	MAX24h	U.R.
JAN	26,7	38,2	32,6	19,2	23,2	209,9	124,1	80,7
FEV	25,3	37,0	32,6	19,2	22,9	199,0	90,9	81,6
MAR	26,5	37,5	32,9	15,4	22,9	171,4	102,2	81,0
ABR	26,1	38,1	32,7	10,8	22,0	123,1	88,5	79,5
MAI	24,6	36,4	31,6	7,0	19,7	53,9	68,2	74,2
JUN	23,5	36,2	30,7	6,8	17,5	15,9	43,0	73,7
JUL	22,0	38,3	31,8	3,3	16,6	9,6	36,6	65,4
AGO	24,7	39,0	34,1	6,0	18,3	11,4	41,8	57,8
SET	26,6	41,1	34,1	10,2	22,1	58,0	70,7	61,8
OUT	27,4	40,4	34,0	13,1	17,1	115,0	100,0	69,6
NOV	27,2	40,0	31,1	15,8	22,9	154,4	115,1	74,2
DEZ	26,6	39,0	32,5	18,3	23,0	193,5	112,7	78,5
ANO	25,6	41,1 (1988)	32,5	3,3 (1975)	20,6	1315,1	124,1 (1974)	73,1

(182 m.) AQUIDAUANA (representa BONITO)	T	Tx	Tx	Tn	Tn	PRP	MAX24h	U.R.
JAN	25,8	37,5	31,8	15,0	21,8	293,5	89,8	82,0
FEV	26,0	38,5	32,6	12,4	21,8	144,3	82,6	81,0
MAR	25,7	38,4	32,3	8,2	21,2	129,2	80,8	80,0
ABR	23,7	37,7	30,0	7,1	18,7	105,0	133,3	82,0
MAI	20,6	35,0	28,2	3,4	15,6	99,1	75,4	79,0
JUN	20,1	35,2	27,6	0,0	14,1	56,2	62,0	76,0
JUL	19,1	35,3	28,0	-1,2	12,5	42,8	68,6	73,0
AGO	4,8	39,3	30,3	0,2	14,4	40,6	58,6	64,0
SET	23,5	40,8	31,7	2,8	17,1	97,0	65,4	67,0
OUT	24,7	39,8	31,7	7,0	19,0	133,9	70,3	72,0
NOV	25,5	39,4	32,6	10,8	19,8	167,8	90,4	75,0
DEZ	26,1	39,2	32,7	11,0	21,5	228,3	97,6	81,0
ANO	23,6	40,8 (1926)	30,9	-1,2 (1921)	18,1	1537,7	133,3 (1924)	76,0

(530 m.) CAMPO GRANDE	T	Tx	Tx	Tn	Tn	PRP	MAX24h	U.R.
JAN	24,4	35,3	28,6	12,1	19,7	243,3	109,2	80,8
FEV	24,4	34,7	30,4	7,4	20,1	187,1	69,8	80,6
MAR	24,0	35,0	30,2	8,2	18,3	145,4	90,0	78,0
ABR	23,1	34,4	29,2	7,5	18,4	101,2	112,0	77,5
MAI	20,4	32,5	27,1	2,0	16,0	111,4	147,0	71,0
JUN	19,1	32,0	26,1	1,7	15,3	44,8	53,4	72,3
JUL	19,3	32,6	26,7	0,6	14,0	45,7	60,8	65,9
AGO	21,8	35,8	29,0	-0,4	16,0	39,7	37,3	59,6
SET	22,6	39,5	27,5	2,0	17,5	81,1	75,8	63,2
OUT	24,1	37,4	30,6	8,8	18,9	130,0	102,2	67,6
NOV	24,3	40,1	30,4	10,6	19,5	110,0	115,1	72,5
DEZ	24,3	37,2	29,8	14,8	20,4	229,3	80,8	80,3
ANO	22,7	40,1 (1985)	29,8	-0,4 (1978)	17,8	1469,0	147,0 (1986)	72,8

T = temperatura média
Tx = temperatura máxima absoluta
Tx = temperatura máxima média (média das máximas)
Tn = temperatura mínima absoluta
Tn = temperatura mínima média (média das mínimas)
PRP = precipitação média
MAX24h = precipitação máxima em 24 horas
U.R. = umidade relativa média
( ) = altitude da estação

UMA LAGOA

Colhereiro
(Platalea ajaja), pág. 251
Garça-branca-grande
(Egretta alba), pág. 254
Biguatinga ou anhinga
(Anhinga anhinga), pág. 247
Capivara
(Hydrochaeris hydrochaeris), pág. 272
Anhuma ou tachã
(Chauna torquata), pág. 268
Aguapé ou camalote
(Eichornia crassipes e Eichornia azurea), pág. 29
Raia ou arraia
(Potamotrygon motoro)

Tuiuiú ou Jaburu
(Jabiru mycteria), pág. 256
Gavião-caramujeiro
(Rostrhamus sociabilis)
Jacaré-do-Pantanal
(Caiman crocodilus yacare), pág. 286
Vitória-régia
(Victoria regia), pág. 301
Jaçanã ou cafezinho
(Jacana jacana), pág. 257
Ninféia ou nenúfar
(Nymphaea sp)
Piranha
(várias espécies), pág. 284

MUITOS PANTANAIS

Além de ser composto por um grande mosaico de paisagens, o Pantanal pode ser considerado um conjunto de pantanais distintos, relacionados às suas diversas sub-regiões ou bacias hidrográficas. Estas são chamadas localmente por nomes próprios.

Meandros do rio Paraguai na região de Cáceres

Pantanal de Cáceres: fica entre o rio Paraguai e a Chapada dos Parecis.

Rio Abobral

Pantanal de Poconé: o nome tem origem nos índios Beripoconeses, que habitavam a região. Fica entre os rios Paraguai e Cuiabá, e a Serra de São Jerônimo é a sua divisa Norte. Nesta sub-região, o garimpo do ouro explorou à exaustão veios e mais veios, assoreando rios e reduzindo a fauna de peixes.

Pantanal de Barão de Melgaço: tem a Chapada dos Guimarães como vizinha ao norte e compreende-se entre os rios Cuiabá e Piquiri (Itiquira). O nome deriva do termo *melgas*, significando "águas lodosas onde proliferam moscas", na concepção dos portugueses que primeiro aportaram por lá.

Pantanal do Paraguai: acompanha o rio Paraguai na porção sul, sendo que a Serra do Amolar e o Maciço do Urucum limitam-no a oeste.

Pantanal de Paiaguás: localiza-se entre os rios São Lourenço, Taquari e Itiquira. Juntamente com Nabileque, é uma das regiões onde as cheias são mais acentuadas.

Sítio arqueológico do Chapéu-do-Sol

Pantanal de Aquidauana: fica na divisa com o Cerrado, possuindo como rios principais o Aquidauana e o Baixo Negro. Parte das águas provém da Serra da Bodoquena, que possui formação calcária e acaba por contribuir com a grande quantidade de carbonato de cálcio dissolvido nas águas. As lagoas da região contam com moluscos de cascas muito espessas, devido ao carbonato dissolvido nas suas águas.

Pantanal da Nhecolândia: está localizado entre os rios Negro e Taquari. Tem este nome por referência ao proprietário, Sr. Nheco, de uma das primeiras fazendas da região – a Fazenda Firme. O rio Taquari, alimentador desta sub-região, já foi considerado um dos mais piscosos do Pantanal, mas hoje encontra-se assoreado devido ao desmatamento de suas margens para implantação de pastagens. Esta devastou as matas de galeria que protegiam-no do acúmulo de sedimentos.

Porto da Manga, Rio Paraguai ►

Bacia do rio Paraguai

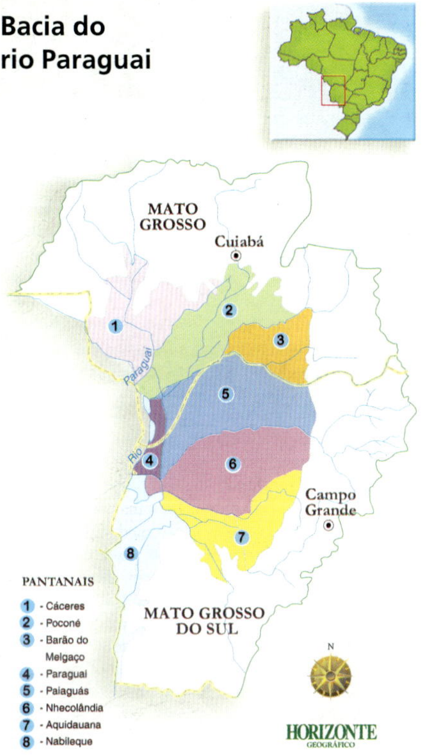

FONTE: PLANO DE CONSERVAÇÃO DA BACIA DO PARAGUAI
ADAPTAÇÃO: HORIZONTE GEOGRÁFICO

Fazenda pantaneira

Pantanal do Nabileque: localiza-se entre a Serra da Bodoquena e o rio Paraguai, incluindo a Bacia do rio Nabileque. É uma das regiões onde a cheia é mais acentuada e os rios transbordam em maiores proporções.

> O Pantanal tem uma área equivalente a uma vez e meia o tamanho de Portugal. São, aproximadamente, 140 mil quilômetros quadrados no Brasil.

OS ANIMAIS DO PANTANAL

A fauna pantaneira inclui inúmeras espécies, algumas comuns aos ecossistemas vizinhos (Cerrado e Amazônia) e outras que imediatamente remetem ao Pantanal. O símbolo máximo da fauna do mosaico pantaneiro é o tuiuiú – ou jaburu –, uma ave enorme que chama a atenção tanto pelo porte como pela coloração branca, preta e vermelha. Outra espécie que também é ligada imediatamente a este ecossistema é o jacaré, comum em todo o Pantanal e facilmente avistável tomando sol na beira d'água.

COMO OBSERVÁ-LOS

Ouvido atento, olhar aguçado, uma lanterna para os aventureiros noturnos e um par de binóculos para os diurnos que querem ver os detalhes de perto. Seca ou cheia, noite ou dia? Tanto faz! A rica fauna local permite que os animais sejam encontrados por todos os lados a qualquer hora. Para quem já ouviu dizer que, na seca, os animais se concentram no entorno das lagoas, tornando a visualização mais fácil, basta lembrar que, nas cheias, eles se concentram nas proximidades da terra firme. Ao fazer um passeio de barco, observe as margens e procure por animais bebendo água.

MAMÍFEROS

Várias espécies habitam o Pantanal. Algumas têm preferência pelas proximidades com a água, como a capivara e o cervo-do-pantanal, outras vivem dentro d'água como as lontras e as ariranhas. Existem ainda as que procuram locais mais altos sem influência da água como os tamanduás-bandeira e os veados-campeiros. A mais popular e temida é a onça-pintada. Caçadora eficiente, encontra-se ameaçada de extinção justamente por ser temida pelos fazendeiros. Com a diminuição de seu ambiente e de suas presas naturais, a onça passou a atacar o gado; levando os fazendeiros a persegui-la. Antes mesmo de as fazendas de gado estarem instaladas no Pantanal, a onça já era temida pelos moradores locais, exatamente por ser uma predadora eficiente.

AVES

As que mais chamam a atenção no Pantanal são as grandes aves aquáticas, como as garças, os biguás, os jaburus e os cabeças-secas. Os ninhos dos jaburus têm o tamanho conforme seus donos: enormes galhos emaranhados – de até 2 metros de diâmetro – no alto das árvores, que abrigam o casal e seus filhotes. Normalmente, são ocupados por mais de uma temporada pelo mesmo casal. Além destas aves, os grupos das araras e dos papagaios também têm presença importante na região. As araras-azuis, por exemplo, são raras em outras localidades e facilmente avistáveis no Pantanal Sul. As anhumas também chamam a atenção do visitante, tanto pelo tamanho como pelos gritos que alertam a presença de qualquer movimento diferente nas redondezas. Por esse motivo, são conhecidas como

Biguatinga secando suas asas

Folha de carandá serve de abrigo para bandos de aves

"Sentinelas do Pantanal". A diversidade de aves na região é enorme, incluindo mais de 500 espécies, grandes e pequenas, coloridas e barulhentas, um verdadeiro espetáculo.

> ## Gigantes extintos
> Nem sempre a fauna pantaneira foi igual. No Pleistoceno, época entre 10 mil e 1,6 milhão de anos atrás, algumas espécies diferentes habitaram o Pantanal: mamíferos de grande porte, hoje extintos, como as preguiças-gigantes, os tigres-dente-de-sabre e uma espécie de cavalo primitivo também viveram na região.

RÉPTEIS

À primeira vista, jacarés e sucuris podem assustar os visitantes, mas encantam após um olhar mais atento. Por serem predadores de topo da cadeia alimentar, são importantíssimos para a manutenção do equilíbrio da vida pantaneira. A técnica de caça da sucuri é uma das mais interessantes: ela abraça sua presa, segurando firme para que o diafragma não possa se mover, matando-a por asfixia e não por estrangulamento. Além deles, cágados, jibóias, jararacas, e lagartos, como teiús, iguanas e a víbora-do-pantanal podem cruzar o caminho do visitante. Esta última pode atingir até 1,5 metro de comprimento. Não é um animal agressivo e, apesar do nome, também não é venenosa, fugindo sempre que se sente ameaçada.

ANFÍBIOS E INVERTEBRADOS

Rãs e sapos são muito comuns devido à quantidade de água na região. Os insetos são outro grupo que chama a atenção do visitante. São encontrados em várias cores, tamanhos e formatos; libélulas, borboletas, mariposas, formigas, uma infinidade de mosquitos e outros picadores atormentam a vida do visitante não prevenido. Os moluscos como o caramujo-aruá, alimento comum de jacarés e gaviões-caramujeiros, entre outros, também são encontrados com facilidade na beira das lagoas. Sua desova, de coloração rosa, pode ser vista com freqüência presa aos talos da vegetação aquática.

Sapo-de-chifre ►

JACARÉS EM FOCO

Durante dezenas de anos, os jacarés do Pantanal foram mortos aos milhares para que suas peles fossem vendidas para a produção de bolsas, sapatos, cintos e outros artefatos. Durante a noite, estes animais flutuam dentro d'água somente com a cabeça para fora. Quando iluminados, os olhos refletem a cor vermelha que os identifica facilmente. As pessoas treinadas podem capturá-los facilmente com um tiro ou com uma arpoada. Em poucas horas, coureiros conseguiam capturar vários animais para retirar a pele.

Jacaré, sem risco de desaparecer

Hoje o problema praticamente desapareceu da região e o Instituto Brasileiro do Meio Ambiente e dos Recursos Naturais Renováveis (Ibama) já autoriza a criação comercial de jacarés, e tanto sua carne como seu couro – certificados – podem ser vendidos para consumo humano. Enquanto houver compradores de produtos confeccionados a partir de animais silvestres, haverá alguém caçando estes répteis. Uma forma de combater o tráfico ilegal é verificar a procedência dos produtos e denunciar para as autoridades, caso estes não estejam autorizados pelo Ibama.
Para denunciar o tráfico de animais silvestres, acesse www.renctas.org.br.

Quando as piranhas atacam

Muitos acreditam que esses peixes podem simplesmente atacar pessoas e até devorá-las com seus dentes afiados. Na verdade, piranha é o nome genérico de várias espécies de peixes carnívoros de água doce, que vivem normalmente em águas rasas e calmas, sob a vegetação aquática. Não atacam animais de grande porte, a não ser que estejam feridos ou invadindo seu território.
Elas são extremamente vorazes e, em apenas alguns minutos, conseguem devorar uma presa grande. Todo cuidado é pouco, pois é difícil saber quais são os locais onde elas se concentram e quando se está invadindo seu território. Pergunte aos moradores da região se determinado rio ou lagoa é morada de piranhas antes de se atirar na água.
O inimigo natural das piranhas é o jacaré; onde eles estão, há poucas piranhas.

Ninhal, o condomínio

Trata-se de um grande ninho coletivo, também chamado de viveiro, onde as aves permanecem durante a época de reprodução. As árvores que margeiam banhados e lagoas, por exemplo, oferecem locais apropriados para a instalação destes viveiros, uma vez que os corpos d'água retêm vários organismos aquáticos, alimentos fartos e fáceis para as aves.
O fato de muitas aves estar juntas, formando um ninhal, possui várias vantagens, como a facilidade de alerta no caso da aproximação de predadores e a maior chance de sobrevivência dos indivíduos. A disputa pelo alimento nas águas próximas acaba ocorrendo muito raramente, pois nos locais escolhidos para ninhais a alimentação dura todo o período reprodutivo.

Cabeças-secas e colhereiros dividem ninhal

Ninho de tuiuiú ►

NINHAL, O CONDOMÍNIO DAS AVES

Trata-se de um conjunto de ninhos comunitários, também chamado de viveiro, onde as aves permanecem durante a época de reprodução. As árvores que margeiam banhados e lagoas, por exemplo, oferecem locais apropriados para a instalação destes viveiros, uma vez que os corpos d'água retêm vários organismos aquáticos, alimentos fartos e fáceis para as aves.

O fato de muitas aves estarem juntas, formando um ninhal, significa várias vantagens para todos, como, por exemplo, a facilidade de alerta no caso da aproximação de predadores e a maior chance de sobrevivência dos indivíduos. A disputa pelo alimento nessas águas próximas ocorre muito raramente, pois a oferta é suficiente para todos durante esse período de reprodução.

Os moradores dos ninhais:

Garça-branca-grande: reúne-se em enormes bandos na época da reprodução, formando ninhal com cabeças-secas e garças-brancas-pequenas.

Cabeça-seca: da mesma família do jaburu, vive em bandos numerosos, fazendo ninho no alto de árvores imensas, junto com garças e outras aves. Colocam, em média, três ovos por temporada.

Colhereiro: agrupa-se em ninhal, normalmente compartilhado com indivíduos da mesma espécie e garças. As árvores escolhidas geralmente são altas e tem galhos resistentes. Nesses locais cada casal constrói o próprio ninho. No caso dos colhereiros, o casal se reveza tanto para chocar os ovos como para cuidar dos filhotes.

TERRA DAS ÁGUAS

A Bacia do rio Paraguai – onde está o Pantanal – abriga, segundo pesquisas recentes, 263 espécies de peixes. Além de constituir um alimento importante para os habitantes locais, a fauna de peixes também movimenta boa parte da economia local, quando refere-se à pesca esportiva. A região é considerada privilegiada para encontros com estes animais; pescadores, pesquisadores e aquaristas se encantam com as espécies raras, curiosas e coloridas.

A PIRACEMA

É um fenômeno que acontece entre novembro e fevereiro. Um espetáculo curioso que tem o nome derivado do tupi-guarani, que significa "saída dos peixes para desova". Nessa ocasião, os leitos dos rios estão cheios d'água e algumas espécies – como pintados, dourados, corumbatás, jaús e pacus – rumam rio acima, nadando contra a correnteza, em busca de águas mais oxigenadas para depositar seus ovos. Da mesma forma que as espécies que realizam a piracema, a maioria dos peixes pantaneiros prefere a época das cheias para se reproduzir, uma vez que as águas estão altas, propiciando entrada de nutrientes e alimentação farta para os filhotes. Logo que as chuvas cessam, as espécies que estavam nas lagoas voltam a buscar os rios e suas águas correntes. Algumas não chegam a alcançá-los, tornando-se alimento fácil para aves e jacarés, por exemplo. Os peixes, por sua vez, além de estar confinados em um ambiente com pouco oxigênio – uma vez que a água das lagoas vai evaporando –, se vêm cercados pelos predadores toda vez que sobem à superfície para respirar. Resta esperar a próxima cheia, para que possam, novamente, receber águas mais oxigenadas e nutrientes, completando seu ciclo de vida.

A diversidade destes animais é tão grande que é impossível qualquer generalização a seu respeito. O pintado (ou surubim-pintado) atinge até 1,5 metro de comprimento, tem formato alongado e é carnívoro; alimenta-se de peixes menores, crustáceos e vermes, e prefere viver no fundo dos grandes rios. Já o cascudo possui cerca de 20 centímetros de comprimento, tem formato achatado dorsoventralmente, alimenta-se de algas e também vive no fundo de rios e corixos com água corrente. Existem outras espécies onívoras, que se alimentam igualmente de animais e plantas, vivem em águas paradas, enterradas na areia, sob a folhagem de plantas aquáticas, ou até na lama – como o mussum. Possuem as mais variadas formas e cores, além de contar com hábitos e adaptações distintas como suportar altas temperaturas, enterrar seus ovos na lama e transpor cachoeiras em busca de águas oxigenadas.

ESTRANHOS OU NÃO

Dos peixes pantaneiros, alguns são bastante conhecidos, tanto por seu sabor apreciado – como pintados e dourados –, como por sua fama de perigosos – como as piranhas e as raias – ou ainda por sua chamativa coloração – como a piraputanga. Outros são meros desconhecidos da população em geral, mas contribuem para formar a rica ictiofauna da região, importante para a manutenção do equilíbrio ecológico dessa "terra de águas".

◀ Rio Sucuri, em Bonito

O MUNDO DAS PLANTAS

O mosaico pantaneiro é formado pela mescla de espécies típicas do Cerrado, da Amazônia, das regiões alagadas e até da Caatinga. A vegetação é diversificada e é possível notar a adaptação de cada espécie às secas e cheias periódicas da região. Dependendo do tipo de solo e da época do ano, a paisagem varia bastante, até mesmo em espaços reduzidos, podendo se apresentar nas mais diferentes formações.

Carandazal

BURITIZAIS, CARANDAZAIS

As regiões onde existem muitos exemplares de uma só espécie são chamadas de "parques da determinada espécie". Podem ainda levar um nome coletivo que remeta à espécie, como acurizal, carandazal, paratudal.

AS PALMEIRAS

O carandá é a palmeira-símbolo do Pantanal. Muito comum nos campos, nos cerrados e nos banhados, ela é resistente às enchentes. Seus troncos servem na construção civil e suas folhas para cobrir casas e confeccionar cestos e esteiras. Já o acuri, é encontrado nas margens de rios e em campos, e é um dos alimentos principais da arara-azul. O buriti está normalmente associado a cursos d'água, ocorrendo principalmente no entorno da região pantaneira. Seu fruto é comestível e a polpa utilizada para preparar sucos e doces.

ESPÉCIES DE TERRAS SECAS

Nas áreas mais elevadas onde o solo é rico e não há constante alagamento, estão os capões de mata com árvores de maior porte, como os ipês, as aroeiras e os angicos. Os frondosos ipês, com flores coloridas, ganham nomes especiais no Pantanal. O ipê-roxo também é chamado de piúva, florindo entre julho e agosto. O ipê-amarelo é conhecido porque sua floração acontece entre e agosto e setembro. O pequi é uma das espécies mais comuns das áreas secas e seus frutos são utilizados na produção de um licor que vale a pena ser provado.

Vitória-régia

Já o angico tem sua madeira resistente utilizada em construções e sua casca empregada para fabricação de tanino, que serve como corante para curtir couro.

ESPÉCIES AQUÁTICAS

Como o Pantanal permanece alagado durante boa parte do ano, essas espécies estão por todos os lados. Existem as que vivem todo o tempo na água, como a orelha-de-onça, a alface-d'água ou aguapé. Outras vivem parcialmente submersas, como a taboa, o golfo, o capim-mimoso e o algodão-do-pantanal ou algodão-bravo.

Embiruçu, a árvore do Cerrado

Projetos Ambientais

As queimadas ainda são praticadas por alguns fazendeiros

Muitos projetos de conservação da natureza estão sendo desenvolvidos no Pantanal. Eles abrangem a conservação de espécies, educação ambiental, ecoturismo, criação de áreas protegidas e até o aproveitamento econômico de espécies utilizadas pelo homem. Conheça a seguir, algumas delas:

Projeto Arara-azul

A idéia de uma tese de mestrado sobre as araras-azuis do Pantanal foi iniciativa de uma bióloga, nativa do Mato Grosso do Sul, e surgiu de sua determinação em preservar esta espécie ameaçada de extinção e que está perdendo seu hábitat devido ao desmatamento e às queimadas.
Executado pela Universidade para o Desenvolvimento do Estado e da Região do Pantanal (Uniderp) e coordenado pela bióloga Neiva Guedes, envolve biologia, manejo e conservação da espécie no Pantanal. Os pesquisadores monitoram as araras-azuis recuperando ninhos naturais e implantando ninhos artificiais. Além do trabalho com as araras propriamente dito, outro, de educação ambiental, também vem sendo desenvolvido, incluindo a veiculação de mensagens conservacionistas nas rádios locais. A iniciativa tem o apoio de entidades como o Fundo Mundial para a Natureza (WWF), a Toyota e a Estância Caiman.
Contatos:
Tel. (67) 741-3331 e
Fax (67) 742-3388

Casal de arara-azul

FAZENDA RIO NEGRO

Localizada no município de Aquidauana, a Fazenda Rio Negro pertenceu à família Rondon por mais de 100 anos, tem conservadas suas belezas naturais, e a pecuária desenvolvida como atividade tradicional. A área original da fazenda deu origem a outras 90 propriedades menores. Em 1994, a Conservation International do Brasil (CI) – entidade sem fins lucrativos – iniciou um trabalho para proteger essas áreas, que começou com a transformação da duas propriedades em reservas ecológicas. Em 1999, a CI do Brasil adquiriu o restante da Fazenda Rio Negro, a mesma em que foi filmada a novela *Pantanal*, para transformá-la em fazenda modelo em ecoturismo.
Contatos: Rua Eduardo Santos Pereira 1.550, sala 16, Campo Grande (MS), tels. (67) 79044-490/751-5248/751-7478/751-5191. E-mail: rionegro@conservation.org.br

Hoje a Fazenda Rio Negro é área protegida pela CI

CENTRO NACIONAL DE PREDADORES (CENAP)

O fascínio exercido pelos predadores não foi suficiente para evitar que quase todas as espécies de mamíferos carnívoros do mundo entrassem em risco de extinção. Vítimas constantes de caça para troféu, de comércio ilegal de peles ou por danos causados em propriedades rurais, os hábitats das onças, lobos-guarás, lontras e seus semelhantes também estão desaparecendo. Desde 1990, esses animais contam com um projeto de âmbito nacional, que desenvolve atividades de pesquisa e conservação. São realizadas palestras e esclarecimentos aos proprietários de terras e moradores locais, para conscientizá-los da importância da conservação destes animais. No Pantanal, as bases de Poconé e Miranda trabalham principalmente com monitoramento de onças-pintadas e colocação de rádio-colares. Contatos podem ser feitos pelos telefones. (15) 266-9080/266-9082, e-mail: cenap.ibama@bol.com.br, www.savethejaguar.com

FUNDAÇÃO ECOTRÓPICA

Esta ONG, criada no Brasil, atua na Serra do Amolar, no norte do Pantanal. Uma de suas ações na região foi adquirir as terras contíguas ao Parque Nacional do Pantanal, transformando-as em Reservas Particulares do Patrimônio Natural (RPPN). A entidade administra as reservas do Acurizal, Penha e Dorochê, que, juntas, somam cerca de 6 mil km² de áreas protegidas. Seus alojamentos recebem convidados e cientistas.
Contatos: tels. (65) 627-6619, fax (65) 627-6615, e-mail: ecotropica@zaz.com.br

Rio Paraguai e, ao fundo, a Serra do Amolar

O HOMEM DO PANTANAL

UM "SER" NATURAL

O homem pantaneiro é verdadeiramente dado à vida campestre, sente-se como o rei dos pantanais, senhor absoluto da natureza. O raciocínio rápido é demonstrado na doma do potro selvagem e nas laçadas dos baguais. Os olhos de lince avistam prontamente a caça oculta na macega ou a rês doente na vaquejada. A certeza é a de um verdadeiro conhecedor de cada passagem, da mais rasa das vazantes ao varador mais fácil dos cerrados.
Quando não está na lida com os animais, como nos dias chuvosos, finais de tarde ou finais de semana, o pantaneiro se dedica ao curtume; é um excelente artesão do couro. Essa habilidade é, aliás, uma condição básica do "ser" pantaneiro, mas não basta saber lidar com o gado e montaria. Precisa saber outros ofícios, incluindo a fabricação dos artefatos para seu trabalho, como chicotes, laços, arreador, peias, bainhas de facas, tiradores ou puxadores. Admirador da natureza, o homem pantaneiro preserva o meio ambiente por sobrevivência, pois dela retira o alimento que lhe garante a existência futura.
A vida do pantaneiro é inteiramente regrada pelo fluxo das águas, com seis meses de cheia e outros seis de vazante. Entre outras coisas, o clima impõe a peculiar forma de criação e engorda do gado que, além de garantir seu trabalho, lhe fornece a carne. Sem esta, que é a principal fonte de proteína, o vaqueiro sente como se não tivesse feito refeição alguma. A primeira refeição do dia é o "quebra torto", arroz com carne-seca, café com leite e, às vezes acompanhado da "maria-chica", um biscoito típico da região.
Quando sai em uma comitiva, o homem pantaneiro (ou simplesmente o vaqueiro) não esquece a "matula" (à base de carne-de-sol) e não dispensa um "empamonado" (carne moída com farinha). Após a refeição, para compensar o excesso de carne e facilitar a digestão, ele costuma beber o inseparável "tereré" – um chimarrão feito com água fria e servido numa cuia feita de chifre de boi. Quando o pantaneiro fala em carne, ele se refere à bovina, do contrário, acrescenta um denominativo: carne de caça, de frango etc., que, para ele, nunca tem o mesmo valor da primeira.

O cavalo é o companheiro inseparável na lida com o gado

Violeiro de cocho ►

A OCUPAÇÃO HUMANA

Pesquisas arqueológicas indicam que a ocupação humana do Pantanal teve início, no mínimo, há 8 mil anos. Os vestígios arqueológicos desses grupos primitivos indicaram a presença de populações que ainda não dominavam a técnica da manufatura de recipientes cerâmicos. Tais grupos eram especializados na caça, na coleta de alimentos silvestres e na pesca, estabelecendo portanto uma relação de "simbiose" com as áreas inundáveis da região.
As primeiras populações que chegaram à região ocuparam áreas que sofriam menor grau de inundação, principalmente sopés de escarpas (como a Corumbá-Ladário), margens de rios (como a do Caracará e a do São Lourenço) e lagoas (como a Negra, em Corumbá), morros isolados (como o do Caracará, na região de Poconé) e demais áreas próximas a serranias (como a Serra do Amolar). Os assentamentos dessas populações estão relacionados aos cursos d'água permanentes. Por isso, não é de se estranhar que, desde esse período, moluscos aquáticos constituíssem parte de sua dieta. Esse fato pode ser constatado em sítios arqueológicos encontrados tanto no interior quanto no litoral do continente sul-americano, a exemplo dos conhecidos ***sambaquis*** das regiões Sul e Sudeste do País.
A diversidade dos sítios demonstram que, em tempos anteriores à colonização, uma série de culturas, de origem amazônica, platina e do chaco, ocupavam a área. Em virtude da extensa área alagada povoada pelos Xaray, os primeiros espanhóis que atingiram a região chamaram-na de "Mar de Xarayés". Apenas muito tempo mais tarde é que passou a ser conhecida como "pantanal" .
Além dos Xaray, os relatos da primeira expedição espanhola que subiu o Rio Paraguai, em 1541, citam

Roda de Capoeira em Vila Bela

Ruína da Matriz, Vila Bela ►

Fazenda Flechas, nos arredores de Cáceres

a presença de outros grupos indígenas, como Orejone, Guaren-cocie, Guaxarapato e Xerebacane, entre outros. A partir do século XVIII, ocorreu uma grande modificação no cenário da ocupação do Alto Paraguai. Os grupos Xaray e Orejone, dizimados durantes as investidas espanholas, praticamente desapareceram. A região passou a ser ocupada pelos Guató e pelos Bororo Ocidentais que, por sua vez, foram combatidos pelos portugueses.

OS PRIMEIROS DESBRAVADORES

Primeiros habitantes da região, os índios deixaram um legado que ainda hoje pode ser notado em manifestações artísticas e culturais, como dança, música, culinária e nas demais expressões do folclore. Índios Guaicuru, Terena, Paiaguá e Xané habitavam locais próximos dos cursos dos rios e das serras circundantes, formando diferentes grupos tribais e lingüísticos. Mas, quase todos eles atribuíam a si próprios qualidades de bons caçadores e pescadores num universo cheio de pássaros, bichos e peixes.

Montados em cavalos ou em canoas, os índios venceram a amplidão do Pantanal, deixando por toda parte vestígios da sua presença. Abriram picadas, exploraram rios e corixos, ensinaram os caminhos aos civilizados, com os quais algumas tribos mantiveram convivência pacífica.

Quando os primeiros homens brancos chegaram ao Pantanal, no início do século XVI, encontraram várias tribos indígenas, cada qual com suas características, mas quase todas tendo em comum a língua guarani.

Ótimos cavaleiros, os Guaicuru dominavam toda a extensão sul do Pantanal, desde a Serra da Bodoquena até Porto Murtinho. Conseguiam seus cavalos no Paraguai e se movimentavam por toda a região, onde eram temidos pelas tribos vizinhas. Aos índios Guaicuru, misturaram-se no decorrer de várias gerações, os Guaná, Guachi e Kadiwéu. Estes últimos, tiveram inclusive importante participação na Guerra do Paraguai, lutando do lado brasileiro.

Outra tribo pantaneira de grande importância, os Paiaguá eram conhecidos como índios canoeiros, pois faziam constantes incursões por todos os Pantanais, desde as terras dos Guaicuru, pelo rio Paraguai, adentrando os rios Miranda, Negro e Taquari. Tanto os Paiaguá como os Guaicuru destacaram-se como tribos guerreiras e por mais de três séculos lutaram bravamente para defender o solo que lhes pertencia.

Bons pescadores e excelentes nadadores, os Paiaguá podem ser considerados a mais característica tribo pantaneira – por sua adaptação ao rigoroso regime das águas, que determina o ciclo natural da região.

Já os Xanés e os Xaray, também

Índios Guaicuru em ação nos arredores do Rio Paraguai, por Debret

Índios Guató em 1847, quando habitavam a parte superior do Rio Paraguai, por J. H. Elliot

ótimos canoeiros, acabaram dominados pelos Paiaguás, por serem mais pacíficos e menos numerosos.

Única tribo nômade, os Guató habitavam a margem direita do Rio Paraguai e vagavam por toda a extensão do Pantanal dos Paiaguás, estabelecendo-se em cabanas durante a estação das águas. Tornaram-se respeitados caçadores pelo manejo certeiro do arco e da flecha, mas, como sua população não era muito grande, foram incorporados e dominados tanto por Paiaguá quanto por Guaicuru, servindo, graças à sua habilidade, como caçadores para estes dois grupos.

Os Terena eram encontrados ao longo dos rios Aquidauana e Miranda, chegando às alturas da Serra de Maracaju. Tribo pacífica, permitia que espanhóis e portugueses percorressem seus domínios. Em 1580, fundaram a cidade de Santiago de Xerez. Hoje, os seus remanescentes estão agrupados nas aldeias de Cachoeirinha e Bananal, nos municípios de Miranda e Aquidauana. Podem ser vistos nas rodoviárias vendendo suas cerâmicas.

Todos os povos da região tinham em comum a economia baseada na coleta de produtos silvestres, na caça, na pesca e na agricultura – ainda muito primitiva. Desconhecia-se a propriedade privada e todo trabalho realizado era coletivo. Os limites das áreas exploradas por cada grupo eram imprecisos e, freqüentemente, as comunidades entravam em conflito, resultando em domínio ou escravidão dos vencidos.

RACIONAL E IRRACIONAL

Para a maioria das tribos dos pantanais, sua origem estava associada à ação de algum animal. Essa força natural e o poder dos céus fundiam o homem à natureza. Para os Guaicuru, por exemplo, a existência era explicada por uma lenda tipicamente pré-colombiana. Segundo os antigos, o gavião caracará teria comido um punhado de peixes e, de seus ovos, surgido o povo Guaicuru. Apesar disso, a tribo não venerava a ave - atitude comum à maioria dos povos primitivos -, apenas a respeitava.

Índios Guató

Já os Paiaguá acreditavam ser "filhos" de um peixe, o pacu. Como todos os grupos indígenas pantaneiros, julgavam-se originários de um bom espírito, o que, em sua óptica, lhes concedia ascendência e direito de domínio sobre os demais.

Uma guerra pelas águas do Prata

O maior conflito da história da América do Sul envolveu o Paraguai e uma aliança formada por Brasil, Argentina e Uruguai, cujo resultado foi dizimar quase dois terços da população paraguaia.
As disputas pela estratégica região do rio da Prata nasceram nas guerras de independência e transformaram-se em luta pela hegemonia regional. Além dos interesses econômicos em torno da navegação no Prata, o conflito foi usado pelos caudilhos das repúblicas platinas e pelas elites dirigentes do Império brasileiro como uma forma de consolidar o poder interno. A rivalidade entre Brasil e Argentina na região foi agravada pela determinação do Paraguai em participar da disputa regional.

Causa e conseqüência

Em 1851, com a alegação de que os *blancos* uruguaios, compostos principalmente por proprietários rurais, estariam atacando fazendas e estâncias na fronteira gaúcha, o Império brasileiro intervém no Uruguai para derrubar o governo de Manuel Oribe, do Partido Blanco, apoiado pelos argentinos. No ano seguinte, o Brasil invade o território argentino, para destituir o ditador Manuel Rosas. Apenas 12 anos depois, em 1864, os brasileiros atacam o governo *blanco* de Atanásio Aguirre, no Uruguai.
É o estopim, pois Aguirre tem como principal parceiro Francisco Solano López, presidente paraguaio, que reivindica os mesmos direitos dos países vizinhos quanto à navegação no rio da Prata.
Em 11 de novembro daquele ano, López manda apreender o navio brasileiro *Marquês de Olinda*, em trânsito pelo rio Paraguai, no qual viajava o Coronel Carneiro de Campos, presidente da Província do Mato Grosso – encarcerado em uma prisão do Paraguai. Estava declarada a guerra.
Em dezembro, o Paraguai declara guerra ao Brasil e ordena a invasão da Província do Mato Grosso. O primeiro ano de guerra é marcado pela ofensiva paraguaia, sustentada pelo fator surpresa, a boa estrutura produtiva e a eficiente preparação militar. Os paraguaios abrem várias frentes de batalha, do Mato Grosso ao Rio Grande do Sul. Contando com a neutralidade argentina, López cruza seu território e entra no Rio Grande. Seu objetivo era entrar no Uruguai e, com a ajuda dos *blancos*, estabelecer uma posição sólida.
A estratégia começa a falhar em maio de 1865, quando Brasil, Argentina e Uruguai firmam o Tratado da Tríplice Aliança. Antes

neutros, os argentinos tornam-se inimigos de López quando as tropas paraguaias invadem Corrientes e aprisionam dois navios da esquadra argentina.

PASSAGENS CÉLEBRES DA GUERRA

Batalha Naval do Riachuelo
– Em 11 de junho de 1865, a esquadra brasileira, sob o comando do Almirante Francisco Manoel Barroso, enfrenta a esquadra inimiga e vence, depois de renhidos combates entre os navios dos dois lados e a artilharia inimiga por terra.

Rendição de Uruguaiana
– Uma coluna paraguaia de 10 mil homens, sob o comando do coronel Estigarribia, invade o Rio Grande do Sul. No dia 13 de junho de 1865, toma a vila de São Borja. O mesmo sucede à vila de Itaqui, a 7 de julho de 1865. Finalmente, os paraguaios chegam à vila de Uruguaiana, onde são sitiados por 17.346 homens do exército aliado, sob o comando do Imperador do Brasil, D. Pedro II. A 18 de setembro de 1865, o coronel Estigarribia se rende, sendo preso junto com sua guarnição.

Tomada do Forte Coimbra
– Os paraguaios invadem o Mato Grosso. Os 5 mil soldados que participam da ação atacam o Forte Coimbra, guarnição de 157 combatentes sob o comando do Tenente-Coronel Porto Carrero. Após resistência de dois dias, os praças são obrigados, pela falta de munição, a abandonar o forte, na noite de 29 de dezembro de 1864. No mesmo dia, 300 soldados paraguaios atacam (e tomam) a Colônia de Dourados, defendida pelo Tenente de Cavalaria Antônio João e mais 15 combatentes.

Retirada da Laguna
– A força brasileira de 3 mil homens, enviada para impedir a invasão do Mato Grosso, chega à fronteira já reduzida a um terço, devido à fome e à cólera. A coluna tem de se retirar logo após a invasão do território inimigo, debaixo da perseguição tenaz do adversário. O recuo custa a vida de mais 900 soldados brasileiros.

Passagem de Itororó
– Em 6 de dezembro de 1868, as tropas brasileiras chegam à ponte sobre o Rio Itororó, debaixo de cerrado fogo paraguaio. Após três tentativas frustradas, os soldados aliados conseguem cruzar a ponte e destroçar o exército paraguaio. Cinco dias mais tarde, os mesmos combatentes de Itororó derrotam a coluna de López na Batalha de Avaí.
A partir daí, só resta ao exército paraguaio recuar. O que se segue é, para muitos estudiosos do tema, um massacre quase genocida por parte dos aliados, que encurralam as tropas de Solano López até a tomada de Assunção, em 31 de dezembro de 1868.

Combate Naval de Riachuelo, óleo de Vitor Meirelles

Batalha de Tuiuti
– O combate, contra 25 mil paraguaios, se dá em 24 de maio de 1866. O general argentino Bartolomeu Mitre comanda o exército aliado. Ao final da batalha, 12 mil paraguaios estão mortos.

Derrota de Curupaiti
– A resposta de Solano López vem em 22 de setembro de 1866, quando seus comandados massacram as tropas aliadas em Curupaiti. Com a derrota, Mitre é exonerado. Em seu lugar, assume Luís Alves de Lima e Silva, o Duque de Caxias.

Fim da Guerra
– Depois da ocupação de Assunção, assume o comando das forças brasileiras o Conde d'Eu. A luta, que se desenvolve pelas cordilheiras paraguaias, apresenta ainda alguns combates sem grande importância. Até que, em 1º de março de 1870, Solano López é capturado e morto às margens do Rio Aquidabanagui.

◀ **Guerra do Paraguai, esboço de Vitor Meirelles, 1866**

O HOMEM PANTANEIRO

Bruaca - nome dado à bolsa que o cavalo leva em seu lombo com mercadorias.

Piraim - espécie de chicote de cabo curto e corda de couro comprida.

Barrigueira - cinta que firma o arreio sobre o lombo do animal Na barrigueira vai presa uma da pontas do laço que ajuda o peã a segurar um animal laçado.

Embornal - sacola para levar remédios, ferramentas e apetrechos de uso no campo.

Cincha - cinta de couro que firma o arreio no lombo do cavalo. Na região, usa-se a cincha sobre o pelego e a barrigueira sobre o arreio.

Reio/Relho - chicote. Há diversos tipos de reio.

Berrante - instrumento para chamar a boiada, confeccionado a partir de um ou mais chifres de boi, e tendo suas bordas envoltas em couro, seja para protegê-lo, seja para transportá-lo, ou melhor manejá-lo.

Balaio - cesto para carregar milho, ração.

Baldrame/Baldrama - manta de couro colocada sobre o pelego para tornar a montaria mais macia e confortável.

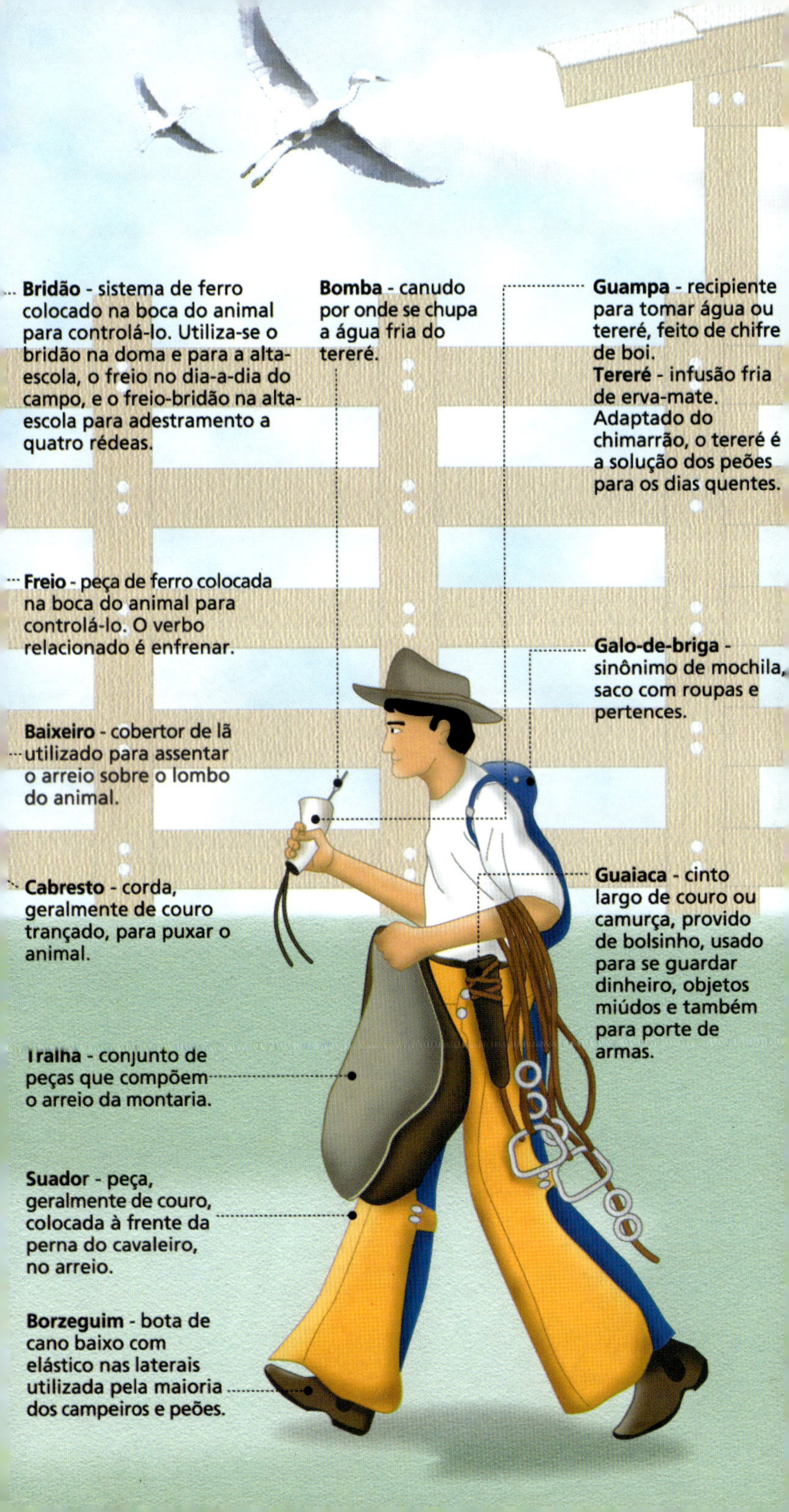
Bridão - sistema de ferro colocado na boca do animal para controlá-lo. Utiliza-se o bridão na doma e para a alta-escola, o freio no dia-a-dia do campo, e o freio-bridão na alta-escola para adestramento a quatro rédeas.
Bomba - canudo por onde se chupa a água fria do tereré.
Guampa - recipiente para tomar água ou tereré, feito de chifre de boi.
Tereré - infusão fria de erva-mate. Adaptado do chimarrão, o tereré é a solução dos peões para os dias quentes.
Freio - peça de ferro colocada na boca do animal para controlá-lo. O verbo relacionado é enfrenar.
Galo-de-briga - sinônimo de mochila, saco com roupas e pertences.
Baixeiro - cobertor de lã utilizado para assentar o arreio sobre o lombo do animal.
Cabresto - corda, geralmente de couro trançado, para puxar o animal.
Guaiaca - cinto largo de couro ou camurça, provido de bolsinho, usado para se guardar dinheiro, objetos miúdos e também para porte de armas.
Tralha - conjunto de peças que compõem o arreio da montaria.
Suador - peça, geralmente de couro, colocada à frente da perna do cavaleiro, no arreio.
Borzeguim - bota de cano baixo com elástico nas laterais utilizada pela maioria dos campeiros e peões.

COSTUMES DO HOMEM PANTANEIRO

Vivendo na imensa área do Pantanal repleta de adversidades, o homem nativo da região, seja peão ou fazendeiro, está integrado a tudo que o rodeia. Ele sabe que as ações da natureza, enchentes e secas, são responsáveis pela riqueza e vida no Pantanal. As distâncias e o difícil acesso às demais regiões fizeram com que o pantaneiro se acostumasse ao isolamento e à solidão, somente quebrado na hora do manejo coletivo do gado ou durante as tradicionais festas nas fazendas vizinhas. Convivendo na realidade de uma região inóspita, o meio de transporte mais utilizado é o famoso cavalo pantaneiro, cujos cascos adquiriram, com o passar dos séculos, resistência à ação da água. Durante o período de cheia, entretanto, o melhor amigo do pantaneiro é o barco, que pode algumas vezes pode ser o melhor meio de transporte.

O homem do Pantanal tem sua alimentação baseada na farinha, na carne vermelha, no peixe, no feijão, no arroz e na mandioca, além de outros alimentos retirados diretamente da natureza, incluindo frutos silvestres, raízes e plantas leguminosas. Distante dos recursos das cidades, ele aprendeu a retirar do ambiente que o cerca as substâncias medicinais do seu dia-a-dia, herança indígena e de povos vizinhos, como paraguaios e bolivianos. Da fusão de vários costumes e da convivência direta com a natureza, surgiu uma cultura típica, que se evidencia nas atividades econômicas, no folclore e na própria filosofia de vida do pantaneiro.

UM TIPO CORDIAL

Afeito às adversidades e sensível ao apelo da natureza, o homem do pantanal aprende desde cedo a conviver com um universo extremamente heterogêneo, onde a confluência de fatores diversos acaba por interferir

tanto que influi os hábitos e costumes de cada localidade quanto no próprio linguajar de seus habitantes. Tais diversidades não passam despercebidas dos pantaneiros, que reconhecem vários pantanais diferentes, com seu "sutaque" peculiar.

Na Cavalhada, homens e animais apresentam-se ricamente ornamentados

Refeição dos peões pantaneiros

Peão pantaneiro ou vaqueiro, talvez por ter de estar sempre atento ao inesperado, é uma figura notável, um profissional quase sempre nômade, mas ativo e cuidadoso com todas as transformações de seu hábitat. Sabe lidar com o gado arisco, parar rodeios, domar, conduzir boiadas, realizar trabalhos artesanais com o couro e, ainda, satisfazer a curiosidade dos visitantes, ávidos por entender o incrível fenômeno pantaneiro.

Em geral, são apreciadores natos dos "causos", principalmente os de assombração; deles, nenhuma fazenda escapa. Em qualquer roda de conversas, ao entardecer, surgem histórias de vultos estranhos que somem e reaparecem, de vozes e barulhos que lhes causam apreensão. Brasileiramente, embora garantam não acreditar em nada disso, também não duvidam.

Talvez para conseguir superar a solidão sem fim das planícies, o pantaneiro tenha apelado para a companhia de sua imaginação, capaz de criar fantásticos cultos e incríveis mitos, como o Mãozão, versão pantaneira do pai-do-mato, o Avestruz de Ouro, a Anta Bordosa muitos outros. Também as grandes mentiras correm de boca em boca e servem para diverti-los, nos galpões, à noite, no intervalo entre as partidas de truco.

Vivendo em um sistema ecológico, onde homem e natureza mantêm vivo o elo de solidariedade, o pantaneiro aprendeu a fazer suas próprias previsões sobre o tempo e as mudanças atmosféricas, baseado na interpretação de fenômenos naturais.

Ao colocar em prática suas técnicas empíricas, sua experiência, testada secularmente pela relativa margem de acertos em situações similares, acabou por estabelecer algumas leis igualmente empíricas, por eles mesmos arroladas como experiências de vida. Nesse sentido, todo pantaneiro tem um pouco de botânico, zoólogo e astrônomo.

Observando o comportamento dos animais, da flora e dos astros visíveis a olho nu, o homem do Pantanal chega a avaliar as condições atmosféricas propícias a enchentes e estiagens, tira conclusões sobre o manejo da criação (ou de seu tratamento), o uso de medicina caseira, o plantio e a colheita.

Empunhando lanças, cristãos enfrentam os mouros

CUIA ANTIGA

Hábito secular e representativo da cultura pantaneira, o mate quente (chimarrão) e o mate frio (tereré) podem ser encontrados em todas as paragens pantaneiras.

O hábito de tomar o mate quente obedece a todo um ritual, a começar pelo horário, sempre fixo em cada localidade. É ingerido geralmente "de madrugadinha", como eles mesmos dizem, nas fazendas, antes de quaisquer atividades, e "à noitinha", após o cumprimento da rotina diária, quando é saboreado como líquido precioso, capaz de restituir as energias gastas durante a lida.

Por outro lado, o vício do mate quente é pretexto, também, para se ingerir, juntamente com o chá, muitas outras substâncias da rica medicina caseira dos pantanais.

Ceramista na cidade de São Gonçalo

Já o tereré serve de refresco nos dias mais quentes. É uma herança cultural paraguaio-guarani, transformada em hábito quase obrigatório na região. Atualmente, parece que o consumo de tereré supera o do mate quente. No Pantanal, tomar tereré no intervalo entre uma lida e outra, mais que um vício, é uma necessidade. Por isso mesmo, ao sair para as vaquejadas, para os rodeios, juntamente com a matula (o alforje usado nas viagens), o vaqueiro carrega o sapicuá (um saco para levar provisões) contendo os apetrechos para o tereré.

LEGADO HISTÓRICO

O homem pantaneiro herdou dos índios Guarani, Paiaguá e Guató a agilidade física e o respeito à natureza, características que perduram desde o século XVIII, quando se iniciou a expansão européia rumo ao Oeste do Brasil e a colonização da região. Pelos rios Tietê, Paraná e Paraguai chegaram os primeiros bandeirantes provenientes de São Paulo à Chapada Cuiabana, onde depararam com o mais precioso dos metais: o ouro. Após a Guerra do Paraguai (1865-1870), e com o declínio do ouro, o povoamento se dá no sentido Norte-Sul, surgindo no Pantanal grandes fazendas de pecuária extensiva que, associadas aos fatores ambientais, consolidaram uma estrutura fundiária baseada em grandes propriedades. (56% da área, com mais de 10 mil habitantes). No início deste século, o acesso aos grandes centros urbanos do Brasil fazia-se por Assunção, Buenos Aires e Montevidéu, via rio Paraguai e oceano, resultando daí a absorção de inúmeras manifestações culturais e folclóricas - música, vestimenta, linguagem e alimentação. A chegada da Estrada de Ferro Noroeste do Brasil, em 1914, incorporou novos hábitos e costumes ao pantaneiro e ligou a região aos centros mais desenvolvidos do país.

Grupo folclórico Raízes, em Cáceres

Cavalo, meio de transporte mais usado na região ►

GLOSSÁRIO

A exemplo de toda a cultura do Pantanal, o vocabulário pantaneiro recebeu a influência de vários grupos étnicos, principalmente o branco (europeu), o índio e o negro. Todas essas contribuições resultaram numa linguagem de difícil entendimento, sobretudo para o visitante. Conheça os vocábulos mais usuais:

A ufa *adj./adv.* (reg.) bastante (*no sítio de titia a djente pega a ufa de peche!*).

Adufo *s. m.* (reg.) tambor cuja tampa se faz de couro de veado.

Agora, de que será? (reg.) não pode ser!
Agora, de quê! (reg.) ora, que é isso?
Agora, de quê, gente! (reg.) não pode ser, gente.

Aguapé *s. f.* (ecol.) planta aquática muito encontrada nos corixos e baías. Também chamados de camalotes.

Alagados *s. m.* (ecol.) áreas mais baixas e as primeiras a alagar. Muitos alagados ficam permanentemente com água, numa área úmida. Os banhados são pequenos alagados.

Alegre *s. m.* (equ.) ferramenta utilizada juntamente com a lima no aparar dos cascos de eqüinos e muares.

Aloitar *v.* (reg.) brigar, lutar.

Alongada(o) *adj.* (reg.) animal que se extraviou, fugiu ou se tornou selvagem, bagual.

Alongar *v.* (reg.) extraviar-se, fugir, tornar-se selvagem.

Amoitado *adj.* (sert.) escondido, geralmente referindo-se a um animal que fugiu ou está doente.

Amoitar *v.* (sert.) esconder-se.

Amuado *adj.* (sert.) quieto, sorumbático, cabisbaixo, triste.

Amuar *v.* (sert.) aquietar-se, recolher-se, esconder sentimentos ou seu estado físico, de saúde etc.

Andejo *adj.* (reg.) diz-se de quem anda demais, andarilho.

Apear *v.* (rur.) descer do animal.

Apurado *adj.* (reg.) nervoso, preocupado, apressado.

Aranquã *s. f. e m.* (bras.) ave nativa da região, muito arisca, que vive o maior tempo em cima das árvores, vindo raramente ao chão.

Ar-de-vento *s. m.* (reg.) dor nas costas.

Arroba *s. f.* (rur.) medida mais utilizada para pesar bois, equivalente a 15 quilos.

Assuntar *v.* (reg.) ver, prestar atenção.

Baguá, bagual, abagualado, abagualar *s. m./adj./v.* (sert.) animal bravio depois de se *alongar* e se tornar arredio ao homem.

Bagualhada *s. f.* (reg.) uma das provas do Clube do Laço, onde vence o caboclo que lançar o laço mais ligeiro.

Baixeiro *s. m.* (reg.) cobertor de lã utilizado para assentar o arreio sobre o lombo do animal.

Balaio *s. m.* (rur.) cesto para carregar milho, ração. Sinônimos – Jacá, bolsa (local).

Baldrame/Baldrama *s. m.* (sert.) manta de couro colocada sobre o pelego para tornar a montaria mais macia e confortável.

Banana *adj.* (pec.) animal que tem chifre mole, geralmente resultado de mochação malfeita.

Banzeiro *s. m.* (sert.) barulho de animais ou de gente, também associado à folia, farra de crianças.

Barreiro *s. m.* (sert.) barranco onde animais silvestres como o porco-do-mato, a anta e a capivara lambem o sal, essencial para a sua sobrevivência.

Barrigueira *s. f.* (equ.) cinta que firma o arreio sobre o lombo do animal. Na barrigueira vai presa uma das pontas do laço que ajuda o peão a segurar um animal laçado.

Batelão *s. m.* (bras.) embarcação de madeira ou ferro, de fundo chato, usado para desembarque ou transporte de carga.

Batida de macharrão *s. f.* (reg.) rastro de onça pintada.

Batido *s. m.* (sert.) refere-se ao caminho do gado para chegar à água ou determinadas áreas da pastagem, pelas marcas deixadas no capim deitado.

Beiradear *v.* (bras.) caminhar a beira, margear.

Beirochões *s. m.* (reg.) tipo de ranchos mais rústicos.

Berrante *s. m.* (sert.) instrumento para chamar a boiada, confeccionado a partir de um ou mais chifres de boi, e tendo suas bordas envoltas em couro, para protegê-lo, transportá-lo, ou manejá-lo.

Berro *s. m.* (sert.) arma de fogo.

Besta *s. f.* (rur.) refere-se aos muares, principalmente à mula, mas também se aceita para designar o masculino, o burro.

Bicheira *s. f.* (rur.) refere-se a qualquer ferimento que inflama. A principal tarefa do campeiro é recorrer os pastos à busca de animais com bicheira.

Bitola *s. f.* (reg.) estrada de terra.

Boca da noite *s. f.* (reg.) início da noite.

Bolear *v.* (sert.) bolear o laço, balançar o laço no galeio suficiente para imprimir velocidade e mantê-lo aberto até alcançar a cabeça do animal.

Bolicho *s. m.* (reg.) nome dado na região à quitanda, ao "bar de esquina" típico na zona rural quanto na zona urbana.

Bolsa *s. f.* (reg.) medida para determinar o transporte e a venda de sementes, milho e outros cereais.

Bomba *s. f.* (sert.) canudo por onde se chupa a água fria do tereré.

Borzeguim *s. m.* (sert.) bota de cano baixo com elástico nas laterais utilizadas pela maioria dos campeiros e peões.

Bragado *adj.* (equ.) coloração de cavalo, utilizado principalmente para a raça crioula.

Brazino *adj.* (equ./bov.) coloração de cavalo ou boi, para os animais que têm a pele rajada.

Brete *s. m.* (pec.) corredor estreito por onde se passa o animal para ser curado, marcado, observado.

Bridão *s. m.* (equ.) sistema de ferro colocado na boca do animal para controlá-lo.

Bruaca *s. f.* (sert.) nome dado à bolsa que o cavalo leva em seu lombo com mercadorias.

Brusco *s. m.* (reg.) refere-se ao tempo, quando o céu está cheio de nuvens - o tempo está brusco.

Bucal *s. m.* (equ.) encabrestamento para levar o animal de parte a parte.

Cabeceira *adj.* (rur.) refere-se à cabeceira do rebanho, ou melhor, os melhores animais. O antônimo seria o "fundo".

Caborteiro *adj.* (sert.) animal que foge, escapa, escapole.
Cabrestear *v.* (equ.) levar pela mão com uma corda.

Cabresto (rur.) *s. m.* corda, geralmente de couro trançado, para puxar o animal.

Cachaço *s. m.* (rur.) porco inteiro, selvagem.

Cachorrada *s. f.* (reg.) doce de leite feito com leite talhado.

Cadiueus (ou Kadiwéus) *s. m.* (bras.) aldeias indígenas da região.

Calçado *adj.* (equ.) cavalo com uma ou mais patas brancas.

Camarinha *s. f.* (reg.) quarto de dormir.

Campeiro *s. m.* (sert.) denominação genérica do trabalhador rural, que lida com animais. Define principalmente àqueles que montam cavalos.

Campos de cerrado *s. m.* (ecol.) planície de vegetação pouco densa e bem seca, composta por capinzais amarelados e árvores de pequeno porte com galhos tortuosos.

Campos limpos ou campinas *s. f. e m.* (ecol.) encontrados nas regiões mais baixas e inundáveis, são campos bem planos, de capinzais verdes e quase sem árvores.

Campos sujos ou vegetação parque *s. m. e f.* (ecol.) campos bem planos, de capinzais verdes, com palmeiras como o carandá e o buriti.

Capado, Capão *adj.* (rur.) animal que teve seus testículos extraídos (castrado), não mais podendo exercer seu papel de reprodutor.

Capar *v.* (rur.) ato de castrar.

Capões de mata *s. m.* (ecol.) "manchas" redondas de vegetação alta. A mata verde e selvagem é densa e surge no meio dos campos e pastos da região.

Carandá *s. m.* (reg.) palmeira da qual se faz chapéus, tanto no Paraguai quanto no Brasil.

Caronal *s. m.* (reg.) capim nativo, sem valor nutritivo, que nasce nos largos mais altos, onde as águas das enchentes não conseguem alcançar - ou transporte de carga.

Carro *col.* (sert.) geralmente empregado para designar carro de milho, carro de ração, sal, etc.

Cepo *adj.* (reg.) grande, crescido (*hodje eu vi um cepo dum avioun voano perto de casa*).

Cerrar *v.* (pec.) cerrar o laço – momento em que o campeiro puxa o laço para que este se encerre na cabeça do animal.

Ceva/Cevar *s. f./v.* (sert.) local onde o animal é alimentado artificialmente. Denominação para local onde se tratava o animal silvestre com milho e outras quireras para a caça, especialmente pacas, antas, cervos e porcos. Também se refere ao ato de "engordar" algum animal cativo, seja este selvagem ou doméstico. Emprega-se igualmente para o ato de promover o relacionamento, cultivar alguém.

Cheira para guardar (reg.) - coisa boa.

Chinchar *v.* (reg.) puxar.

Chipa *s. f.* (reg.) termo culinário – pão à base de queijo curado e fubá, equivalente ao pão de queijo, com formato geralmente alongado ou em "U".

Choco *adj.* (reg.) quando o marido está de "resguardo" por mulher ter tido um bebê, devendo, portanto manter total repouso.

Chuçar *v.* (reg.) furar, espetar.

Cincha *s. f.* (equ.) cinta de couro que firma o arreio no lombo do cavalo.

Clube do laço *s. m.* (reg.) conjunto de torneios onde se encontram ginetes de toda a região.

Coché *adj.* (reg.) animal manco.

Cola *s. f.* (equ.) rabo do animal.

Colhudo *adj.* (rur.) refere-se ao animal inteiro, que possui os colhões, que não castrado, que serve para a reprodução.

Colt Cavalinho *s. m.* (sert.) marca de revólver que se tornou símbolo de boa qualidade e pontaria. Usa-se a expressão "tudo bem" como "schimidt-west-colt-cavalinho". Todas elas são marcas de armas.

Comer a lua *v.* (reg.) viajar a noite.

Comezaina *s. f.* (pop.) muita comida, mesa farta de comida.

Comitiva *s. f.* (sert.) conjunto de peões que conduz determinado rebanho de uma fazenda a outra.

Cordilheiras *s. f.* (ecol.) faixas extensas de mata, que aparecem perto dos corixos, rios e campos pantaneiros. Nas cheias, elas se transformam em ilhas de vegetação. Normalmente, estão em regiões mais altas.

Corixos *s. m.* (reg.) cursos d'água, espécies de braços de rio. Os corixos, sempre alimentados por um rio, nunca secam.

Coró *s. m.* (sert.) designação para a forma larval de diversos insetos, principalmente de cupins que devoram as madeiras mais moles.

Cuia *s. f.* (reg.) recipiente para se tomar tereré, feito geralmente de chifre de boi, taquara ou cabaça.

Curtido *adj.* (reg.) crescido.

Cururu *s. m.* (reg.) dança de roda em que se canta apenas desafios.

Demás *sup.* (reg.) muitíssimo. (*Demách de quente; demách de dgente aqui!*).

Desguaritar *v.* (sert.) fugir do rebanho, desgarrar-se do rebanho.

Digoreste *adj.* (reg.) sabido(a).

Divulgar *v.* (reg.) a fêmea não demonstra que esta prenhe. Também se diz do animal representar estar com febre, em vez de apresentar-se com febre.

Dolina *s. f.* (ecol.) fenômeno natural de áreas calcárias, quando porções do solo desmoronam em razão da ação das águas subterrâneas.

Embornal *s. m.* (rur.) sacola para levar remédios, ferramentas e apetrechos de uso no campo.

Embuçalar *v.* (equ.) colocar bucal, que leva o freio, e mais comumente, o cabresto. Também se refere ao fato de controlar alguém ou algum animal.

Encosto *s. m.* (equ.) animal aposentado depois de muitos anos de serviço. Muitas vezes, se fala que o animal foi para o encosto, ou asilo.

Enfrenar *v.* (equ.) colocar o freio, dominar o animal.

Enleirar *v.* (sert.) de formar a leira, empilhar os troncos, pedras, excesso de terra e raízes em área desmatada, utilizado na formação de pasto.

Era *s. f.* (rur.) geração, as eras iniciam-se no meio do ano, em razão do calendário de monta.

Erada(o) *adj.* (sert.) animal de idade.

Estação de monta *s. f.* (rur.) época em que os cavalos, jumentos e touros cobrem as fêmeas, geralmente de outubro a maio.

Estorvar *v.* (sert.) dificultar, atrapalhar, impedir.

Estrepe *s. m.* (ecol.) espinho, pedra ou pau que machuca algum animal.

Falhar *v.* (reg.) realizar, ir ao encontro, falhar uma visita, fazer uma visita.

Forma *s. f.* (sert.) fazer a forma da tropa.

Forrageira *s. f.* (rur.) qualquer alimento em forma de vegetal cortado, que visa complementar o pasto para o gado, tal como capim-elefante, milho, sorgo, etc.

Freio *s. m.* (equ.) peça de ferro colocada na boca do animal para controlá-lo. O verbo relacionado é enfrenar.

Furdunço *s. m.* (reg.) bagunça.

Gabiru *s. m.* (reg.) boi nativo.

Galo-de-briga *s. m.* (sert.) sinônimo de mochila, saco com roupas e pertences.

Ginete *s. m.* (equ.) cavaleiro, aquele que monta bem.

Granito *s. m.* (reg.) termo culinário, peça de carne no peito do boi, muito apreciada no churrasco de espeto corrido.

Graxaim *s. m.* (sert.) lobinho, lobo do campo, zorro.

Guaiaca *s. f.* (reg.) cinto largo de couro ou camurça, provido de bolsinho, usado para se guardar dinheiro, objetos miúdos e também para porte de armas.

Guampa *s. f.* (sert.) recipiente para tomar água ou tereré, feito de chifre de boi.

Guapo *adj.* (reg.) habilidoso.

Guavira *s. f.* (reg.) planta arbustiva típica da região, cunhada da goiaba e do araçá, que geralmente oferece seus frutos em novembro.

Guaxa *s. f.* (reg.) chicote de couro bem largo utilizado na doma de burros.

Guaxo *s. m.* (reg.) animal que perdeu a mãe, ou que a mãe não tem leite suficiente para criá-lo.

Guri *s. m.* (bras.) menino.

Imbicar *v.* (reg.) atracar a canoa.

Inçar *v.* (sert.) aumentar a quantidade de mato, o inço, numa área, numa pastagem. Fala-se também de área inçada - mato, sujeira, pastagem cheia de mato.

Índios Canoeiros *s. m.* (hist.) também chamados de Paiaguá.

Índios Cavaleiros *s. m.* (hist.) também chamados de Guaicuru.

Influído *adj.* (reg.) quando o touro, garanhão, carneiro ou animal macho procura fêmea para copular.

Intisicar *v.* (reg.) provocar o adoecimento.

Invernada *s. f.* (rur.) sinônimo de pasto, refere-se principalmente aos pastos retirados, para a engorda de bois.

Jiboiar *v.* (reg.) dar aquele "cochilo" depois do almoço, na rede.

Jururu *adj.* (sert.) triste, cabisbaixo, também se refere a animais doentes.

Ligeira *s. f.* (sert.) nó falso que se dá nos chifres dos baguais, para que estes não carreguem o laço, quando soltos.

Lublinar *v.* (reg.) fenômeno natural quando a neblina cola nos altos da serra.

Lutar com *v.* (reg.) trabalhar (*Eu luto com a pesca*)

Malacara *adj.* (equ.) cavalo com mancha na cara, seja em forma de estrela, estrela corrida, ou de fora-a-fora, até as narinas.

Maneador *s. m.* (rur.) cabos utilizados para imobilizar o cavalo.

Manetear *v.* (rur.) amarrar as patas da frente do animal, geralmente para ser amansado ou curado.

Manga *s. f.* (sert.) ante-sala do mangueiro, local onde o gado é conduzido antes de entrar no mangueiro.

Manguear *v.* (rur.) observar.

Mangueira(o) *s. f. e m.* (rur.) curral onde o gado é trabalhado.

Manta *s. f.* (reg.) posta de carne seca.

Maria Isabel *s. m.* (reg.) nome dado a um prato típico, arroz com carne-seca picada.

Marruá *s. m.* (reg.) animal selvagem que nunca viu o homem, animal bravo.

Massa-Barro *s. m.* (ecol.) João de Barro.

Matas ciliares *s. f.* (ecol.) vegetação bem verde encontrada nas margens dos rios.

Mate *s. m.* (bras.) sinônimo de tereré, infusão de *llex paraguaiensis.*

Mate doce *s. m + adj.* (reg.) mate com a adição de leite e de castanha de palmeira bocaiúva.

Mestre *s. m.* (reg.) cachorro mais treinado, mais esperto para as caçadas de onça.

Mocha(o) *adj.* (rur.) animal mochado ou mocho, cujo chifre não mais nascerá.

Mochar *v.* (rur.) aplicar ferro em brasa no local onde nasce o chifre, geralmente em animais antes da desmama. A mochação garante ao animal maior precocidade.

Monções *s. f.* (hist.) bandeiras fluviais, que nos séculos 17 e 18 subiam os rios à procura de braços indígenas ou de ouro.

Monta *s. f.* (rur.) refere-se ao ato do macho cobrir a fêmea, copular. Utilizado para todos os tipos de criação.

Muchirum *s. m.* (reg.) Mutirão

Náfego *adj.* (equ.) animal que tem um dos quadris tortos ou algum defeito muito grande aparente no quarto traseiro.

Nhanhá (reg.) expressão afetiva usada pela maioria dos falantes para as pessoas mais idosas.

Novateiro *s. m.* (rur.) arvore com formiga.

Ofendido de cobra *adj.* (sert.) sinônimo de mordido de cobra.

Ornar *v.* (reg.) combinar. "Essa roupa vai ornar com o sapato".

Passarinheiro, passarinhar *adj./v.* (sert.) cavalo ou burro que, tipicamente, se espanta com qualquer coisa e sai em disparada, assustando seu cavaleiro.

Pasto *s. m.* (rur.) área onde há predominância de capim para o pastoreio do gado. Há o pasto nativo e o pasto plantado.

Pau Rodado *s. m.* (reg.) Pessoa de fora que vem morar em Cuiabá.

Peão *s. m.* (rur.) profissão ligada ao campo, peão-de-campo, peão-detropa, peão-braçal.

Peão amoroso *adj.* (reg.) mulherengo.

Peão de Culatra *s. m.* (sert.) aquele que na comitiva do gado segue no final, para fechar a boiada.

Pelego *s. m.* (rur.) coberta, geralmente de pele do carneiro, inteira para tornar o arreio mais macio ao campeiro.

Pelichado *adj.* (sert.) cabeludo, crinudo, geralmente para diferenciar um cavalo do outro.

Pialar, Pialado *v./adj.* (sert.) sinônimo de amarrar - sistema de doma empregado no Sul, amarrando-se as patas dianteiras do animal.

Picasso *s. m.* (sul) um dos nomes regionais de pelagem de cavalo, para aqueles cavalos pintados.

Pinchar *v.* (sert.) descer do animal.

Piquete *s. m.* (rur.) pequeno pasto, geralmente junto à área da sede da fazenda.

Piraim *s. m.* (reg.) espécie de chicote de cabo curto e corda de couro comprida.

Pirogas *s. f.* (reg.) canoas.

Pitoco *adj.* (sert.) animal sem rabo ou com o rabo cortado.

Piúva *s. f.* (ecol.) ipês-roxos. As amarelos são conhecidos somente como ipês.

Plantel *col.* (rur.) conjunto de animais de criação.

Pongó *s. m.* (reg.) Bobo.

Potoxó *s. m.* (reg.) bebida resultante do álcool comum de uso medicinal ou para combustível com frutas, sucos, etc.

Praieiro *s. m.* (reg.) denominação local ao "caseiro", aquele que cuida da "praia" da casa.

Prenhe *adj.* (reg.) grávida.

Pufu *s. m.* (reg.) pulmão.

Quebra-torto *s. m.* (reg.) primeira refeição do peão pantaneiro. É um café da manhã em que não faltam arroz, feijão e carne. Alguns chamam o arroz tropeiro de quebra-torto.

Queimar o umbigo *v.* (rur.) ato de passar remédio contra bicheira no umbigo do animal novo.

Queixadas *s. m.* (ecol.) porco do mato, de coloração negro-pardecenta, que, quando acuado, bate forte as mandíbulas fazendo barulho similar a de uma matraca.

Rabicho *s. m.* (rur.) parte final do "reio" - ou chicote.

Rabo-de-tatu *s. m.* (sert.) tipo de reio, de chicote, utilizado por campeiros.

Rancheiro *s. m.* (sert.) cozinheiro de comitiva.

Ranilha *s. f.* (equ.) parte do casco bastante sensível e que precisa ser sempre verificada, principalmente se o animal manca.

Rebuçar *v.* (reg.) encobrir

Redomão *adj.* (equ.) cavalo recém-domado e que merece atenção por parte do ginete.

Reio/Relho *s. m.* (sert.) chicote.

Ressabiado *adj.* (sert.) desconfiado, prevenido.

Retiro *s. m.* (sert.) local onde se realiza o rodeio de gado ou onde moram as famílias fora da sede da fazenda.

Riscar *v.* (reg.) discar o telefone.

Roçadeira *s. f.* (rur.) implemento agrícola que, atrelado ao trator, serve para a limpeza de pastos. Roçar é o verbo correspondente.

Roda de Tereré *s. f.* (reg.) local onde há pessoas tomando tereré, geralmente sentadas ou agachadas, e à sombra, se possível, próximo à água corrente fresca.

Rodar *v.* (reg.) ato de o cavalo e cavaleiro caírem juntos, geralmente por causa de um buraco de tatu, um toco ou uma pedra.

Rodeio *s. m.* (sert.) local onde o gado é vistoriado em rotina para realizar curativos. Antigamente, os rodeios eram um acontecimento, já que era a ocasião anual, ou bianual, onde o gado era contado, marcado, apartado e tratado. Atualmente, o rodeio é rotina semanal e para cada lote de cada pasto.

Roncador *adj.* (rur.) animal com problema de respiração, que faz barulho pelas ventas.

Roncolho *adj.* (equ.) animal que tem apenas um testículo.

Ronda *s. f.* (reg.) vigília que se faz num rodeio de gado durante a noite.

Rufião *s. m.* (pec. e equ.) animal macho, utilizado para identificar que éguas, vacas, ovelhas ou jumentas encontram-se no cio.

Saleiro *s. m.* (rur.) sinônimo de salgador.

Salgador *s. m.* (rur.) profissão muito importante nas grandes fazendas de gado. Pessoa responsável por abastecer os cochos com sal e, caso necessário, com ração.

Salina *s. f.* (ecol.) lagoa de água salobra. Elas surgem por causa do excesso de sódio que as águas do Pantanal têm. O sódio é concentrado na lagoa quando as águas secam.

Santa Fé *s. f.* (reg.) dança de fundo religioso.

Sapecar *v.* (rur.) tornar-se seco, também se refere ao ato do fogo ou da seca natural.

Sapicuá *s. m.* (reg.) espécie de embornal, onde se carrega a matula.

Simbra *s. f.* (sert.) porteira feita de arame.

Sinuelo *s. m.* (sert.) animal que vai à frente para orientar o rebanho, também chamado de madrinha da tropa.

Sopa Paraguaia *s. f.* (reg.) termo culinário, na verdade uma torta que leva milho, uma "quiche" brasileira.

Suador *s. m.* (equ.) peça, geralmente de couro, colocada à frente da perna do cavaleiro, no arreio.

Taboca *s. f.* (sert.) bambu nativo da região e muito comum nas beiras de mata.

Taipa *s. f.* (sert.) parede de uma casa ou também a barragem de um açude.

Tento *s. m.* (sert.) cordão, em geral de couro, utilizado no arreio para amarrar capas de chuva, a guampa, remédios, etc.

Tereré *s. m.* (reg.) infusão fria de erva-mate *(Ilex paraguaiensis)*. Adaptado do chimarrão, o tereré é a solução dos peões para os dias quentes.

Tosquia *s. f.* (rur.) ato de tosquiar, tirar com a tesoura a lã dos ovinos.

Tralha *s. f.* (sert.) conjunto de peças que compõem o arreio da montaria.

Tranqueira *s. f.* (reg.) animal que só dá trabalho, também utilizado para animais muito pequenos, fora dos padrões da raça.

Trebusana *s. f.* (reg.) Tempestade

Trem *s. m.* (sert.) também sinônimo de tralha, porém, refere-se ao conjunto de bens de uma pessoa.

Tremedal *s. m.* (reg.) trecho de terra úmida, movediça.

Trilheiro *s. m.* (sert.) caminho escolhido pelo gado no pasto e que determina a formação de caminhos bem definidos.

Troncho *s. m.* (rur.) animal com uma ou duas orelhas caídas. Um animal fica troncho, na maior parte das vezes, por obra de um carrapato que se transforma em bicheira ou quando mordidos por outros animais.

Tropa *s. f.* (rur.) coletivo para conjunto de eqüinos, asininos e muares.

Tropicar *v.* (rur.) cair, tropeçar.

Tucura *adj.* (sert.) animal pequeno, geralmente boi ou vaca.

Tulha *s. f.* (rur.) local onde se armazena café ou outros grãos. Trata-se de edificação elevada, seca, onde há boa ventilação.

Vazantes *s. f.* (ecol.) canais de comunicação entre os rios e as baías.

Vedar, vedado *v./adj.* (rur.) refere-se à pastagem onde não há animais no momento, em repouso, para que o capim cresça.

Vôte! *Int.* (reg.) Expressão de surpresa. (*Vôôôôtee!!! Aqui tem a ufa de djacaré*)

Xucro *adj.* (rur.) animal bravo, bagual, antes da doma.

Zagaia *s. f.* (reg.) tipo de lança sustentada por uma vara comprida, serve para esperar a onça, no seu pulo.

Zimbueira ou matadeira *s. f.* (ecol.) cipós que crescem por cima de outra vegetação.

Zorra *s. f.* (sert.) bagunça, algazarra, confusão.

Zorro, zorrilho *s. m.* (sert.) lobinho do campo, graxaim, encontrado geralmente ao entardecer caçando nos campos e pastos. A palavra zorro é de origem espanhola.

A FAZENDA

Roceiro
O roceiro é uma categoria comum nas fazendas pantaneiras. Ele recebe do fazendeiro um trecho de mata que derruba, muitas vezes, com o auxílio dos peões, queima e limpa para plantar mandioca, abóbora, milho, feijão e outras culturas destinadas ao consumo de sua família e da fazenda.

Moradia dos peões e galpão
Um pouco mais afastadas da casa-grande, circundando a baía próximo à sede, estão as moradias dos peões casados e o galpão, onde ficam os trabalhadores solteiros. Normalmente, as casas dos peões são construídas em alvenaria, com sala, cozinha, dois quartos e banheiro interno. Os galpões dos peões solteiros são de madeira, mas podem ser encontrados também em alvenaria. São construções simples, abertas em um dos lados, formando uma espécie de varanda, onde os peões armam suas redes para dormir.

Oficina
Ainda na sede da fazenda encontra-se a oficina, onde se consertam tratores, motosserras e outras máquinas utilizadas nas atividades diárias.

Armazém
Localizado em uma parte da casa-grande, o armazém é onde a cada semana, quinzena ou mês, realiza-se o "despacho", quando os moradores se abastecem de produtos básicos vendidos pela propriedade. Mesmo não sendo uma regra, são as mulheres que normalmente fazem as compras.

Desencilhador
Uma espécie de caramanchão, onde os peões guardam os apetrechos de montaria e onde costumam reunir-se para conversar, tomar tereré e trabalhar o couro na produção de artefatos de arreamento.

Disco de Cimento
A carneação do gado, que é feita conforme o número de empregados da fazenda, ocorre no disco de cimento, que se encontra a poucos metros do açougue, que fica próximo à cozinha da casa-grande. Ali, no disco, a rês é morta e cortada em grandes pedaços, levados ao açougue, onde são "manteados" - transformados em grandes peças largas e não muito espessas -, salgados e postos para secar.

Retiros
Os retiros são locais estratégicos onde se constroem currais para trabalhar o gado disperso nos pastos mais distantes em relação à sede e casas ou galpões para abrigar os vaqueiros. Alguns retiros são habitados de forma permanente e a pessoa responsável por ele é chamada de retireiro. Sua função é controlar os rebanhos que se encontram naquela porção da fazenda.

Mangueiro
É um local para ordenhar as vacas de leite para as famílias e a casa-grande e também um curral para trabalhar o gado.

Casa-Grande
Residência dos fazendeiros, as casas-grandes, como são denominadas, costumam ser amplas e confortáveis e, em alguns casos, até mesmo luxuosas. Normalmente construídas em alvenaria, com janelas e portas teladas para a proteção contra insetos, possuem muito da comodidade das residências urbanas, como geladeiras e freezers a gás, televisores e até aparelhos de ar-condicionado. A energia elétrica é produzida por motor a combustão. Construídas em terreno alto - uma prevenção contra as enchentes -, as casas-grandes, bem como as dos empregados, estão invariavelmente próximas a uma baía, de onde, no passado, retiravam a água para abastecer as famílias. Hoje, com a perfuração de poços e a instalação de bombas d'água, a casa-grande possui água encanada e, em muitas propriedades, os demais moradores da fazenda beneficiam-se de tal conforto.

A PECUÁRIA PANTANEIRA

Com cerca de 3,8 milhões de cabeças, a pecuária de corte é hoje a mais importante atividade econômica da região. Introduzida no Pantanal há mais de 200 anos, os rebanhos pantaneiros descendem de animais introduzidos na região durante o processo de colonização.

As primeiras espécies eram de raças espanholas; a influência das raças portuguesas ocorreu bem mais tarde, a partir do século XVIII. A pecuária no Pantanal acompanhou a colonização que se iniciou com a exploração do ouro na Baixada Cuiabana e com a gradual ocupação das pastagens nativas na planície. Com o término do ciclo do ouro, a pecuária expandiu-se pela região do Pantanal. O rebanho ibérico, trazido pelos colonizadores, se adaptou gradativamente ao ambiente, originando o pantaneiro ou tucura.

Curral pantaneiro com gado Nelore

No início do século, o gado pantaneiro foi sendo substituído pelo zebu, especialmente da raça nelore. Na década de 40, apesar do isolamento e das dificuldades da região, a pecuária se expandiu, chegando a representar 90% do rebanho do então estado de Mato Grosso e 6% do plantel nacional.

O sistema de criação pantaneiro engloba as fases de cria e recria em grandes propriedades, com poucas divisões nas pastagens e quase nenhum manejo. A alimentação desses rebanhos é feita quase que exclusivamente de pasto natural. Na maior parte do Pantanal, devido às condições ambientais restritivas, a integração com a agricultura é inadequada, não sendo viável a intensificação com suplementação alimentar, confinamento ou utilização de raças precoces.

Os índices zootécnicos têm-se revelado baixos em relação à natalidade (55%), desmama (45%), intervalo entre partos (22 meses) e idade da primeira cria (3,5 a 4 anos). Mesmo com esses problemas e com sucessivas crises de mercado, o sistema produtivo se manteve com dominante vocação para a produção de bezerros.

A globalização da economia obrigou a pecuária pantaneira a tornar-se uma atividade empresarial, indicando que somente consegue sobreviver aqueles sistemas produtivos eficientes no uso de recursos e capazes de ofertar produtos de qualidade.

Recursos Pesqueiros

O ciclo anual de inundação no Pantanal é o principal fator responsável pela grande produção de peixes na região. A diversidade de hábitats aquáticos possibilita a existência de grande número de espécies, que desenvolveram ao longo do tempo diferentes estratégias de vida e reprodução. Em razão dessa expressiva diversidade, os recursos pesqueiros constituem importante banco genético, estratégico para aplicações futuras.

Atrás apenas da pecuária, a pesca representa a segunda maior atividade econômica do Pantanal, gerando recursos da ordem de R$ 40 milhões anuais.

Foram listadas 263 espécies de peixes no Pantanal, sendo que mais de 85% pertencem a superordem Ostariophysi, peixes que possuem um conjunto de ossículos muito especiais, que lhes possibilita vantagens adaptativas, como a de "ouvir" melhor no ambiente de águas geralmente turvas. Pertencem a ela, peixes como o pacu, o dourado, a tuvira, o pintado, a cachara e o cascudo.

A ictiofauna desempenha papel de fundamental importância no ecossistema do Pantanal. Os grandes estoques pesqueiros representam um dos maiores compartimentos de reserva viva de nutrientes e de energia do sistema, com implicações na circulação e fluxo destes elementos. Os peixes, entre outras atividades, atuam como dispersores de sementes e constituem a fonte básica de alimentação para muitos outros componentes da fauna. As espécies de importância para a pesca encontram-se associadas às regiões de maior inundação. Nesses ambientes, ocorre um dos fenômenos ecológicos mais espetaculares que a natureza proporciona no Pantanal: a migração rio acima com fins reprodutivos, conhecida como "piracema".

A maioria das espécies de grande porte explorada pela pesca é a de peixes que fazem essa migração, um fenômeno que depende do ciclo anual de cheia e seca. Contudo, muitas espécies de pequeno porte permanecem durante o período de estiagem nas lagoas remanescentes. Estas espécies desenvolveram outras estratégias reprodutivas. Algumas ficam retidas em lagoas perenes, onde se preparam para reproduzir na cheia do ano seguinte, quando a lagoa se conectar novamente aos rios. Outras, como a piranha e os carás, se reproduzem várias vezes ao ano nesses ambientes, depositando um número reduzido de ovos e cuidando de sua prole. Muitos desses peixes podem ser considerados espécies forrageiras, ou seja, constituem-se em alimento de peixes maiores.

A pesca é praticada em três modalidades principais: de subsistência, como importante fonte de proteína para as populações ribeirinhas; esportiva, que se tornou o principal atrativo do turismo regional, especialmente no Mato Grosso do Sul; e profissional, atividade tradicional onde operam pelo menos 3.500 pescadores em toda a região. Atuantes em todo o Pantanal, estão organizados em colônias nos estados de Mato Grosso e Mato

◀ **Dourado, um dos mais cobiçados**

Grosso do Sul.
Com o aumento da demanda por iscas naturais, uma nova modalidade de pesca, a captura e comércio de iscas vivas, principalmente tuviras e pirambóias, começou a ameaçar essas espécies.
A pesca esportiva apresentou um crescimento acentuado a partir da década de 80. Mato Grosso do Sul recebe anualmente cerca de 57 mil pescadores por ano, vindos principalmente da Região Sudeste. O setor turístico pesqueiro estruturou-se para oferecer transporte, hospedagem, alimentação e serviços especializados para essa clientela.
Hoje, a pesca esportiva responde por mais de 75% de todo o pescado oficialmente desembarcado no estado.

Torneio de pesca esportiva em Cáceres

REGULAMENTAÇÃO

É necessário tirar licença de pesca, que pode ser obtida nas agências do Banco do Brasil. O limite de captura e transporte é de 15 quilos mais um exemplar de qualquer peso para Mato Grosso do Sul, e de 30 quilos mais exemplar excedente para Mato Grosso. É proibido usar redes, tarrafas ou substâncias químicas na pescaria, que deve ser feita com linha de mão, caniço simples ou molinete. Na pesca subaquática, além de licença, é necessário estar filiado a alguma associação oficial de pesca.

Dúvidas e esclarecimentos podem ser obtidos junto ao IBAMA (Instituto Brasileiro do Meio Ambiente) tels. 65/644-1200 (em Cuiabá) e 67/782-1802 (em Campo Grande).

Pescadores no rio Paraguai

PANTANAL NORTE

Introdução

Com área equivalente a um terço de toda a planície inundável, o Pantanal Norte possui uma rede de rios que forma um complexo sistema de lagoas e linhas de drenagem interconectadas, com leves ondulações, morros isolados e elevações, como a Serra das Araras, no Pantanal de Cáceres.

O único escoadouro dos muitos rios dessa região é o Paraguai, alimentado pelos rios Cabaçal, Sepotuba, Jauru, São Lourenço e Piquiri. A região do Pantanal Norte começou a ser povoada ainda no século 19, quando os bandeirantes e outros exploradores, atraídos pela descoberta de ouro, deram início à criação de vilarejos, que se transformaram nas principais cidades da região, como Cuiabá e Cáceres. O contato dos colonizadores com os povos indígenas, primeiros habitantes do Pantanal, acabou originando o folclore pantaneiro, com danças e lendas que contam a história do povoamento.

Lírio do cerrado

A vida e os hábitos do homem pantaneiro – bem como dos animais – são determinados de acordo com o ciclo das águas, que é definido entre dois períodos: um com fortes chuvas, seguido por outro de longa estiagem. Durante a época de chuva, nas áreas inundadas são formados extensos lagos (ou baías), com a vegetação ficando à vista apenas nas áreas mais elevadas, que são chamadas de cordilheiras pelo homem pantaneiro. Já no período de seca, a água se restringe aos rios perenes de leitos definidos, além de algumas lagoas e banhados em áreas mais rebaixadas da planície.

Região que abriga grande variedade de flora e fauna, originada das áreas do Chaco, Amazônia e Cerrado, os capões e matas do Pantanal Norte – aqui dividido em três pantanais segundo critérios da redação – são habitados por onças, antas, macacos, além de capivaras, sucuris, lontras e jacarés, que podem ser avistados às margens dos rios, nos quais a pesca é farta. Um ponto de partida para o Pantanal Norte, Cuiabá reserva ao visitante todas as comodidades de acessos rápidos e fáceis para a região pantaneira.

Jacaré adulto: até 2,5 m de comprimento

O **Pantanal de Cáceres** compreende a área que vai do Vale do Guaporé, na fronteira com a Bolívia, até a Serra das Araras. Localizado às margens do Rio Paraguai, o município de Cáceres é a porta de entra-

Lagoa formada após as longas chuvas

da para este pantanal, de onde partem embarcações que percorrem o alto desse importante rio.

Cortado pelos rios Cuiabá e Paraguai, o **Pantanal de Poconé** estende-se até o Parque Nacional do Pantanal Mato-Grossense, local em que os dois rios se encontram. A cidade de Poconé é também o ponto de partida para quem deseja conhecer a região de carro, percorrendo a Rodovia Transpantaneira até Porto Jofre, na divisa com o Mato Grosso do Sul.

O **Pantanal de Barão de Melgaço**, localizado na zona de influência dos rios Cuiabá e São Lourenço, destaca-se por seus campos e matas inundáveis intermeados por lagoas e baías, como as de maior porte Chacororé e Siá Miranda. As águas da primeira – localizada na margem esquerda do Rio Cuiabá e cujo diâmetro é duas vezes maior que a

Área alagada: fonte de alimento

Baía de Guanabara –, em dias de ventos fortes se encrespam, formando ondas de até um metro. A Baía Siá Mariana tem como destaque suas praias de areia branca com grande concentração de aves durante a seca. Em suas margens existem hotéis, pousadas e restaurantes.

Cuiabá

Às margens do Rio Cuiabá surgiu a capital do Mato Grosso

Distâncias:
Cáceres 209 km
Corumbá 1.091 km
Brasília 1.133 km
Belo Horizonte 1.594 km
433.355 hab.
78000-000
65
Sedtur tel. 624-9060

O Rio Cuiabá foi a principal via de acesso para esta cidade, que cresceu com a descoberta de jazidas de ouro, até tornar-se o marco da expansão ocidental do território brasileiro. Cuiabá e a vizinha Várzea Grande formam um entroncamento aéreo, rodoviário e fluvial, que interliga o Norte e o Oeste do Brasil às demais regiões. A partir da Baixada Cuiabana – depressão geográfica da Bacia do Rio Paraguai – começa a se formar o Pantanal. Separada da capital pelo Rio Cuiabá, Várzea Grande oferece serviços e sedia o Aeroporto Internacional Marechal Rondon. Ao sul de Cuiabá fica Santo Antônio do Leverger, com suas praias fluviais e o carnaval mais freqüentado da região. Navegando pelo Rio Cuiabá em direção a Barão de Melgaço, podem ser vistas usinas de açúcar do século 19. Cuiabá destaca-se por sua arquitetura harmoniosa, igrejas centenárias e museus com fósseis e artefatos de paleoíndios, os ancestrais dos índios. É considerada uma das cidades mais quentes do país, sua temperatura pode alcançar 43°C. O trânsito costuma ser intenso nas principais saídas e algumas atrações estão concentradas no bairro do Porto, próximo do rio Cuiabá, sentido aeroporto.

Barco: principal meio de transporte da região

◄ **Entardecer às margens do Rio Cuiabá**

ATRAÇÕES

Igreja do Bom Despacho

Praça do Seminário, 239

Abre apenas nos horários de culto. Segunda, às 18h30; terça, às 16h30, e quinta, pela manhã. Tel. 623-5091. Desenhada pelo frei Ambrósio Daydé, que se inspirou na igreja francesa de Notre-Dame. Localiza-se no Morro do Seminário, de onde é possível ver o centro da cidade. Sua construção, em estilo gótico, teve início em 1818, mas ainda não foi concluída.

Igreja Matriz Nosso Senhor Bom Jesus de Cuiabá

Praça da República, s/nº. Das 7 às 11 h e das 14 às 18 h. Tel. 623-2127.

Construída em 1722, possuía paredes de pau-a-pique e cobertura de palha. Em 1739, foi feita uma campanha de arrecadação de fundos para a construção de uma nova igreja. Suas torres foram erguidas apenas nos anos seguintes, com três reformulações até a última configuração, com torres mais altas e ornamentadas, concluídas em 1930. Em 1968, a antiga catedral foi demolida, sendo construída a atual Catedral Metropolitana de Cuiabá.

Dialeto português

A distância de Cuiabá em relação às principais cidades do País, desde sua fundação até o início do século 20, gerou o isolamento da população, que tinha grande contato com comunidades bolivianas e paraguaias, com quem praticava intenso comércio. A cultura cuiabana acabou incorporando traços espanhóis, criando palavras como "a ufa", que significa bastante, além de pronunciar letras de modo diferente, como g e j com som de "dj" (djantar, dgente), e ch e x com som de "tch" (tchícara, caitcha).

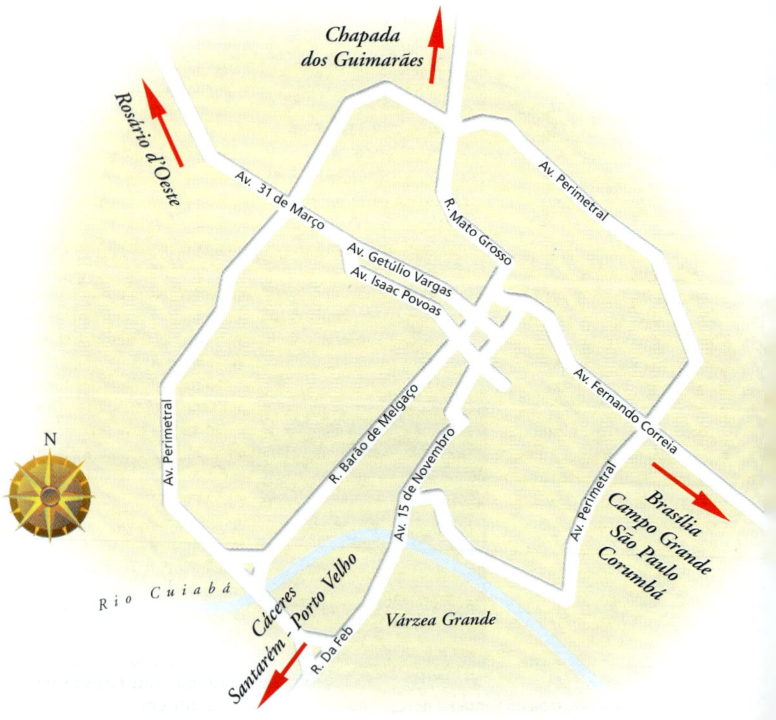

Museu do Artesanato: acervo da cultura regional e Casa do Artesão

Museu de Artesanato

Rua 13 de Junho, 315, Porto. De segunda a sexta, das 8 às 18 h; e sábados e domingos, das 9 às 18 h. Tel. 321-0603.

Inaugurado em 1910, sediou o Grupo Escolar Senador Azeredo e funcionou como instituição de ensino até 1975, quando passou a abrigar a Casa do Artesão. Em 1982, foi transformado em museu, com a aquisição de peças de cerâmica, trançado, madeira e couro, provenientes de visitas às comunidades ribeirinhas e interioranas. São mais de 400 peças, como artefatos indígenas, vasos, redes, altares, fornos de barro, que compõem um acervo representativo das manifestações artesanais regionais, festas religiosas e danças.

Tesouro do Estado

Praça da República s/nº. Das 8 às 18 h. Tel. 624-9060.

Sede da Secretaria de Desenvolvimento e Turismo (Sedtur), foi projetado para abrigar repartições públicas, como a do Tesouro do Estado. Construído em alvenaria de tijolo de barro queimado, sua obra foi iniciada em 1896 e concluída em 1898. É um dos prédios estaduais mais conservados e possui uma sala para atendimento aos turistas com folhetos informativos.

Cuiabá: porta de entrada do Pantanal norte

Cerâmica: tradição da região

Palácio da Instrução (Museu de História Natural e Antropologia)

Praça da República, 151. De segunda a sexta, das 8 às 17 h. Tel. 321-3391.

Inaugurado em 1914, foi concebido para ser sede da escola normal e, posteriormente, do Liceu Cuiabano até 1971. O prédio possui alicerces em pedra canga e cristal, com paredes de adobe com largura de até 80 cm.

Em 1975, passou a abrigar a produção cultural do Estado, sediando a Biblioteca Pública Estadual, dois museus, uma pinacoteca e um ateliê livre. O Museu de História Natural e Antropologia possui cerca de 600 peças indígenas, além de animais empalhados, como onças, jacarés, fósseis e peças arqueológicas. O Museu Histórico relata a história de Mato Grosso, do período colonial até a República, por meio de 502 peças em exposição, como documentos e fotos do marechal Cândido Rondon, e peças da Guerra do Paraguai. São realizadas visitas monitoradas com agendamento prévio.

Aquário Municipal (acima) e Mercado Público

Mercado de Peixe e Aquário Municipal

Avenida Beira-Rio, Porto. De segunda a sexta, das 8 às 18 h. Tel. 623-1440.

Construído no final do século 19, às margens do Rio Cuiabá, foi um local de trocas de mercadorias, com produtos provenientes de grandes centros abastecedores. Com o enfraquecimento da navegação após 1920, direcionou suas atividades para o comércio de pescados. Em 1998, passou a sediar o Espaço Cultural Liu Arruda, onde são promovidas exposições de artistas locais. Junto a ele criou-se o Aquário Municipal, onde podem ser observadas várias espécies de peixes da região.

Igreja de São Gonçalo

Praça da Bandeira, 507. Porto. Das 7 às 11 h e das 13 às 17 h. Tel. 623-1442.

Em 1781, foi celebrada a primeira missa nesta igreja, onde foram guardadas imagens do Forte Coimbra de Corumbá. Entre elas, a de Nossa Senhora do Carmo, durante a Guerra do Paraguai. No ano de 1916, a igreja passou por reforma com a inclusão de uma imagem do Redentor de 2,4 m de altura, a 36 m acima do solo.

Museu de Pedras Ramis Bucair

Rua Galdino Pimentel, 195. Das 8 às 11 h e das 13 às 18 h; sábado das 8 às 15 h. Tel. 624-1373.

É uma das principais atrações da área central. Foi inaugurado em 1959 com o nome de seu fundador, marcando o surgimento de um museu de natureza científica. Centro de investigação na área das ciências geográficas, seu acervo foi organizado por meio de coletas e pesquisas feitas pelo seu fundador, o espeleólogo Ramis Bucair. Reúne cerca de 4 mil

Igreja de São Gonçalo

peças de arqueologia, como o fêmur de um tiranossauro com 120 milhões de anos, e machados de pedra neolítica, encontrados na Chapada dos Guimarães.

Igreja de Nossa Senhora do Rosário e Capela de São Benedito

Praça do Rosário s/nº, Distrito Coxipó do Ouro, entrada no km 18 da rodovia MT-251. Das 8 às 12 h e das 14 às 18 h. Sábados, das 8 às 12 h. Tel. 322-5473.

Construídas em 1722, por escravos, localizam-se na região onde cresceu o primeiro povoado de Cuiabá.

Igreja do Rosário: de 1722

Tombadas pelo Patrimônio Artístico Nacional, ainda mantêm o estilo barroco com características do século 18. O altar-mor da igreja é em talha dourada de estilo rococó. Nesse local acontece a maior manifestação religiosa de Cuiabá, a Festa de São Benedito.

Culinária

Peixe à moda pantaneira

Cuiabá desfruta de um dos melhores restaurantes de comida árabe, com receitas soberbas, que, hoje, talvez sejam difíceis de encontrar até mesmo no Líbano, terra natal do proprietário. No **Al Manzul** (tel. 663-2237) é servido um "banquete" árabe com quase 30 itens por um preço único de R$ 33 por pessoa (adulto). No entanto, são os peixes de rio e as bananas-da-terra, preparados à moda pantaneira, que fizeram a fama de sua culinária. No Pantanal, antigamente podia se encontrar pratos típicos que incluiam carnes de jacaré e de outros animais silvestres. Hoje predominam os peixes de água doce. Um bom exemplo dessa culinária é um ensopado popular, no qual o filé de peixe - geralmente pintado ou piraputanga - é cozido com mandioca e outros temperos em uma panela de barro, conhecida como *mojica*. Há ainda a ventrecha (costela de pacu frito), a piraputanga passada na farinha e frita em óleo bem quente. Da mesma forma pode ser preparado o piabuçu, o curimbatá e o dourado. O polivalente pacu também pode ser feito ensopado, assado ou mesmo frito, sempre acompanhado de pirão de peixe bem apimentado, farofa de banana e arroz. Há ainda os peixes de couro, nessa categoria, além da mojica de pintado, pode-se provar a cachara (fica ótima assada na brasa), o barbado, a jurupoca e o jaú. Dependendo da época do ano, esses peixes podem ser encontrados no **Restaurante Peixaria Popular** (tel. 322-5471, no bairro de Goiabeiras) e em vários outros espalhados por Cuiabá.

Artíndia (Funai)

Rua Pedro Celestino 301. Das 7h30 às 11h30 e das 13h30 às 17h30. Fecha aos sábados e domingos. Tel. 623-1675.

A Funai mantém sete lojas espalhadas pelo país e, com isso, pode comercializar riquíssimo artesanato indígena. Aqui podem ser encontradas peças de artesanato em técnicas diversas, tais como cerâmica, cestaria de palha, cipó, corda, madeira e tecelagem. Destaque para a arte plumária indígena, que é de uma originalidade impressionante. Muitas das peças são feitas no Mato Grosso, confeccionadas por índios bororós, xavantes, parecis, umutinas e rikbastsas; outras vêm de longe, principalmente das tribos do Alto Xingu.

Histórico

Quartel da 13ª Companhia de Caçadores

Com a descoberta das primeiras reservas de ouro, em 1718, pelo bandeirante Paschoal Moreira Cabral nas margens do Rio Coxipó e do Córrego da Prainha, novas bandeiras começaram a chegar à região, onde, em 8 de abril de 1719, Moreira Cabral lavrou a ata de fundação de Cuiabá. De 1722 a 1726, a cidade tornou-se uma das mais populosas do país, graças ao descobrimento de um dos maiores veios auríferos da época, realizado por Miguel Sutil, que provocou nova corrida do ouro.

Em 1726, o governador de São Paulo partiu para Cuiabá com um grupo de 3 mil pessoas, onde, em 1727, criou a Vila Real do Senhor Bom Jesus do Cuiabá.

Bairro da Boa Morte em Cuiabá

A descoberta de ouro próximo ao Vale do Guaporé, em Vila Bela, mudou o fluxo migratório para essa região, que, em 1748, foi transformada em Capitania do Mato Grosso pelo governo português, para garantir a proteção de suas fronteiras a oeste. Com o esgotamento das jazidas, Vila Bela entrou em decadência e perdeu o título de capital para Cuiabá, em 1835.

Como capital do Mato Grosso, Cuiabá passou a receber uma rigorosa cobrança de impostos reais. Ataques indígenas, doenças e desnutrição, causada pelo seu pequeno mercado fornecedor de alimentos, agravaram mais ainda a vida dos moradores, que começaram a partir para outras regiões.

Em 1864, eclodiu a Guerra do Paraguai, com o aprisionamento do navio brasileiro Marquês de Olinda, que levava o presidente eleito da Província de Mato Grosso. Cuiabá não foi atingida diretamente pela guerra, mas perdeu metade de sua população, contaminada por varíola transmitida pelas tropas paraguaias.

Após a guerra, instalaram-se ao longo do Rio Cuiabá usinas açucareiras, mas o desenvolvimento da cidade começou apenas a partir de 1920, com a melhoria e ampliação das estradas de acesso à capital.

Até esse momento, a única via era o Rio Cuiabá.

Após 1970, quando o governo federal iniciou um programa de povoamento do interior do país, houve migração de sulistas para Cuiabá, o que contribuiu para o desenvolvimento da cidade.

Igreja do Seminário da Conceição, construída em 1818 ►

Arredores

Santo Antônio do Leverger

Fica a 27 km de Cuiabá, pela rodovia MT-040.

Cidade de estilo rústico. Às margens do Rio Cuiabá ainda podem ser conhecidas as usinas de Itaicy, Tamandaré e Flechas, que, no final do século 19, produziram açúcar, aguardente e álcool. Essas usinas ostentam grandes palmeiras imperiais, utilizadas no período colonial como símbolos de sua importância para a coroa.

Em janeiro, acontece a abertura oficial do carnaval "Tradição e Folia", um dos melhores de Mato Grosso, com desfiles de fantasias folclóricas e jogo de futebol com homens vestidos de saias. Na Semana Santa, a população sobe o Morro de Santo Antônio, uma caminhada de 45 minutos, encarada como penitência aos exageros do carnaval. São realizadas apresentações folclóricas de Siriri, Cururu, São Gonçalo e Boi-à-Serra.

A culinária é especializada no preparo do pacu e do pintado, além de fabricar bebidas à base de raízes.

A Casa do Artesão, localizada no Centro, comercializa peças de barro, doces, licores e camisetas.

Usina de açúcar: presentes na região desde o século 19

Casa do Artesão: em Santo Antônio do Leverger

Festas religiosas

Em maio e junho realizam-se as festas do Divino e de São Benedito, quando os devotos saem às ruas com bandeiras e bandas de música, recolhendo donativos e abençoando as casas que os recebem com devoção e alegria. No dia 24 de junho, a comunidade ribeirinha realiza uma festa em homenagem a São João Batista. Cururueiros – músicos típicos do Pantanal – entoam versos em respeito ao santo em frente a uma fogueira. No início da madrugada, o santo é retirado do altar e transportado até a beira do rio por uma procissão, acompanhada de uma banda que canta hinos em sua homenagem. No Rio Cuiabá, acontece o ritual conhecido como "Lavagem do Santo", enquanto as pessoas observam sua imagem refletida na água. Aquele que não conseguir vê-la não alcança a festa do ano seguinte.

Complexo de Águas Quentes

km 87 da BR-364, na Serra de São Vicente.
Tel. 391-1220.

Esse hotel tem um conjunto com cinco piscinas termais. Fontes térmicas abastecem as piscinas com água entre 38°C e 40°C, indicadas para diminuição da pressão arterial, dores reumáticas e infecções.

O conjunto aquático possui ainda toboáguas e piscinas com água gelada. Para as pessoas que não forem se hospedar no hotel, cobra-se uma taxa de visitação com almoço incluído.

Rio Bambá: Serra São Vicente

Várzea Grande

Fica a 10 km de Cuiabá.

Serviu de posto de exploração do Mato Grosso e está separada da capital pelo Rio Cuiabá. Seu aeroporto internacional – Marechal Rondon – é o portão de chegada ao Mato Grosso. Acrescenta à capital maior diversidade em lazer, com restaurantes e casas noturnas, além de um variado comércio. É passagem rodoviária obrigatória para quem deseja chegar ao norte do Mato Grosso. A Dança de São Gonçalo e o Congo do Cristo Rei são apresentações folclóricas típicas locais. Suas praias fluviais, como a Praia Grande, são muito utilizadas pela população.

Santo Antônio do Leverger

Festa junina: tradição

Sítios arqueológicos

O Estado do Mato Grosso possui locais com evidências de populações antigas. São mais de 600 sítios arqueológicos conhecidos. Santa Eliana é um dos maiores sítios de arte rupestre brasileiros, onde foram encontradas pinturas, instrumentos de pedra e fragmentos de vértebras de um animal extinto de quase 4 m de altura, conhecido como Preguiça Gigante.

Morro da Rapadura

Arte rupreste: Vale das Perdidas

PANTANAL DE CÁCERES

O Alto Rio Paraguai tem presença marcante nessa região do sudoeste do Estado do Mato Grosso, que faz fronteira com a Bolívia. A Serra das Araras limita a vasta planície pantaneira no sentido norte e abriga cachoeiras, paredões e lagos, como a curiosa formação das Águas Milagrosas.

Para oeste, as áreas alagáveis prosseguem até Vila Bela, antiga capital da Província do Mato Grosso. As duas cidades foram roteiros de passagem dos bandeirantes e aventureiros nos séculos passados, que usavam essa rota fluvial para atingir a Bacia Amazônica.

É possível navegar no Pantanal de Cáceres rumo ao sul, ao longo do Rio Paraguai ainda pouco caudaloso, e chegar até uma das poucas unidades de conservação do Pantanal, a Estação Ecológica Taiamã. Pelas margens do rio e para o interior, as várias fazendas de gado importantes do início da colonização da região estão desativadas.

A cidade de Cáceres mostra seu charme com vários casarões que mantiveram suas fachadas históricas, um interessante museu regional e um porto de onde saem barcos muito bem equipados para pernoite a bordo. A cidade organiza em setembro o Festival Internacional de Pesca, maior encontro de pescadores do Pantanal.

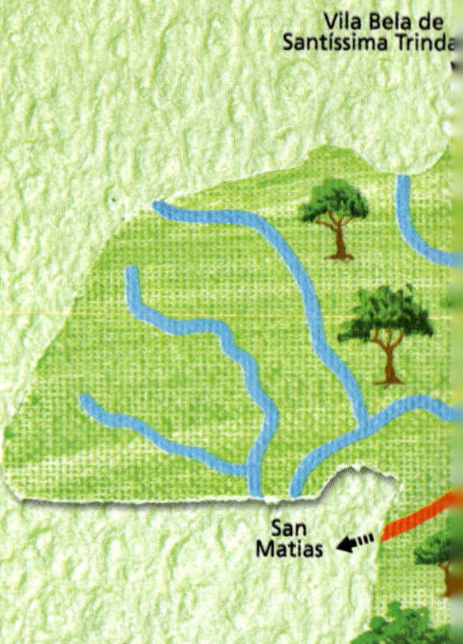

"Cacerense, quando morre, vai para o inferno e pede cobertor."
Ditado popular

Existe ligação rodoviária de Cáceres para San Matias, na Bolívia, uma Zona de Livre Comércio. São cerca de 90 km (BR-070), sendo apenas 40 km asfaltados. Pela falta de apoio e isolamento não se recomenda transitar por essa via durante a noite.

Principais atrações

1. Cachoeira das Piraputangas
2. Dolina Água Milagrosa
3. Fazenda Facão
4. Fazenda Barranco Vermelho
5. Fazenda Pousada Descalvados
6. Vila Bela de Santíssima Trindade
7. Estação Ecológica Taiamã

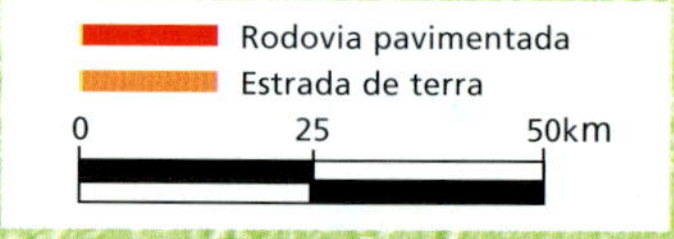

Barra do Bugres
BR-174
BR-174
CÁCERES
CUIABÁ
BR-070
Rio Paraguai
1
2
3
4
5
7
N

Cáceres

Vista aérea da cidade: às margens do rio Paraguai

Distâncias:
Campo Grande 907 km
Cuiabá 215 km
Goiânia 1.155 km
Ribeirão Preto 1.518 km
73.596 hab.
78200 000
65
Secretaria de Meio Ambiente e Turismo
223-5918
223-1715

A cidade de Cáceres é o ponto de entrada do Pantanal de Cáceres. Está localizada na margem esquerda do Rio Paraguai e possui aeroporto com capacidade para grandes aeronaves.

Em um passeio de duas horas é possível conhecer a Praça Barão do Rio Branco – ponto de encontro noturno –, onde estão a Igreja Matriz, o Marco do Jauru e o Cais do Porto, que possui uma bela vista do pôr-do-sol.

ATRAÇÕES

Museu Histórico

Rua Antônio Maria. Das 7h30 às 18h. Fecha aos sábados e domingos.
Tel: 223-1500.

Inaugurado em 1978, é um dos mais completos e bem organizados do interior do Mato Grosso. Possui uma sala dedicada aos índios Guató, com fotografias de armas e utensílios, tiradas no início do século 19. Estão expostos também trabalhos em argila, como as câmaras mortuárias, que eram lançadas no rio Paraguai. Em outra sala, é possível conhecer o desenvolvimento da comunicação na Região Centro-Oeste, com destaque para o mato-grossense Cândido Mariano da Silva Rondon, que ligou o Noroeste do Brasil às linhas telegráficas do resto do País.

Rio Paraguai: o maior e o mais largo de todo o Pantanal

Nos demais ambientes, pode-se conhecer o trabalho do poaieiro, que coletava uma raiz de propriedades medicinais conhecida por poaia.

Urna indígena

Catedral de São Luiz

Praça Barão de Rio Branco. Das 7h30 às 11h30 e das 14h às 18h; sábado, das 7h30 às 11h30, e Domingo, das 6h às 9h30. Tel. 223-4443.

A imponente construção em frente à Praça Rio Branco foi reconstruída três vezes. No dia 6 de outubro de 1919 – data do aniversário da cidade –, uma solenidade marcou o início das obras, concluídas apenas no dia 25 de agosto de 1965, mais de 45 anos depois, no dia do padroeiro e fundador de Cáceres. Conta-se na cidade que uma gigantesca serpente vivia escondida embaixo da igreja e, quando se irritava, provocava seu desabamento.

Marco do Jauru

Praça Barão do Rio Branco

Representa as conquistas diplomáticas de Alexandre de Gusmão, com a assinatura do Tratado de Madri de 1750, que estabelecia a fronteira entre Portugal e Espanha. O Marco do Jauru foi erguido em 1754, no encontro dos rios Jauru e Paraguai. Construído em mármore, com quatro faces, duas para cada um dos países, e as demais estampando mensagens de paz e entendimento mútuo. Com a assinatura do Tratado de Ildefonso, em 1761, a corte determinou a destruição de todos os marcos. Escondido pela vegetação, o Marco do Jauru não foi destruído e, em 1883, foi transferido para a Praça da Matriz, atual Barão do Rio Branco. Em 1978, foi tombado pelo Instituto Histórico Nacional.

Marco do Jauru: de 1754

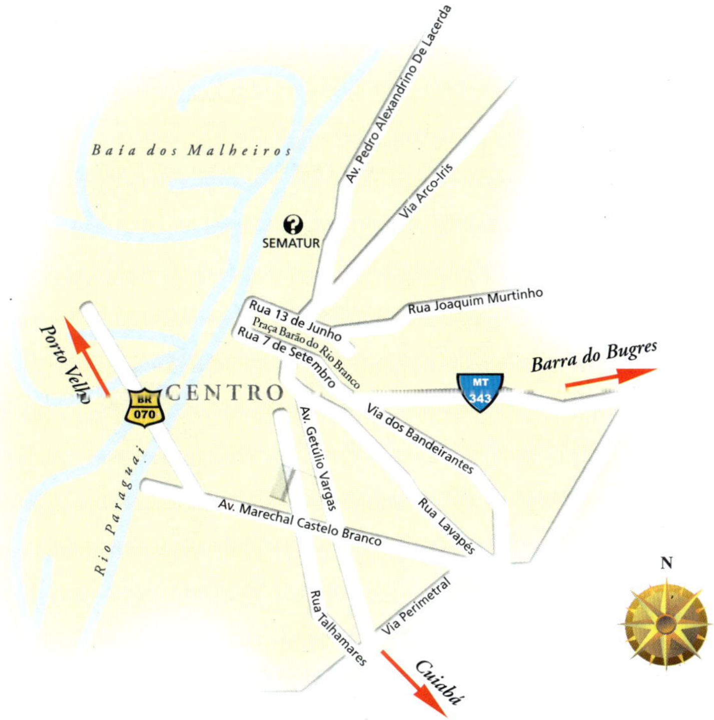

Chácara do Daveron

Rua Riachuelo, nº 1, Bairro Cavalhada. Das 7h30 às 18 horas, tel. 223- 5918.
Com vista privilegiada para o Rio Paraguai, no centro de Cáceres, a propriedade que pertenceu ao patologista norte-americano Sólon Alexander Daveron, que desenvolvia pesquisas e promovia o turismo local, é hoje a sede da Secretaria de Meio Ambiente e Turismo (Sematur). O casarão, em estilo português, ainda conserva janelas enfileiradas com o propósito de passar a sensação de quadros naturais. As canoas canadenses revestidas com couro de búfalo e outros utensílios de Daveron estão expostos no local.

Canoa canadense e, ao fundo, casarão em estilo português

ARQUITETURA

Com ruas estreitas, o centro de Cáceres possui arquitetura bicentenária, com mais de uma dezena de prédios históricos bem conservados. Seus casarões, em estilo colonial português, podem ser vistos nas vielas apertadas.
Na antiga Rua da Manga, onde o gado era embarcado e desembarcado das chalanas, típica embarcação pantaneira, as casas foram construídas em um nível mais alto que o da rua, para evitar a entrada da água durante o período das enchentes. Muitas destas casas estão sendo remodeladas, suas fachadas pintadas e refeitas, como os casarões da Rua Coronel José Dulce, datados entre 1896 e 1919. Entre eles, veja o da antiga loja "O Anjo da Ventura", que traz no topo de sua fachada a estátua de um anjo.
O Porto Mário Corrêa, inaugurado em 1929, na Praça Barão do Rio Branco, era considerado o mais bonito do Estado do Mato Grosso. Possuía uma grande ladeira cercada por um muro de arrimo de balaústres, onde foi assentado um leão esculpido em gesso, olhando em direção à praça.
A ladeira terminava em um patamar, seguido de três lances de degraus, que permitiam o ingresso nas embarcações na época da seca. Com a urbanização da praça e o declínio da navegação fluvial regular, os leões foram retirados e o porto demolido em 1970.

Passeios fluviais

A navegação pelo Rio Paraguai foi a principal responsável pelo desenvolvimento do Pantanal de Cáceres. Ao mesmo tempo trouxe italianos, franceses, ingleses, belgas, americanos e sírio-libaneses, que se misturaram à população local.
O Vapor Etrúria foi, por mais de 50 anos, o barco-hotel mais famoso de Cáceres, realizando regularmente o trajeto Corumbá-Cáceres, que levava cerca de cinco dias. Sinônimo de luxo e conforto, transportava passageiros e cargas, sendo elo de ligação entre o norte do Mato Grosso e o resto do Brasil. Agora o Etrúria é utilizado para instalar sinais de navegação nos rios. Atualmente, não há linha regular para Cáceres. Os barcos-hotéis estão preparados para pescarias e observação da natureza.

Fachada: restauração

Prefeitura Municipal de Cáceres: casarão colonial do início do século passado ▶

ESTADOS UNIDOS DO BRAZIL
DE NOVEMBRO DE 1889

"Na tarde do dia 5, alcançamos a linda e antiquada cidadezinha de São Luís de Cáceres, nos confins da região habitada do Estado do Mato Grosso... As ruas da pequena cidade, desprovidas de calçamento, tinham passeios estreitos de tijolos. As casas, de um só pavimento, eram brancas e azuis, com telhas vermelhas e postigos de grades de madeira, de velho estilo colonial..." Theodore Roosevelt, ex presidente dos EUA (1933/1945).

Dolina Água Milagrosa: mais de 180 m de profundidade

ATRAÇÕES

❶ Cachoeira das Piraputangas

A 12 km de Cáceres, por estrada de terra para Barra do Bugres.

O córrego que dá origem a esta cachoeira, fica dentro de uma área particular. Piraputanga é um peixe comum no Pantanal, que, na época da piracema, sobe os rios para desovar próximo das nascentes. Possui três quedas d'água pequenas, que formam uma piscina natural rasa e agradável para o banho. A poucos metros da estrada, a piscina é muito freqüentada pelos moradores de Cáceres nos finais de semana. Não oferece qualquer estrutura para visitantes.

❷ Dolina Água Milagrosa

A 22 km de Cáceres, sendo12 km de estrada de terra para Barra do Bugres e 10 km por estrada de terra ruim com várias porteiras.

O caminho passa por várias fazendas, serpenteando ao largo da Serra das Araras com grandes paredões à vista. O veículo é deixado num estacionamento improvisado de onde uma subida com cerca de 50 m dá acesso à primeira vista do lago circular, cercado de paredões por todos os lados. Trata-se de uma dolina, termo geológico que define um afundamento de terreno numa região de rochas calcáreas. Para descer até o lago usa-se uma escada muito íngreme, feita de pedra com um corrimão de corda para segurança. No início da descida existe uma pequena gruta. No passado, escravos saciavam a sede e curavam suas feridas com as águas do lago, consideradas de poder medicinal. Mergulhadores atingiram 183 m de profundidade. Durante a seca, suas águas ficam azuladas, mudando para verde na cheia. É proibido pescar e nadar no lago. Próximo tem um restaurante regional.

Cachoeira das Piraputangas: piscina natural

❸ Fazenda Facão

Fica a 15 km de Cáceres, pela BR-070, em direção a Cuiabá.

A arquitetura portuguesa neoclássica pode ser vista em suas construções. Na fazenda havia uma pequena fábrica de açúcar mascavo, no passado chamado de açúcar de barro, e aguardente, movida por um engenho de madeira com roda d'água. Abandonado, tem ainda uma cachoeira de mesmo nome.

Festival Internacional de Pesca

Rio Paraguai: palco do maior evento da pesca embarcada de água doce do mundo;...

O Festival Internacional de Pesca (FIP) acontece anualmente, em setembro, quando reúne um público circulante estimado de 180 mil pessoas do Brasil e do mundo em torno das atividades de pesca, shows e eventos culturais. O festival é realizado no cais do porto de Cáceres, em frente à Praça Barão do Rio Branco, onde mais de 400 equipes de pesca partem em embarcações pelo Rio Paraguai em busca de pacus, surubins, pintados, piraputangas. Enquanto isso, milhares de jovens e crianças se aglomeram nos barrancos com suas varas de pescar.

... nas margens: torneio paralelo

Em 1999, o maior peixe pescado foi um surubim de 1,32 m e, aproximadamente, 35 quilos. Realizado desde 1980, o FIP reúne anualmente mais de 2 mil competidores.

A introdução da pesca esportiva nesse evento, o pesque-e-solte, garante que todos os peixes pescados sejam soltos. Os peixes maiores recebem identificação com etiquetas para acompanhamento em pesquisas, conhecida por tagueamento. O anzol utilizado é sem farpas e são realizadas campanhas educativas com o objetivo de formar guias de pesca.

Durante o festival, reconhecido pelo *Guinness Book*, o livro dos recordes, como o maior evento de pesca embarcada de água doce do mundo, acontece uma série de atividades paralelas, como bailes, shows de artistas regionais e nacionais, uma Feira de Artesanato e a Feira Náutica. É indispensável a reserva de hotéis e a inscrição no evento com antecedência.

❹ Fazenda Barranco Vermelho

A 70 km de Cáceres, pela BR-070 até a Fazenda Facão, de onde são mais 60 km de estrada de terra. Barco: três horas.

Fundada no século 18, possui uma usina de açúcar desativada e um sítio arqueológico com cemitério indígena. Infelizmente ainda não possui infra-estrutura de visitação.

Fazenda Barranco Vermelho: antiga usina de açúcar

❺ Fazenda Pousada Descalvados

A 90 km de Cáceres, por estrada de terra ruim até a Fazenda Baiazinha, mais 40 minutos de barco. Barco: quatro horas. Tels. 223-5840 e 953-7575.

Fundada no início do século 18, seu prédio, agora recuperado, lembra o período de riqueza da região. Pertenceu a americanos e belgas, até, finalmente, voltar ao controle de famílias tradicionais brasileiras na Segunda Guerra Mundial. Possuía uma fábrica de sabão e de extrato de carne, que era exportado para a Europa, além de telégrafo, cadeia, igreja e escola. O local foi recentemente transformado em pousada. Pequena e rústica, possui apenas nove aposentos.

Possui diversas trilhas para passeios a pé. Uma delas leva ao topo de uma serra – Morro Serro Boiada –, de onde se tem uma vista panorâmica da região do Pantanal. Este passeio é feito num traslado de uma hora e meia de trator e mais uma hora de caminhada.

De agosto a setembro, quando as águas estão bastante baixas, é possível a observação de animais na Baia do Jacaré. Neste trajeto de 3h podem ser vistos resquícios de um cemitério indígena. Outro passeio, feito de barco, possibilita aos hóspedes observarem búfalos selvagens.

Fazenda Descalvados: passeios de barco e pesca

❻ Vila Bela da Santíssima Trindade

A 318 km de Cáceres, pela BR-070 até o município de Pontes e Lacerda. Depois, estrada asfaltada nos 25 km iniciais, e de terra nos 50 km finais.

Antiga capital do Mato Grosso, foi erguida em 1752 às margens do Rio Guaporé, pertencente à Bacia Amazônica, com o objetivo de intimidar possíveis invasões espanholas. Com sorte, é possível observar botos em suas águas. O assa-peixe do pântano, arbusto com flores brancas e perfume doce, é comum em suas margens.

Histórico

Ao enviar Luís de Albuquerque de Mello Pereira e Cáceres para oeste da Província do Mato Grosso, nas proximidades do Rio Paraguai, em 1772, o governo português tinha como objetivo estabelecer e expandir fronteiras.
Foi lá que, em 6 de outubro de 1778, fundou-se a Vila Maria do Paraguai, atual cidade de Cáceres, cujo nome homenageava a rainha Maria I, de Portugal. Vários sítios foram criados ao longo do Rio Paraguai, importante elo fluvial com São Paulo. Isso garantiu a defesa da fronteira brasileira que ainda não havia sido estabelecida com os espanhóis.

Antiga loja O Anjo da Ventura

Usina da Ressaca

A recém-fundada vila, povoada inicialmente por índios, escravos e pessoas de outras regiões, situava-se entre Cuiabá e Vila Bela da Santíssima Trindade. A terra boa para o cultivo e a água abundante permitiram o desenvolvimento da agropecuária. Ali, a exploração do ouro não teve sucesso.
Vila Bela, por outro lado, cresceu e ganhou o título de capital do Mato Grosso, com a exploração do cobiçado metal. Com o esgotamento do ouro e a transferência da capital da província para Cuiabá, em 1835, Vila Bela entrou em decadência.
Além do charque e dos seringais, a exploração da poaia foi uma importante atividade no Pantanal de Cáceres. Da poaia era extraída matéria-prima para a produção de remédios contra a disenteria, mal que assolava a Europa no fim do século 19. Cáceres foi sua maior produtora, conhecida como ipecacuanha, e depois como Ouro Negro da Floresta, por ser tão procurada e valorizada.
Em 1856, Cáceres tornou-se porto oficial com a liberação da navegação no Rio Paraguai, quando seu nome já havia sido alterado para Vila de São Luís de Cáceres, em homenagem a seu fundador. No ano de 1874, foi elevada à categoria de cidade.
Em 1914, em visita a Cáceres, acompanhado pelo lendário Marechal Cândido Rondon, o ex-presidente dos Estados Unidos Theodore Roosevelt ficou impressionado com a beleza da cidade, e o movimento do comércio de produtos brasileiros como a poaia, charque e couro, exportados para o Rio de Janeiro, São Paulo e Europa, além de sedas, cristais e louças, importados de outros países.

Fazenda Jacobina

A Ponte Marechal Rondon, inaugurada em 1961, sobre o Rio Paraguai, facilitou a expansão em direção ao noroeste do Estado, ao atrair novos imigrantes, especialmente agricultores e pecuaristas do Sul e do Sudeste, em sua maioria descendentes de europeus.

As ruínas da Igreja Matriz de Vila Bela, com grossas paredes de adobe, resistiram parcialmente à passagem do tempo e ocupam um quarteirão do centro da cidade. O antigo Palácio dos Capitães Generais, sede da Prefeitura foi construído com pé- direito de 5 m, e paredes com mais de 1 m de espessura. Em Vila Bela, arqueólogos encontraram talheres do século 19 e louças chinesas.

No mês de julho, acontecem várias festas, iniciadas com a do Divino Espírito Santo, seguida pela Festa de São Benedito, e finalizadas com a Festa das Três Pessoas da Santíssima Trindade, padroeira do município de Vila Bela. Nessa época, apresentam-se nas ruas danças com origem nos tempos dos escravos, como a do Congo, executada por homens, e o Chorado, exclusiva das mulheres.

No Parque Estadual Serra de Ricardo Franco, na fronteira com a Bolívia, há uma cachoeira, a do Galerinha, com 180 m de queda livre. Vale observar a transição do Pantanal para o ecossistema da Amazônia.

Parque Estadual Serra de Ricardo Franco

Cachoeira do Galerinha

A 15 km de Vila Bela, depois de cruzar o Rio Guaporé por balsa, encontra-se a Cascata dos Namorados, cujas águas alimentam uma piscina natural.

❼ Estação Ecológica Taiamã

Barco: cinco horas. Ou 90 km de Cáceres por estrada de terra ruim até a Fazenda Baiazinha, mais uma hora de barco. Tel. 644-1200, no Ibama.

A área de proteção ambiental fica numa ilha do rio Paraguai, sem nenhuma infra-estrutura para receber visitantes. Foi criada em 2 de julho de 1981, com área inicial de 11.200 ha.

Dança do Congo: festa tradicional da região

Casa bicentenária do centro histórico da cidade: restaurada

Em 1983, a incorporação da Ilha de Sararé ampliou sua área para 16 mil ha. Taiamã é um dos nomes do talha-mar, uma ave que corta a superfície das águas com seu bico em pleno vôo para capturar seu alimento. Mais de 90% da estação é composta de um alagadiço coberto por capim alto, cheio de pequenas lagoas, ambiente ideal para peixes, jacarés e capivaras. Podem ser vistos também tuiuius, macacos nos capões da mata, o cervo do pantanal e, com sorte, onças na beira do rio. A estação é utilizada para pesquisas ecológicas, e não está aberta à visitação. Só pode ser visitada de barco, os turistas não podem desembarcar. Uma volta completa na ilha principal leva de duas a quatro horas de barco.

Criadouro de jacarés

Sede da Coocrijapan: combate à caça ilegal

A Cooperativa de Criadores de Jacarés do Pantanal (Coocrijapan), localizada no Distrito Industrial de Cáceres, foi criada em 1991 para combater a caça ilegal e gerar uma alternativa de renda para os fazendeiros da região. Legalizada pelo Ibama, conta com 20 cooperados e comercializa carne de jacaré – prato típico pantaneiro – couro e farinha de osso. Possui 11 galpões, ambientes com temperatura e umidade controlados, com capacidade para produzir até 100 mil jacarés por ano. Cada cooperado é responsável pela incubação dos ovos até sua eclosão durante cerca de 70 dias. Depois, os filhotes são enviados para a cooperativa, onde são criados até o abate. Uma das vantagens da criação do jacaré em cativeiro é o aproveitamento completo de sua pele na confecção de bolsas, cintos e pastas, ao contrário dos que vivem na natureza, que utilizam apenas as partes não atingidas pelo sol. Visitas apenas agendadas. Coocrijapan, tel. 223 6812.

PANTANAL DE POCONÉ

Compreende a área alagável localizada entre os rios Cuiabá e Paraguai, estendendo-se até o Parque Nacional do Pantanal Mato-Grossense. A cidade de Poconé, principal da região, marca o início do Pantanal e o final da província serrana – que começa em Cuiabá e cruza por Nossa Senhora do Livramento, cidade de arquitetura colonial e maior produtora de bananas do Estado.
É nesta região que se localiza o Maciço de Cuiabá/Cáceres, área de exploração de ouro, que foi responsável pela poluição de rios e que originou diversas crateras próximo de suas margens.
A Transpantaneira é a única via de acesso rodoviário a esta região, que também compreende a cidade de Porto Jofre, divisa com o Mato Grosso do Sul.

Principais atrações

1. Porto Cercado
2. Transpantaneira
3. Fazenda Piuval/Fazenda Ipiranga
4. Pousada Araras Ecolodge
5. Hotel-Fazenda Santa Tereza
6. Reserva Ecológica Jaguar/Pousada Pantaneiro
7. Estância Ecológica Sesc-Pantanal
8. Parque Nacional do Pantanal Mato-Grossense

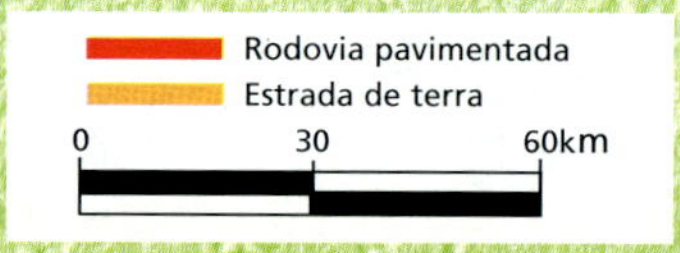

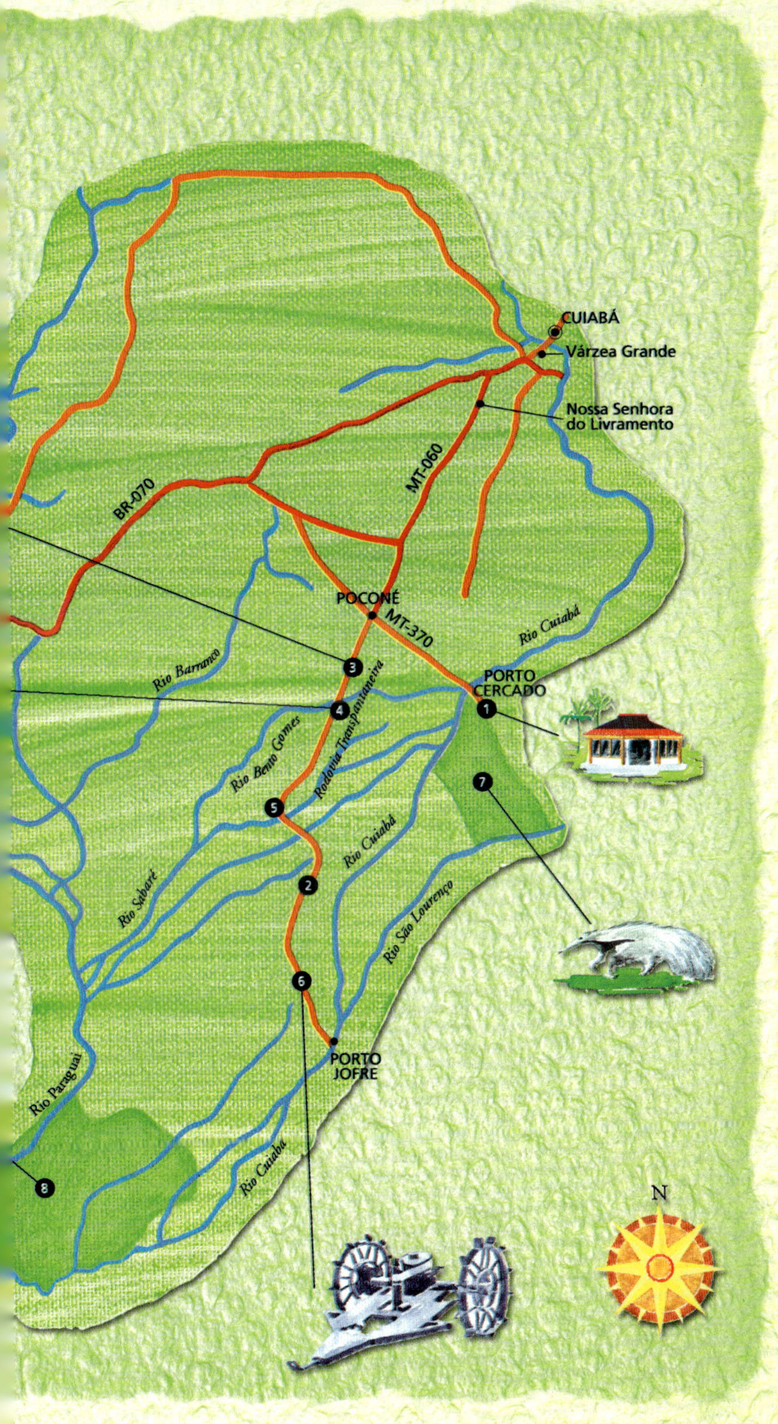
CUIABÁ
Várzea Grande
Nossa Senhora do Livramento
MT-060
BR-070
POCONÉ
MT-370
Rio Cuiabá
PORTO CERCADO
Rio Barranco
Rodovia Transpantaneira
Rio Bento Gomes
Rio Cuiabá
Rio Sabaré
Rio São Lourenço
PORTO JOFRE
Rio Paraguai
Rio Cuiabá
N

Poconé

Poconé: portão de entrada para a Rodovia Transpantaneira

Distâncias:
Anápolis 1.081 km
Cuiabá 100 km
Rondonópolis 311 km
São José do Rio Preto 1.299 km
30.841 hab
78175-000
65
Inf. 345-1417

Em maio e junho, acontecem em Poconé as tradicionais festas do Divino Espírito Santo e São Benedito. Conhecida pelo seu artesanato Poconé produz cestos de taquara, redes, tapetes e violas de cocho. Os artigos de cerâmica e madeira são os mais procurados por reproduzirem imagens de santos e de animais típicos da região, como tuiuiús, garças e tucanos.

Vaso indígena

Fazenda Acorizal: vitórias-régias na área mantida pela Fundação Ecotrópica

ATRAÇÕES

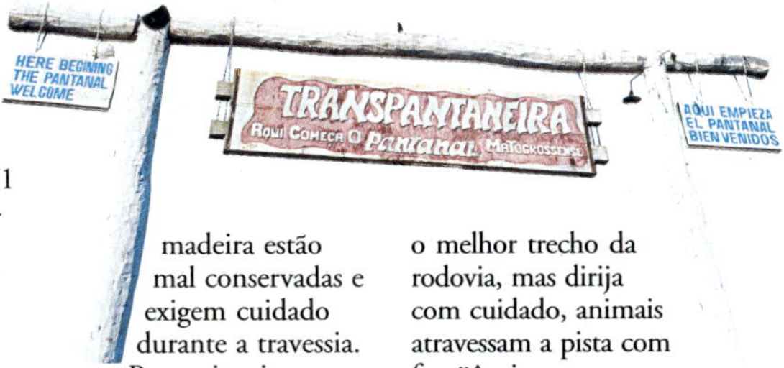

❷ Transpantaneira

Ligação Poconé – Porto Jofre

Foi concebida em 1971 para ser elo de ligação entre o norte e o sul do Mato Grosso, compondo um complexo hidrorrodoferroviário. O projeto original visava ligar Poconé a Corumbá, em um traçado de 397 km sobre um aterro cortando o Pantanal. Depois de quatro anos enfrentando as cheias, a obra foi interrompida em Porto Jofre na divisa com o Mato Grosso do Sul, às margens do Rio Cuiabá, após completados 145 km. Foi transformada em estrada de parque e, hoje, é utilizada por turistas, peões e pescadores. As condições de transporte são precárias. A estrada é de terra batida e as 125 pontes de madeira estão mal conservadas e exigem cuidado durante a travessia.

Para evitar imprevistos, abasteça o carro em Poconé, no início da rodovia. As fazendas da região só oferecem combustível em situações de emergência. No km 16 está o portal da rodovia e o Posto do Ibama, responsável pela cobrança da taxa de visitação – por veículo.

Onças e Ipês-roxos

A estrada é movimentada até o Rio Pixaim, no km 62, onde estão concentradas as pousadas e os hotéis – antigas fazendas. Este é o melhor trecho da rodovia, mas dirija com cuidado, animais atravessam a pista com freqüência.

E no período de chuvas – de novembro a maio –, a estrada piora; raramente é coberta pela água. Prefira os jipes e as caminhonetes, meios de transporte mais indicados.

Ponte dos Jacarés

Ipê-roxo, árvore símbolo

Onça pintada: chance de observá-la em Porto Jofre

Durante a vazante, de junho a outubro, a estrada fica em melhores condições de circulação e a freqüência de animais é maior. Jacarés são encontrados ao longo da rodovia, principalmente nos corixos de águas cristalinas sob as pontes – a cada km. Tuiuiús e biguás são mais bem observados no começo da manhã; a onça pode ser vista em Porto Jofre, no final da rodovia, com a ajuda de guias locais.
No final do inverno, a paisagem ganha um colorido especial com o florescimento dos Ipês-amarelos e roxos, que contrastam com os buritis e os acuris; e as frutas destas árvores servem de alimento para araras e capivaras. Estas palmeiras crescem sobre as cordilheiras – pequenas elevações no terreno – espalhadas ao longo dos campos alagados, cobertos pelos aguapés. A partir de março, quando a cheia começa a recuar, estes campos, até então alagados, ficam cobertos de flores.

Jacarés: presença constante nos rios

FAZENDAS

São mais de 17 opções de estabelecimentos, do rústico ao mais equipado. Todas organizam pesca esportiva, caminhadas e passeios de barco ou a cavalo, com a finalidade de observar a fauna, por meio de safáris fotográficos.

❹ Pousada Araras Ecolodge

Km 32, tel. 682-2800, guias bilíngüe.

Vista panorâmica em torres de observação com 18 e 22 m de altura, interligadas por passarelas suspensas com mais de 700 m de extensão.

Índio Guató: lagoa Gaíva, divisa do Brasil com a Bolívia

❸ Pousada Piuval/ Fazenda Ipiranga

Km 10, tel. 345-1338 e 624-5397.

Possui grande lagoa com diversas cordilheiras, onde se pode observar macacos. Organiza passeios de barco e focagem.

Realiza focagem noturna de jacarés, antas e cachorro do mato.

❺ Hotel-Fazenda Santa Tereza

Km 67, tel. 9971-9417, guias

Durante a cheia, os cavalos andam com metade do corpo submersa. Na seca, é possível observar veados, aves, capivaras e até jaguatiricas.
A uma hora da sede

podem ser encontrados aterros com artefatos indígenas, que revelam o estilo de vida dos antigos habitantes da região.

A remo ou a motor até o Rio Pixaim e pelos seus afluentes. No trajeto podem ser encontradas capivaras, macacos, veados, ariranhas e antas.

Cavalgada pantaneira

Fazenda típica do Pantanal Norte

❻ Reserva Ecológica Jaguar/Pousada Pantaneiro

Km 112, tel. 345-1545 e 9998-1264

Pousada simples e rústica e, por estar distante da estrada, possibilita passeios para visualização de onças e queixadas.

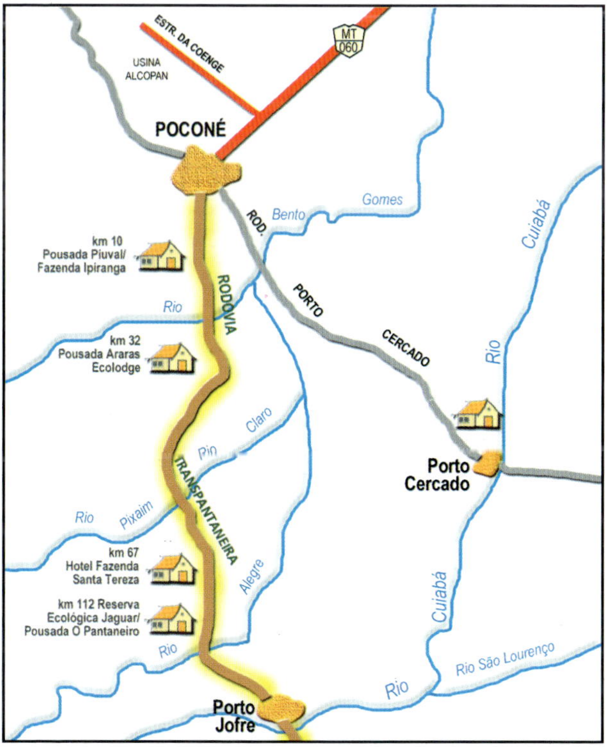

Transpantaneira: acesso melhor para as fazendas durante a vazante

O programa pode durar até sete dias e é feito em grupos de, no máximo, cinco pessoas. O Ibama mantém nesta região um posto avançado para monitorar o comportamento das onças.
A 10 km da sede inicia-se o campo de Porto Jofre, uma grande planície com a maior concentração de animais selvagens da Transpantaneira.

❼ Estância Ecológica Sesc-Pantanal

A 45 km de Poconé, entre as margens dos rios Cuiabá e São Lourenço, por estrada de terra, guia bilíngüe.

Reserva particular de 90 mil ha, formada com a aquisição de 11 fazendas. Não possui cercas internas e mantém as características originais das antigas sedes e capelas. Está dividida em zonas de visitação, pesquisa e conservação, com acesso controlado. A pesca não é permitida no interior da reserva, apenas passeios e safáris fotográficos com a observação de animais como bugios, macacos-prego e ninhais de aves aquáticas. Aproximadamente um terço de sua área é formado por um tipo especial de cerrado, composto por milhares de ilhotas com até quatro pequenas árvores, que cresceram em cima de cupinzeiros. Desenvolve programas recreativos e de educação ambiental, além de pesquisa científica, reciclagem de lixo e tratamento de esgoto. Realiza focagem de jacarés, passeios a cavalo e pesca em barcos-hotéis com a busca de cardumes na região do Pirigara ou Rio Piquiri, fora da reserva.

Vitória-régia

Anta: pode pesar até 320 quilos

Matriz de Poconé: o arco de madeira é iluminado à noite

Danças e batalhas

Alegres e coloridas, são testemunho de fé e tradição

A de São Benedito é realizada em junho, com a apresentação da Cavalhada. Trata-se de uma batalha simulada com cavaleiros mouros e cristãos, que, portando lanças, espadas e pistolas, disputam a posse de uma princesa. O ponto culminante da festa é a Corrida da Argolinha, onde um cavalheiro com uma lança em punho tenta tirar uma argola de aproximadamente 10 cm de diâmetro, colocada sobre uma trave no centro de uma pista.

Em maio, acontece a Festa do Divino Espírito Santo, famosa pela Dança dos Mascarados, uma influência dos costumes índios e espanhóis. Os participantes são homens mascarados com chapéus de plumas e espelhos, desempenhando as funções de damas e galãs. Formam 12 pares e 3 balizas – galãs carregando mastros com uma bandeira de São Benedito e fitas coloridas.

Mascarados: tradição da Cavalhada

Cavaleiros cristãos: no campo de batalha

Dança dos Mascarados: influência de índios e espanhóis

Extração de ouro: impacto ecológico em Poconé

ARREDORES

Nossa Senhora do Livramento

Fica a 75 km de Poconé, por estrada asfaltada.

A ocupação do município começou em 1730, com a descoberta de ouro nas margens do Ribeirão dos Cocais. É a maior exportadora de banana do Estado, fato que caracterizou o povo livramentense como "Papa-Banana". Também predominam a agricultura e a pecuária, além da exploração e o comércio de ouro. Está localizada em uma zona de transição entre o cerrado e o Pantanal de Poconé. A cidade conserva o traçado de ruas estreitas, casarões avarandados e pequenas casas de adobe, típicas do período colonial.

O folclore é marcado pelas festas de São Benedito, do Divino Espírito Santo, do Senhor Menino e da padroeira Nossa Senhora do Livramento, ocasião em que a comunidade apresenta a Dança do Congo, difundida pelos descendentes dos escravos africanos.

Dança do Congo: descendentes de escravos africanos

Beripoconeses

A descoberta de ouro foi responsável pela formação de Poconé, nome originário dos antigos habitantes da região, os índios beripoconeses. Foi fundada por Luiz de Albuquerque de Melo Pereira e Cáceres no final do século 18 e, em 1781, foi elevada à categoria de arraial, passando a se chamar São Pedro d'El Rey, em homenagem ao rei de Portugal Dom Pedro III. Nessa época, com a escassez do ouro, houve o abandono da região, onde permaneceram apenas agricultores e pecuaristas. Recebeu o título de cidade apenas em 1863, quando a pecuária ainda era a principal fonte de renda do Estado.

◄ **Pajem do cavaleiro: Cavalhada de Poconé**

❽ Parque: corredor biológico

Próximo da fronteira com a Bolívia, está a sudoeste do Estado do Mato Grosso. Criado em 1981, incorporou a Reserva Ecológica do Cará-Cará e uma fazenda ocupada pelos índios guatós. Está aberto apenas para a pesquisa científica.

A maior parte de seu território, 135 mil ha, permanece debaixo d'água quase o ano inteiro. A vegetação predominante na área do parque é o campo de cerrado, com árvores de até 20 m em regiões menos alagadas. Além dos animais do Pantanal, possui espécies ameaçadas de extinção, como a arara-azul.

Em 1995, a Fundação de Apoio à Vida nos Trópicos (Ecotrópica) adquiriu as fazendas Estância Dorochê, a nordeste do parque, Acurizal e Penha, a sudoeste, aumentando em 44% as áreas preservadas no Pantanal mato-grossense. Em 1997, estas três fazendas tornaram-se Reservas Particulares do Patrimônio Natural, garantindo a proteção do parque e formando um importante corredor biológico para a fauna terrestre em seu movimento de migração, condicionado à variação sazonal das águas.

Arara-azul: ameaça de extinção

Parque Nacional: área alagável

Queixada: pesa entre 20 e 50 kg

Parque Nacional: fechado para visitação

Rio Paraguai: ao fundo, a Serra do Amolar, na fronteira com a Bolívia

❶ Porto Cercado

A 45 km de Poconé, nas margens do Rio Cuiabá, por estrada de terra, a MT-370.

No km 25, sob a Ponte dos Jacarés, há milhares desses animais aglomerados nas margens do rio. Chegando em Porto Cercado, há o Hotel Sesc, que faz parte da estrutura de lazer e hospedagem da Estância Ecológica Sesc-Pantanal, uma Reserva Particular do Patrimônio Natural. Construído dentro das rígidas normas ambientais, o hotel controla a emissão de ruídos externos por meio de tratamento acústico das instalações e realiza controle de efluentes.

Organiza passeios de barco pelo Rio Cuiabá, para visualização de capivaras, sucuris e martins-pescadores.

Há também visitas a casas de caboclos pantaneiros, onde se pode conhecer seus costumes, lendas e cantigas, todas acompanhadas da tradicional viola-de-cocho.

Durante a caminhada na mata, vê-se com freqüência antas, bugios, sagüis e uma variedade de plantas para fins medicinais, alimentares, têxteis e aromáticas.

À noite, é possível acompanhar o desabrochar das flores Viuviu e Ninféia, e fazer focagem de jacarés e capivaras.

Coruja: há 19 subespécies

Gavião Velho: na lista das aves em extinção

Violeiros: moda pantaneira com viola-de-cocho

PANTANAL DE BARÃO DE MELGAÇO

Os campos e matas inundáveis de Barão de Melgaço representam quase a totalidade de sua área, que é banhada por córregos e rios, que alimentam grandes baías como a de Chacororé e Siá Mariana. De lá partem embarcações que adentram o Pantanal de Barão de Melgaço para realização de safáris fotográficos, focagem de jacarés e visitas a ninhais de pássaros.

As corredeiras e cachoeiras de Jaciara são palco ideal para a prática de esportes de aventura como rappel e rafting, além da contemplação de orquídeas e bromélias nas trilhas que margeiam os rios. Em Rondonópolis, mais de 26 sítios arqueológicos revelam a cultura de civilizações antigas com até 9 mil anos de idade, explorados por trilhas que levam os visitantes a grutas e paredes rochosas.

Principais atrações

1. Baía de Chacororé
2. Baía Siá Mariana
3. Jaciara
4. Ninhal Porto da Fazenda
5. Pousada Águas Quentes Santa Elvira
6. Rondonópolis

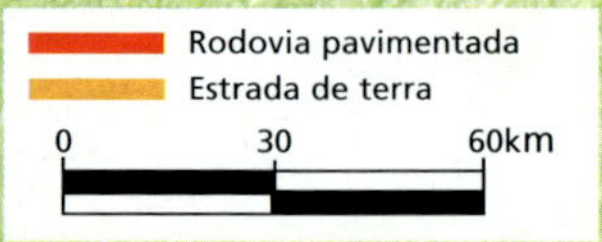

CUIABÁ
VÁRZEA GRANDE
Santo Antônio do Leverger
BR-163
JACIARA
ARÃO DE
ELGAÇO
RONDONÓPOLIS
oselândia
Rio São Lourenço
BR-163
Rio Anhumas
Rio Peixe Decouro
Rio Itiquira
Rio Piquiri
N

Barão de Melgaço

Baía de Chacororé: ondas de até um metro em dias de ventos fortes

Distâncias:
Cuiabá: 135 km
Dourados: 917 km
São José do Rio Preto: 1.204 km
Rio Verde: 704 km
65
78190 000
9.879 hab.
Prefeitura, tels. 331-1197 e 331-1177

Dos quase 140 km que separam Barão da cidade de Cuiabá, metade ainda é feita por terra. Portanto, nos dias chuvosos, deve-se tomar muito cuidado. A cidade é um ponto de apoio para passeios de barco e conta com bons hotéis.
O período da vazante – de maio a outubro – é o melhor momento para observação dos ninhais de aves nas árvores próximas a lagoas, baías e margens de rios.

Pôr-do-sol às margens da baía

ARREDORES

❶ Baía de Chacororé

Margem esquerda do Rio Cuiabá.
Seu diâmetro é de 15 km, duas vezes maior que a Baía de Guanabara, no Rio de Janeiro. Em dias com ventos fortes, suas águas se encrespam, formando ondas de até 1m. As únicas fontes perenes desse reservatório natural são os rios Velho, Cupim e Chacororé. A abertura de um canal de ligação com a baía vizinha de Siá Mariana, para passagem de embarcações, vem provocando a diminuição do nível de suas águas, devido ao forte fluxo de água provocado por um desnível de 2 m entre

as duas lagoas. O esvaziamento da baía cortou sua ligação com o Rio Cuiabá, impedindo a entrada de milhões de filhotes de peixes como jaús, pintados, cacharas e dourados, que usavam suas águas para refúgio e berçário. Com a diminuição das águas e dos peixes, reduz também a presença de aves, répteis e mamíferos que deles dependem. Mesmo assim, a baía ainda exibe exemplares da fauna e da flora pantaneiras, que resistem aos impactos provocados pela ocupação humana.

Jacaré mirando a presa

Rio Cuiabá serpenteando a floresta

❷ Baía de Siá Mariana

Margem esquerda do rio Cuiabá.

Possui praias de areia branca com grande concentração de aves durante a seca. Em suas margens são encontrados hotéis, pousadas e restaurantes, que oferecem passeios de barco para observação de aves, safáris fotográficos e pesca.

❹ Ninhal Porto da Fazenda

Barco: 2 horas de Barão de Melgaço pelo rio Cuiabá.

Um passeio de barco pelo Rio Cuiabá leva até um dos maiores ninhais da região, com colônias de aves como biguás, garças colhereiros e cabeças-secas. As embarcações não se aproximam mais do que 80 m e exigem silêncio para não prejudicar a reprodução das aves.

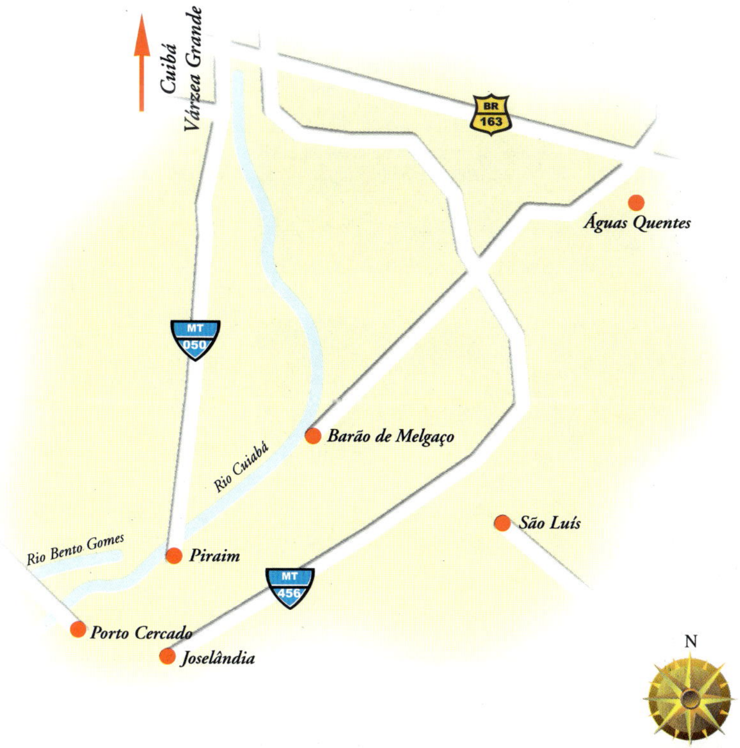

ARREDORES

❸ JACIARA

A 148 km de Barão de Melgaço, por estrada de terra até a BR 070, e asfalto até Jaciara. Informações na prefeitura, tel. 461-2141, ramal 214.

Rio Tenente Amaral: águas mais limpas na seca

A Caverna que Chora, também chamada de Caverna da Areia Branca ou Caverna das Almas, localiza-se a 60 km ao norte de Jaciara, no interior de uma fazenda. É possível o acesso de carro até 500 m antes da boca da caverna arenítica, que não forma espeleotemas como estalactites e estalagmites. A caverna possui 600 m de trilha com salões ligados por passagens, algumas delas apertadas, mas curtas. Uma nascente dentro da caverna faz a água escorrer por várias aberturas, formando pequenas cachoeiras que desaguam em uma lagoa. É cobrada taxa para a manutenção das trilhas que levam até a caverna, que só pode ser visitada com guia local. Levar lanternas e um calçado que possa ser molhado. A atividade leva em média duas horas.

Pintura natural: produzida pelo reflexo das nuvens na água

Corredeiras do Rio Tenente Amaral: ótimas para rafting

O Vale das Perdidas localiza-se dentro de uma fazenda a 15 km de Jaciara, pela BR-070. Dentro da fazenda são mais 5 km de estrada de terra, onde é cobrada uma taxa para a manutenção das trilhas, que levam até um sítio arqueológico cercado por cachoeiras e uma lagoa. Após uma caminhada de 30 minutos, encontram-se as inscrições no paredão, com idade aproximada de 5 mil anos, descobertas por pesquisadores franceses, em 1984. As inscrições não podem ser tocadas e o acesso ao paredão só é permitido com o acompanhamento de guias locais. A atividade leva, em média, três horas.

A Cachoeira da Fumaça possui 40 m de altura e está localizada a 8 km de Jaciara, no Rio Tenente Amaral, com acesso por estrada de terra. Após a cachoeira, o rio forma outras pequenas quedas d'água, com corredeiras

Queda d'água do Rio Tenente Amaral: rafting grau 3

propícias para a prática de esportes aquáticos, como o rafting e a canoagem. A descida é considerada grau 3 e leva cerca de duas horas. O ponto inicial do percurso é na base da cachoeira, cujo acesso é feito por uma trilha que começa na usina hidrelétrica de Jaciara, passa no topo da queda d'água e termina com uma descida por um caminho onde podem ser vistas orquídeas e bromélias. Os botes partem de uma pequena praia onde são passadas as instruções de segurança. Durante a seca, a água fica mais limpa, sendo possível entrar debaixo da cachoeira. Todo o passeio leva, em média, quatro horas.

A Cachoeira da Mulata está localizada a 20 km de Jaciara, na continuação da estrada que leva à Cachoeira da Fumaça, a 5 km dela. Possui uma queda com 26 m de altura e não é tão volumosa quanto a da Fumaça. O acesso só é possível com o acompanhamento de guias locais. A atividade é feita, em média, com três horas de duração.

Orquídea

Inscrições rupestres: descobertas em 1984

Juscimeira é uma pequena cidade, com fontes de água termal, localizada a 10 km de Jaciara, com acesso pela BR-364. É muito freqüentada nos finais de semana e possui dois balneários: o Thermas Aquário, com piscinas quentes e tobogãs, e o Alfaville.

Cidade de Juscimeira: fontes termais

❻ RONDONÓPOLIS

A 225 km de Barão de Melgaço, por estrada de terra até a BR-070, e asfalto até Rondonópolis. Informações na prefeitura, tel. 422-5038, ramal 29.

O Parque Ecológico João Basso localiza-se em uma fazenda a 20 km ao sul de Rondonópolis, com acesso pela BR-163 e por 25 km de estrada de terra. O período de maio a julho é o mais indicado para realizar este passeio quando os rios Ponte de Pedra e Vermelho estão com volume d'água maior e águas claras. As trilhas até os atrativos passam por matas ciliares e de cerrado, onde podem ser vistos ipês, jatobás, animais como tamanduá, tatu-canastra e o lobo guará, além de aves como araras, mutum e beija-flor-tesoura. A trilha Sítio Arqueológico Ferraz Egreja tem 170 m, sendo utilizada para observação de pinturas rupestres e utensílios de até 9 mil anos de idade.

Rio Cuiabá: fundamental para o desenvolvimento da região

A noite da lufada

No início do povoamento, os pioneiros realizavam as atividades domésticas segundo a herança deixada pelos índios. Remédios eram extraídos de cascas de árvores e troncos eram utilizados na fabricação de canoas.
Com o tempo, foram aprimorando seus métodos, como a forma de extrair óleo dos cardumes de peixes, que abandonam as baías em direção aos rios na época da vazante, fenômeno conhecido como lufada. Orientados pelas fases da Lua, os pantaneiros descobriram a época ideal para a prática de mutirões para captura dos peixes durante as lufadas. Capturados com a ajuda de tarrafas, eram colocados em tambores cheios de água para fervura. As mulheres separavam o óleo do peixe, que era armazenado para o preparo de outros pratos. Os peixes eram fritos ou assados, acompanhados de mandioca cozida, temperos e cachaça.

Lobo-guará: pesa cerca de 24 kg

◀ Cachoeira da Mulata: queda de 26 m de muita água

Destaque na guerra

Os primeiros habitantes da região de Barão e Melgaço foram os índios da tribo bororo, que significa o pátio onde acontecem as cerimônias mais importantes. Eram arredios e resistentes às investidas dos bandeirantes. Ainda hoje é possível encontrar às margens da Baía de Chacororé, no período da vazante, utensílios domésticos de cerâmica desse povo indígena.
Em 1750, já existiam moradores em ambas as margens do Rio Cuiabá, dedicando-se à agricultura e à pesca. Melgaço, assim como toda a região ribeirinha, foi ponto de pouso para as monções, que subiam o rio em busca de ouro descoberto em Cuiabá. Em 2 de abril de 1897, foi fundada a Paróquia de Melgaço, pertencente ao município de Santo Antônio do Rio Abaixo.
Barão de Melgaço viu o desenvolvimento das usinas de açúcar às margens do Rio Cuiabá, e ganhou destaque no cenário histórico mato-grossense durante a Guerra do Paraguai, quando Augusto João Manuel Leverger – o barão de Melgaço – assentou um contingente de forças armadas nas margens do Rio Cuiabá. Construiu fortificações e barricadas de pedra no Morro de Chacororé, local escolhido para instalação de dois canhões, posicionados estrategicamente na curva do rio, para impedir a aproximação de qualquer embarcação. Hoje não resta nenhum vestígio desse posicionamento bélico, incorporado pelo bairro de Chacororé. O município de Barão de Melgaço foi criado em 30 de junho de 1978.

Rio Cuiabá e Morrinho (ao fundo)

Morro de Chacororé: importância estratégica durante a Guerra do Paraguai

Garças: margens dos rios disputadas em busca de alimento

A trilha da Caverna, com 3.500 m, passa por uma cachoeira e vai até uma abertura com 45 m de largura e 15 m de altura, onde podem ser vistas inscrições de civilizações pré-históricas. A trilha que vai até a Cidade de Pedra tem 3.500 m de extensão e apresenta formações rochosas com até 70 m de altura. A trilha da Pedra da Falha, com 2.400 m, possui cachoeiras, pinturas rupestres e plantas carnívoras, que são melhor observadas em janeiro e julho. Os passeios só podem ser realizados com o acompanhamento de um guia da fazenda.

Capivara

Meio de transporte da população ribeirinha

❺ Pousada Águas Quentes Santa Elvira. Acesso pela BR-070, 44 km (12 km em terra) de Rondonópolis, sentido Cuiabá, tel. 461-2152.

São dois balneários, com três piscinas com temperatura entre 37ºC e 40ºC e outra com água fria. Tem quadras de esporte, restaurantes e 12 apartamentos.

Índios bororo

Habitando o Vale do Rio São Lourenço, o povo bororo não era afeiçoado a viagens fluviais, preferindo o deslocamento terrestre. Resistente a caminhadas longas, vivia basicamente da pesca e da caça. Desde cedo as crianças aprendiam a manejar o arco e a flecha, instrumentos utilizados por esse povo arredio nas guerras que travaram contra os brancos no final do século 19.

PANTANAL SUL

Introdução

Considerada a maior extensão da grande depressão pantaneira, situada no Estado do Mato Grosso do Sul, a área do Pantanal Sul corresponde a dois terços de todo o Pantanal. Em seu entorno nasceram muitas cidades, que são, hoje, o ponto de partida para quem pretende adentrar nessa planície inundável e conhecer toda a sua extensão.

Campo Grande: cidade plana e de avenidas largas

A principal porta de entrada do Pantanal é a capital, Campo Grande, cidade planejada em meio a uma vasta área verde, que, além de suas ruas e avenidas arborizadas, tem em seu perímetro urbano um grande parque ecológico natural, onde estão localizados os prédios dos poderes administrativos do Estado. Apesar de estar a 200 km do Pantanal, Campo Grande reserva ao visitante todas as comodidades de acessos rápidos e fáceis para a região pantaneira.

Neste Guia, segundo critérios adotados pela redação, o leitor vai encontrar o Pantanal Sul dividido em quatro diferentes pantanais, cada qual com suas principais cidades e o que elas oferecem ao visitante.

Conhecida como "Cidade Branca" pela cor de sua terra, Corumbá, situada no **Pantanal do Paraguai**, ganhou o título de "Capital Pantaneira", por estar localizada às margens do Rio Paraguai – bem na fronteira com a Bolívia – e por ser efetivamente a maior cidade dentro do Pantanal. Sua vizinha Ladário é um distrito industrial que praticamente se fundiu a Corumbá.

Para se chegar em Corumbá, que em tupi-guarani significa lugar distante, pode-se utilizar carro, ônibus, avião ou barco. Além de ser uma via de acesso ao Pantanal, Corumbá é uma cidade exclusivamente pantaneira e reúne a história dos homens que desbravaram essa incomparável planície inundável.

Corumbá: arquitetura com influência européia

Rio Aquidauana: nasce na Serra de Maracaju, atravessa a cidade e encontra o Rio Miranda

No **Pantanal de Aquidauana**, a própria Aquidauana é outra cidade de grande importância na região, entre outras coisas por servir de acesso aéreo e terrestre para o Pantanal, além de proporcionar excelente vista da planície a partir da Serra de Piraputanga. A cidade possui vários rios para pesca entre os mais piscosos do País, e diversos pontos para safáris fotográficos e passeios ecológicos. No entanto, o rio que dá nome à cidade é o principal, com suas margens que formam bonitas praias, próprias para a prática de esportes aquáticos. Em Anastácio, ex-distrito de Aquidauana, o visitante vai encontrar, além de rios para pesca, praias de areias brancas, banhadas pelo Rio Aquidauana, cachoeiras com paredões para alpinismo, áreas de camping, pesqueiros e pousadas. Nessa região encontram-se as melhores acomodações do Pantanal Sul e as áreas mais preservadas, que permitem observar inúmeras espécies de animais.

A partir do município de Miranda, o visitante encontra o roteiro terrestre rumo a Corumbá pela Estrada Parque. Na cidade de Miranda, vale conhecer o artesanato indígena, de barro, produzido pelos índios Terena e Kadiwéu, que caminham pelas ruas oferecendo seus produtos.

Barco de cimento: Miranda

As principais cidades de acesso ao **Pantanal de Nhecolândia** são Coxim e Rio Verde. A primeira, chamada de "Paraíso das Águas", é banhada pelos rios Jauru, Coxim e Taquari, e possui em sua região várias fazendas com cachoeiras e outros tantos atrativos.

No **Pantanal de Nabileque**, Porto Murtinho é a última guardiã do Rio Paraguai. Dessa cidade, que tem no turismo de pesca a principal atividade econômica, partem os barcos com os pescadores.

Campo Grande

Relógio construído em 1933, em comemoração aos 34 anos de Campo Grande

Distâncias:
Corumbá: 430 km
Belo Horizonte: 1.453 km
São Paulo: 1.014 km
Curitiba: 991 km
Salvador: 2.568 km
600.069 hab.
79000-000
67
Central de Atendimento ao Turista: 724-5830

O clima de Campo Grande sofre poucas variações, com o calor prevalecendo a maior parte do ano. As chuvas no município caem geralmente de novembro a março, com temperaturas médias de 20ºC. Em julho e agosto, o clima é seco e em regra muito quente, com temperatura média de 28ºC.

ATRAÇÕES

Obelisco

Av. Afonso Pena, esquina com Rua José Antônio. Visitação livre.

Monumento construído em homenagem ao fundador da cidade, José Antônio Pereira, e inaugurado em 26 de agosto de 1933.

Obelisco: homenagem

Vaso decorativo da Barroarte

Barroarte

Av. Afonso Pena, 4.329. Das 9 às 22 h. Fecha às segundas-feiras. Tel. 724-1355

A Barroarte é um espaço destinado a artesãos e artistas plásticos que representam a expressiva cultura pantaneira. Localizada numa casa de estilo colonial, a Barroarte coloca à venda artesanato regional, quadros, peças indígenas, doces caseiros e acessórios utilitários e decorativos. Conta com estacionamento e bar/lanchonete.

◄ Vista aérea de Campo Grande, a "Cidade Morena": portal para o turismo no Pantanal

Avenida Afonso Pena

Artesanato indígena à venda na cidade

Museu José Antônio Pereira

Av. Guaicurus, s/nº, Vila Monte Alegre. Das 9 às 17 h. Fecha às segundas-feiras. Tel. 787-0309

Homenagem ao fundador de Campo Grande, o museu fica a cerca de 5 km da cidade, na antiga Fazenda Bálsamo, onde Antônio Pereira e sua família residiram por muitos anos. A pequena casa de pau-a-pique, o monjolo e um carro de boi, entre outras coisas, representam as típicas acomodações dos desbravadores da região.

Casa do Artesão

Av. Calógeras, 2.050. Das 8 às 18 h; sábados, das 9 às 17 h. Fecha aos domingos. Tel. 783.2633.

Instalada numa construção de 1929, antiga sede do Banco do Brasil, a Casa do Artesão reúne peças que representam o artesanato de todo o Estado. São peças em argila, retratando a fauna pantaneira, imagens sacras e artefatos produzidos pelos índios da região.

Fachadas da Casa do...

...Artesão: artesanato de todo o Estado

Peça indígena em argila

Igreja de Santo Antônio/Catedral de Nossa Senhora da Abadia

Rua do Padre, s/nº. Das 14 às 17 h. Fecha aos sábados e domingos. Tel. 724-2412.

Construída em meados de 1880, foi a primeira igreja da cidade e seu nome é uma homenagem ao santo protetor do fundador. Em 1922, foi demolida e, no lugar, construído um templo moderno que se tornou a atual matriz. Recebeu o título de Catedral Metropolitana de Nossa Senhora da Abadia, após a bênção do papa João Paulo II.

Museu de Arte Contemporânea

Av. Calógeras, 2.499. Das 8 às 18 h; sábados, das 9 às 12 h (solicitar visitas). Fecha aos domingos.Tel. 782-2801.

Localizado na área central da cidade, seu acervo é formado por cerca de 275 obras de diversos artistas plásticos do Estado. Distribuídos nas salas Lídia Baís e Ignês Corrêa da Costa, esses trabalhos representam diferentes tendências artísticas. Mantém ainda oficinas de arte para a população.

Igreja de São Francisco

Rua 14 de julho, 4213. De segunda a sexta-feira, das 7 às 17 h; e sábado, das 7 às 11 h. Tel. 765-3900.

Considerada umas das poucas igrejas que ainda conserva sua arquitetura original, a Igreja de São Francisco é utilizada para instrução religiosa e cultos. Pertencente aos padres franciscanos, forma com o conjunto ferroviário um marco referencial urbano da parte mais antiga da cidade.

Catedral de N. S. da Abadia: bênção do papa João Paulo II

Morada dos Baís: antiga pensão, hoje espaço cultural

Morada dos Baís/ Pensão Pimentel

Av. Noroeste, 5.140.
Das 9 às 20 h.
Tel. 724-5830.

Construído em 1918, para ser residência de um dos primeiros comerciantes da cidade, esse antigo casarão foi transformado em pensão quando seu proprietário morreu, em 1938; sendo desativada em 1979. Também conhecida como Morada dos Baís, é um importante referencial para os visitantes que chegam ao Estado. A Morada possui espaço para exposições temporárias e apresentações culturais, com restaurante de comidas típicas.

Memorial da Cultura Indígena

Aldeia Indígena Urbana Marçal de Souza (bairro Tiradentes), saída para Três Lagoas. Das 8 às 11h30, e das 13 às 17h30.

Construído em bambu tratado, coberto com palha de bacuri, o Memorial fica situado na única aldeia indígena urbana do Brasil. Sua área total é de 340 metros quadrados. No primeiro piso, de 280 m², o espaço é destinado a exposições e à comercialização de artesanato. O mezanino (60 metros quadrados) é reservado para oficina de artesanato e depósito de materiais. Entrada R$ 1.

Museu Dom Bosco (Museu do Índio)

Rua Barão do Rio Branco, 1.811. Das 8 às 18 h; sábados, das 8 às 17 h; e domingos, das 12 às 18 h.
Tel. 721-1090.

Museu: animais empalhados

Uma das principais atrações da cidade, o museu abriga um acervo bem diversificado. Criado em 1950 por padres salesianos, sua coleção principal é composta por 1.000 exemplares de animais – principalmente, aves e mamíferos -, catalogados pelo taxidermista Giovanni Magrin, todos eles empalhados durante suas viagens ao Pantanal e regiões próximas. Outro destaque é a coleção de mais de 5 mil peças que relata os usos e costumes dos índios xavantes, bororos, moros, carajás e do Rio Aupés, entre outros. Mostra ainda 80 diferentes tipos de conchas. Ingresso: R$ 2.

Vitrines do Museu Dom Bosco com peças de várias tribos...

Artigos indígenas

... aqui sua fachada, também conhecido como Museu do Índio

◀ Igreja de São Francisco: mantendo a arquitetura original, tem uma única torre

Monumento aos índios

Parque das Nações Indígenas

Altos da Av. Afonso Pena.
Das 6 às 21 h. Fecha às segundas-feiras.
Tel. 726-2987.

Ocupa uma área de 119 ha, sendo 4 mil m de pistas para caminhada. Possui lanchonetes, restaurante, sanitários, policiamento e um córrego que forma um lago. Tem ainda um espaço destinado a shows e apresentações. Aqui, pesquisadores encontraram restos de civilizações pré-colombianas, confirmando a hipótese de que povos pré-históricos habitaram a região.

Feira Indígena

Praça Oshiro Takemori.
Das 6h30 às 20 h.

Instalada na praça que abriga o Mercado Municipal, a feira acontece todos os dias da semana, comercializando produtos – raízes e artesanato principalmente – criados ou cultivados nas aldeias dos índios terenas, propiciando uma fonte de renda para o sustento próprio.

Horto Florestal

Rua do Parque.
Das 5 às 21 h. Fecha às segundas-feiras.
Tel. 724-6759.

Destinado a cultivar espécies vegetais, o Parque Florestal Antônio de Albuquerque ocupa uma área de 5 hectares e possui pista de cooper, orquidário, biblioteca, cancha de bocha e malha, teatro de arena e espelho d'água. Além de sua importância ecológica, com projeto de reflorestamento e paisagismo, tem valor histórico, pois aqui foi montado o acampamento que deu origem à cidade. O parque também possui pistas de skate, bicicross e cross-country, aparelhos de ginástica, mesas para jogos de xadrez e dama, lanchonete e sanitários.

Sede do Parque das Nações Indígenas

Símbolo da imigração japonesa

COSTUMES

A Curva do Trilho

A estrada de ferro, que em 1914 chegou à região trazendo o progresso e a modernização, apresenta uma curiosidade que só a engenharia da época pode explicar. Em vez de, simplesmente, atravessar a cidade, como em todos os lugares, a ferrovia faz uma curva enorme para, depois da estação, dar praticamente meia-volta, para seguir então rumo a Corumbá. Esse estranho trajeto ficou marcado no desenho de ruas e bairros mesmo depois da retirada dos trilhos do centro da cidade, prevista para breve.

Telefone público em forma de garç

Bichos no telefone

Garças, tucanos, araras, jacarés e outros bichos podem ser encontrados também nas ruas de Campo Grande. Eles estão representados por toda a cidade, na forma de telefones públicos, ou orelhões.

Histórico

A cidade de Campo Grande vista como era no início do século,...

Ao ouvir notícias de que em Campos de Vacaria de Mato Grosso havia excelentes terras para o cultivo e para a criação, o mineiro José Antônio Pereira deixou a cidade de Monte Alegre, em 1872, partindo com sua caravana para esta cidade. Começava, assim, a história de Campo Grande, que mais tarde se tornaria a capital do Mato Grosso do Sul. Antônio Pereira e seu grupo de colonizadores montaram acampamento na confluência de dois córregos, que mais tarde seriam chamados de Prosa e Segredo. Pereira construiu um rancho no local, onde hoje está localizado o Horto Florestal da capital. Próximo dali passava a estrada boiadeira que ligava a região de Camapuã, ao norte, a Nioaque, ao sul. Não demorou em ser formado um arraial que recebeu o nome de Santo Antônio do Campo Grande, que rapidamente desenvolveu-se. Em 26 de agosto de 1899 – data em que se comemora o aniversário da cidade –, a Vila de Santo Antônio de Campo Grande foi elevada à condição de município, que ganhou novo impulso quando as Forças Armadas decidiram centralizar ali os comandos de diversas unidades militares, constituindo o que é, hoje, o Comando Militar do Oeste. Outro fator que ajudou no desenvolvimento de Campo Grande foi a construção da Ferrovia Noroeste do Brasil – hoje Ferroeste –, que ligou por trilhos as bacias hidrográficas dos rios Paraná e Paraguai. Com a divisão territorial do antigo Mato Grosso, em 1977, criando um novo Estado, Campo Grande tornou-se, em janeiro de 1979, a capital do Mato Grosso do Sul. Hoje, Campo Grande é a maior cidade do Estado e passagem obrigatória para quem se dirige ao Pantanal.

Av. Afonso Pena: eixo central da cidade

... muito antes de se transformar na capital do Mato Grosso do Sul

PANTANAL DO PARAGUAI

Localizada na Região Oeste, a cidade de Corumbá é considerada o primeiro pólo de desenvolvimento do Estado e, por abrigar 60% do território pantaneiro sul-mato-grossense, conquistou o título de capital do Pantanal. Também conhecida por Cidade Branca – por ser rica em calcário, que dá a cor clara às suas terras –, limita-se com os Estados de Mato Grosso, Paraguai, Bolívia e com as cidades de Bodoquena, Miranda e Aquidauana. Fundada às margens do Rio Paraguai – a 118 metros acima do nível do mar –, a cidade é ponto de partida para pescadores e turistas que desejam explorar a região. Um passeio por suas ruas e ladeiras de paralelepípedos, ou mesmo pelo Rio Paraguai, é como voltar ao século passado, através dos detalhes rústicos ou requintados de construções que testemunharam as várias fases do seu período de apogeu. Corumbá tem estimulado novas atividades, como o ecoturismo, o turismo histórico e arqueológico – existem cerca de 170 sítios arqueológicos nos arredores de Corumbá.

Atualmente, as principais atividades econômicas são a pecuária, a exploração mineral e o ecoturismo. Às portas do novo século, a capital do Pantanal vê nascer megaprojetos, como o gasoduto Bolívia-Brasil, entre outros investimentos de grupos empresariais que prometem alavancar a economia local.

Principais atrações

❶ Forte Coimbra
❷ Estrada Parque
❸ Passo do Lontra
❹ Curva do Leque

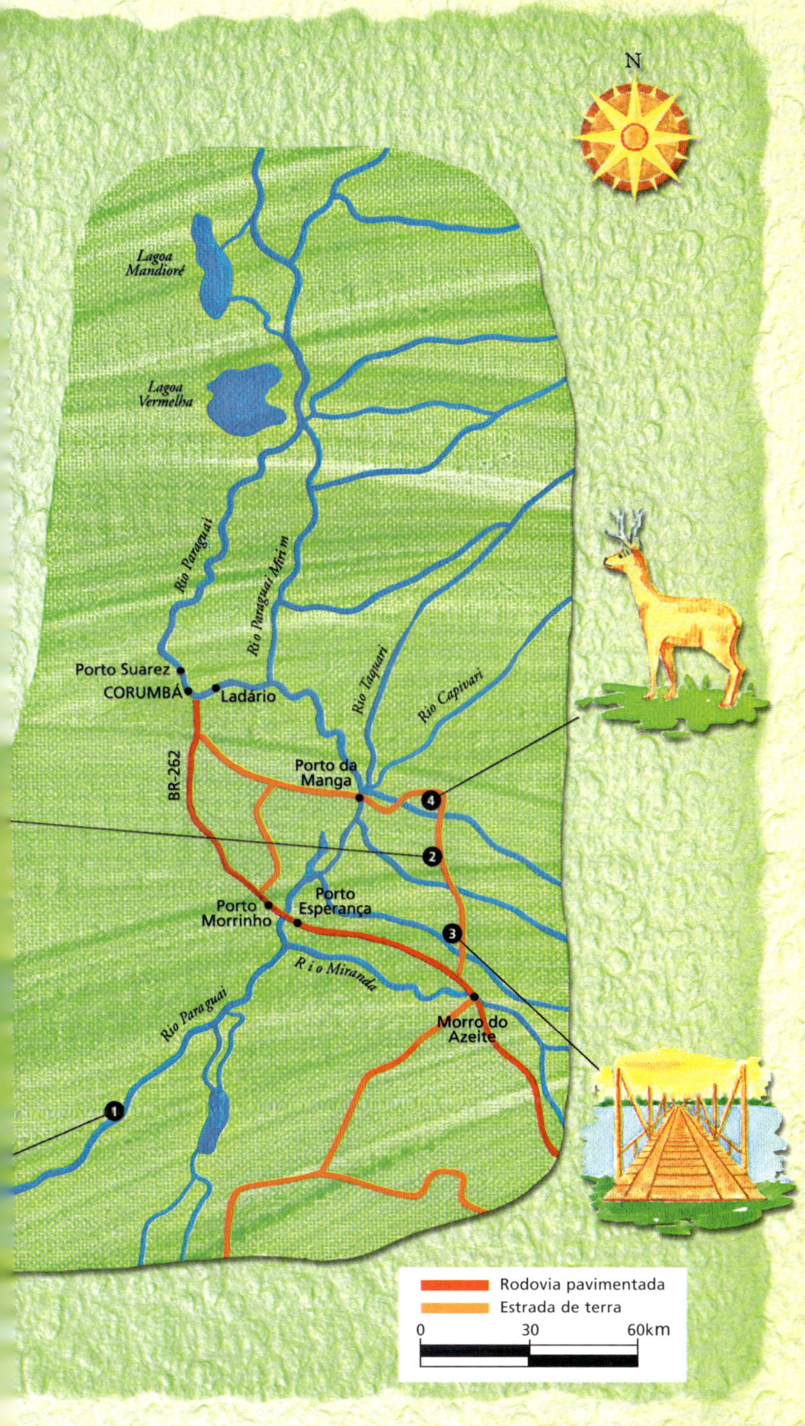
N
Lagoa Mandioré
Lagoa Vermelha
Rio Paraguai
Rio Paraguai Mirim
Porto Suarez
CORUMBÁ
Ladário
Rio Taquari
Rio Capivari
BR-262
Porto da Manga
4
2
Porto Esperança
Porto Morrinho
3
Rio Miranda
Rio Paraguai
Morro do Azeite
1
Rodovia pavimentada
Estrada de terra
0
30
60km

Corumbá

Corumbá: às margens do Rio Paraguai, ponto de partida de pescadores

Distâncias:
Campo Grande 397 km,
Cuiabá 1.091 km,
Goiânia 1.332,
São Paulo 1.411.
90.000 hab.
79300 000
67
Sematur, 231-6899

Com clima tropical úmido, Corumbá possui duas estações bem definidas: de maio a outubro, a cidade é atingida por um período de seca; de novembro a abril, é a época das chuvas, quente e úmido – chuvas de dezembro a março. Não deixe de conhecer a Estrada Parque, mas evite viajar desacompanhado ou durante a noite por razões de segurança. Na cidade boliviana de Puerto Aguirre (8 km), turistas contam com isenção fiscal de até US$ 150. Antes de passar pela fronteira, verifique se os documentos do carro estão em ordem.

Atrações

Porto Geral

Rua Manuel Cavassa.

O local, que no passado foi um importante ponto comercial com grande movimento, transformou-se num dos principais pontos turísticos da cidade. A monotonia que hoje toma conta do lugar só é quebrada com a chegada ao porto das embarcações de pescadores e de pequenos comerciantes das colônias pantaneiras, ou pelos grandes empurradores – de bandeira nacional ou estrangeira –, que passam transportando soja, cimento e minério em direção ao Rio da Prata.

Casario do Porto

Rua Manuel Cavassa.

Com construções que datam do final do século passado e que testemunham uma época de efervescência comercial, através da navegação fluvial, o Casario do Porto é formado por prédios que abrigavam grandes empórios, 25 agências bancárias

Porto Geral: ponto de encontro de turistas e comerciantes

Museu do Pantanal: acervo de várias tribos indígenas

internacionais, curtumes e a primeira fábrica de gelo do Brasil. Um dos mais belos e importantes do porto, o prédio Wanderley, Baís e Cia. foi construído em 1876. As escadas de acesso aos três pavimentos foram importadas da Inglaterra. Hoje, no local funciona a Secretaria Municipal de Meio Ambiente e Turismo e a Fundação de Cultura do Pantanal de Corumbá.

Museu do Pantanal

Praça da República.
Das 8 às 11h30 e das 13 às 17 h. Fecha aos sábados e domingos. Tel. 231-5757.
Instalado dentro do Instituto Luiz de Albuquerque, que abriga também duas das maiores bibliotecas do Estado, o museu conta com uma coleção de animais empalhados, acervo de várias tribos indígenas, sessões de artes plásticas e de artesanato em couro e barro, peças arqueológicas e painéis de ferros de marcar gado usados nas centenárias fazendas. Há ainda objetos pessoais dos primeiros desbravadores do Pantanal e do marechal Cândido Rondon.

Igreja de Nossa Senhora da Candelária

Praça da Republica.
Construída em 1885, esta igreja causou grande polêmica antes mesmo de começar a ser erguida.

N. S. da Candelária: polêmica

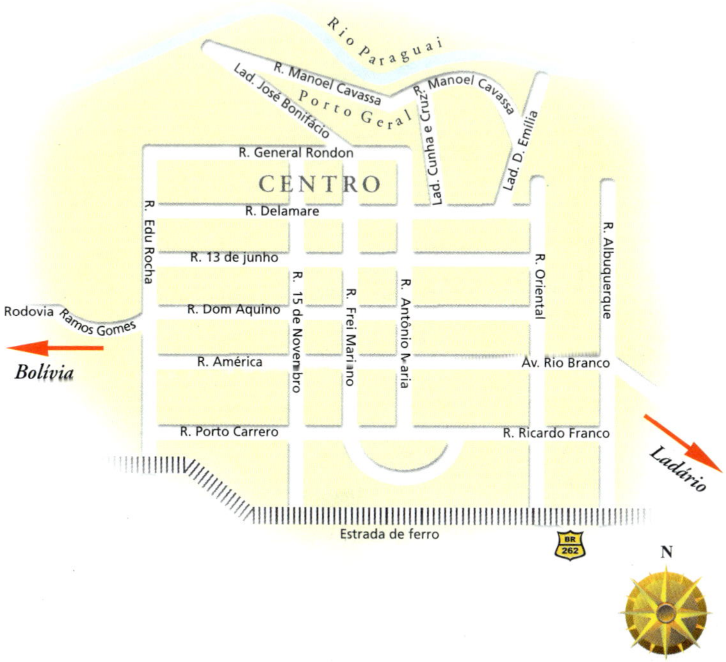

Pregador imperial e vigário da Vara, o frei Mariano de Bagnaia, que se julgava herói da Guerra do Paraguai, determinou que a igreja fosse construída em sua homenagem, posição com a qual o bispado não concordava. Aborrecido, o frei teria rogado uma praga contra a cidade: enquanto não fossem encontradas suas sandálias, Corumbá não se desenvolveria. Um brasão da coroa portuguesa destaca-se em seu altar.

Praça da Independência

Arborizada com plantas nativas como o carandá, a bocaiúva e o ipê-roxo, a praça ocupa a área do antigo zoológico da cidade e se destaca pelo seu estilo de construção: toda murada em mármore e com portões de ferro. Seu coreto em forma octogonal foi importado da Alemanha, de onde também veio o mosaico do calçamento da parte externa. Outros destaques são as quatro obras de arte esculpidas na Itália, em pedra de mármore de Carrara, e que representam as estações do ano.

Casa do Artesão

Rua Dom Aquino 405.
Das 8 às 11h30 e das 14 às 17h30; sábado, das 7h30 às 11h30. Fecha aos domingos.

Fundada em 1975, a Casa do Artesão ocupa o prédio de uma antiga cadeia pública, desativada nos anos 70. É um local onde os artesãos expõem suas produções em couro, madeira, cerâmica, tecelagem de salsaparrilha e trabalhos de pintura, bordado e crochê, além de artesanato indígena e licores caseiros. As celas são, hoje, lojas comerciais ou locais de produção. Não há registro de quando foi construído, mas apenas de sua primeira restauração, em 1893.

Casa do Artesão: antiga cadeia pública

Personagem cabeludo

Muito temido pelo povo da região, o Mãozão é um personagem cabeludo, com mãos muito grandes, que ao tocar o ombro de alguém, faz com que a pessoa fique sem memória. Esse ser habita os capões da região do Pantanal de Nhecolândia, onde também, segundo a lenda, uma antiga cama de ferro, sem colchão, é vista de vez em quando.

Casa de Massabarro: incentivo para os jovens artesãos

Casa de Massabarro

Rua da Cacimba, Bairro da Cervejaria. Das 8 às 11h30 e das 13h30 às 17h30; Sábado, das 8 às 12 h. Fecha aos domingos.
Tel. 231-2994.

Criada há 15 anos, é uma entidade que tem por objetivo incentivar a arte em cerâmica de crianças e adolescentes, que recriam a fauna e a flora pantaneiras com riqueza de detalhes e cores através da argila. Esse trabalho, que também inclui imagens sacras, é conhecido em toda a Europa. Em 1991, os jovens artesãos foram descobertos pelo carnavalesco Joãosinho Trinta, que por duas vezes os levou para decorar os carros alegóricos das escolas de samba Beija-Flor e Viradouro, do Rio de Janeiro.

Forte Junqueira

Informações na Seção de Comunicação Social do Exército. Tel. 231-2861/ 231-2701. Das 8 às 17 h.

Localizado em uma área privilegiada, de onde

Forte Coimbra

se avista o Rio Paraguai e o Pantanal em toda a sua extensão. Construído logo depois da Guerra do Paraguai, possui 12 canhões ingleses de 75 milímetros, mas que nunca foram usados. Situado, hoje, dentro do quartel do 17º Batalhão de Caçadores, as paredes de calcário do forte têm meio metro de espessura.

ARREDORES

❶ Forte Coimbra

Autorização no Comando Militar do Oeste, Tel. 768-4967.

Construído em 1775, para defender o território brasileiro das invasões espanholas, e tombado em 1975 pelo Iphan, o Forte Coimbra está localizado às margens do Rio Paraguai, cujo acesso é feito apenas por avião ou barco. Hoje ocupado pela artilharia de costa da 18ª Brigada de Infantaria de Fronteira do Exército, o forte foi local de um milagre de Nossa Senhora do Carmo. Diz a lenda que a santa impediu que as forças inimigas tomassem o local. Uma das atrações do lugar é a gruta Buraco do Inferno, composta de estalactites e estalagmites. Não há operações regulamentadas, no entanto é possível visitar o local mediante pedido de autorização ao Exército, que deve ser feito no Batalhão de Fronteira.

Parque Marina Gatass

Rodovia Ramos Gomes. Das 8 às 17 h.

Próximo da fronteira com a Bolívia, o parque é a maior área de lazer da cidade, com 6 ha arborizados – com muita sombra e gramado –, considerados intocáveis, especialmente por ter sido encontrado no local um importante sítio arqueológico. Construído em 1991, com pedras calcárias, o parque é um lugar místico e proporciona uma bela vista da Baía do Tamengo, um grande lago formado entre Puerto Suarez e Corumbá.

❷ Estrada Parque

Considerada "Área Especial de Interesse Turístico", a Estrada Parque do Pantanal de Nhecolândia tem como principais objetivos promover o desenvolvimento turístico e assegurar a conservação natural e cultural da região. Ao longo de seus quase 120 km, o turista encontra 87 pontes de madeira transformadas em observatórios naturais, de onde se pode ver, contemplar e fotografar toda a paisagem composta por aves,

Aves: locais preservados ao longo da Estrada Parque

mamíferos e repteis. Conhecida como "Rodovia da Integração", foi o único acesso – cujo caminho foi aberto pelo marechal Cândido Rondon – a Corumbá até meados dos anos 80. No seu trajeto estão localizadas algumas fazendas com boa infra-estrutura para receber turistas; entre elas destacam-se a Xaraés, a Passo do Lontra e a Arara Azul. Lá funciona o sistema voucher, pelo qual a Secretaria Municipal de Meio Ambiente e Turismo (Sematur) cobra uma taxa de quem entra na Estrada Parque. Os recursos obtidos são destinados à conservação do parque e à manutenção do destacamento da Polícia Ambiental. O sistema está instalado no Buraco das Piranhas e no Porto da Manga. É importante que o turista procure informações com os agentes nesses dois postos, para percorrer o trajeto com segurança, pois, dependendo do veículo utilizado, pode-se atolar facilmente.

❸ Passo do Lontra

Nesse local, o turista pode usufruir de pista de pouso, passeios a cavalo, barcos a motor e guias de pesca. Aqui estão instaladas as pousadas Passo do Lontra (tel. 231-6569) e Cabana do Tadashi (tel. 231-9400). Ambas oferecem apartamentos e chalés com ar-condicionado.

Pode-se acampar sobre passarelas de madeira que foram especialmente dotadas de infra-estrutura para essa finalidade ou, se preferir, simplesmente andar sobre elas tendo o Pantanal sob seus pés. Também é o local de acesso à pousada Rio Vermelho.

❹ Curva do Leque

No trajeto da Estrada Parque, esse é um ponto de parada para descansar e recuperar as energias. Na Curva do Leque, entroncamento da MS-184 com a MS-228, você encontra o Armazém-Restaurante Esquinão, também conhecido por Quê-Qué, apelido do proprietário. Permanentemente aberto, o Esquinão oferece refeições simples, mas preparadas na hora e sempre muito saborosas. No local há também uma borracharia, a única da região.

Pontes de madeira: são 87 nos 120 km da Estrada Parque

Carnes e peixes, presença obrigatória

Os moradores de Corumbá apreciam, e muito, um churrasco, dando preferência aos cortes típicos, como a macia e saborosa ponta de costela, a picante lingüiça Maracaju ou a capa-de-costela (também conhecida como matambre), que tanto pode ser cozida ou assada. A culinária boliviana é presente nas tradicionais salteñas, pastéis assados e recheados com frango. Mas, o que predomina são os peixes, principalmente o pintado e o pacu. O pintado geralmente é ensopado, mas também pode ser assado com creme de coco e acompanhado de farofa. O pacu, acompanhado de pirão, é quase sempre frito; a voraz piranha aqui é sempre muito bem aproveitada. Pode ser frita, em escabeche ou ensopada. Na forma de caldo, dizem, além de muito saborosa, é também afrodisíaca. Nos restaurantes **Peixaria do Lulu** (tel. 232-2142) e **Ceará** (tel. 231-1930) há uma boa variedade desses pratos.

Histórico

Fundada em 21 de setembro de 1778, por Luiz de Albuquerque, Corumbá nasceu a partir de uma estratégia militar da coroa portuguesa, para impedir o avanço dos espanhóis em busca de ouro pela desguarnecida fronteira oeste brasileira. Três anos antes fora construído o Forte Coimbra , com o objetivo de impedir o avanço dos espanhóis e defender o território brasileiro. Um século depois de sua fundação, o Arraial de Nossa Senhora da Conceição de Albuquerque, primeira denominação do vilarejo, se transformava no principal entreposto comercial da região, recebendo navios de vários países, que vinham comercializar diversas mercadorias. No local foi travada uma das principais batalhas durante a Guerra da Tríplice Aliança, quando Brasil, Argentina e Uruguai se uniram para combater o Paraguai. A então Freguesia de Santa Cruz do Corumbá acabou ocupada e destruída pelas tropas de Solano López, em 1865, sem nenhuma resistência, e retomada em 13 de junho de 1867. Até a década de 50, os rios Paraguai, Paraná e da Prata eram o único meio de comunicação da região com o mundo. Isso só seria mudado com a chegada dos trilhos da antiga Estrada de Ferro Noroeste do Brasil, hoje privatizada, à fronteira com a Bolívia, transformando o ritmo da economia local. Na década de 90, a concorrência do mercado boliviano arrasou o comércio local, levando muitos comerciantes a mudarem de ramo. O comércio de importados, que entrava no País pela fronteira com a Bolívia, passou a atrair muitos sacoleiros. A cada dia, o turismo e a pesca se transformam na grande fonte de renda e geração de empregos de Corumbá e região. A cidade ainda conserva vários prédios e casarios de influência européia, que guardam valiosas histórias e tradições.

Rio Paraguai: quase todo navegável

Rio Paraguai

Espinha dorsal do Pantanal, o rio Paraguai tem seus principais formadores localizados na Serra de Araporé e na Serra do Pari. Navegável em quase toda a sua extensão de mais de 2 mil km, o Paraguai banha terras de dezenas de municípios e, da mesma forma que muitos de seus principais afluentes, escoa de uma região do planalto no nível de cerca de 200 metros para uma região muito mais plana, 100 metros abaixo, o que o caracteriza por uma declividade muito baixa e capacidade de escoamento pequena. É do rio Paraguai que Corumbá retira toda a água consumida pela população. A captação é feita por um conjunto de três motobombas (duas operam e uma fica de reserva) que retira, por hora, 1.400 m^3 de água bruta do rio e envia até a estação de tratamento, distante 3 km, através de uma adutora de 600 milímetros de diâmetro. Parte dessa tubulação (350 metros) fica exposta pelo caminho, o restante está debaixo da terra.

PANTANAL DE NHECOLÂNDIA

Está localizado na região do Alto Taquari e tem entre as principais atrações o rio Taquari, que, além de ser propício para a pesca, é muito procurado pelos praticantes de canoagem. A cidade de Coxim, uma das mais importantes desse pantanal, tem entre outras atrações, as corredeiras do Rio Taquari, no qual o visitante pode assistir à subida dos peixes, em cardume, à procura de locais seguros e favoráveis à desova. Outro ponto indicado para visitas é a Pedra do Letreiro, uma formação rochosa com inscrições rupestres ainda não identificadas.

Principais atrações

1. Balneário Quedas D'água
2. Balneário Sete Quedas
3. Cachoeira Babaçu
4. Cachoeira da Onça
5. Cachoeira Duas Bacias
6. Casa de Pedras
7. Fazenda Amaralina
8. Fazenda Camping Cachoeira das Palmeiras
9. Piracema
10. Salto da Neblina

BR-163
COXIM
RIO VERDE DE MATO GROSSO
Vazante do Mangabal
Rio Negro
Rio Taboco
Aquidauana
BR-419
BR-163
CAMPO GRANDE
BR-262
AQUIDAUANA
N

Coxim

Encontro das águas dos rios Coxim e Taquari

Distâncias:
Campo Grande: 266 km
Cuiabá: 458 km
Rondonópolis: 246 km
28.888 hab
79400-000
67
Contur,
tels. 291-1643/2669

Situada numa região dominada antigamente pelos índios caiapós, Coxim – banhada pelos rios Taquari, Jauru e Coxim – é chamada de "Paraíso das Águas". Em seus rios se pode encontrar peixes como surubim, pintado, jaú, dourado e piraputanga. Limita-se, ao norte, com Rio Verde, São Gabriel do Oeste, Camapuã, Alcinópolis, Pedro Gomes e Sonora. Tem matas nativas, corredeiras no Rio Taquari, a Cachoeira das Palmeiras, onde a pesca é abundante, além de ter a piracema. Tudo isso faz com que o ecoturismo seja uma das mais importantes fontes de renda do município. Possui clima subúmido, excedente de água no verão, mas com grande deficiência no inverno. As temperaturas médias são: mínima de 20ºC e máxima de 41ºC.

A Casa do Artesão abriga...

Praça em Coxim, com a Igreja Matriz ao fundo

...objetos indígenas e...

ATRAÇÃO

Casa do Artesão (Museu Arqueológico)
Rua João Pessoa, 210. Das 8 às 11 h e das 13 às 17 h. Tel. 291-2304.
Ⓜ Reúne trabalhos em bambu, argila (animais e aves), madeira, pintura, doces, licores e bordados. Anexo fica o Museu Arqueológico, onde podem ser vistas urnas e objetos indígenas, antigos utensílios domésticos, peles de animais e fósseis de peixes.

... pedras talhadas

Voadeira no Rio Cênico: para vencer as corredeiras

Cachoeira das Palmeiras: ponto de observação da piracema

Pedra do Letreiro: inscrições

ARREDORES

❽ Fazenda Camping Cachoeira das Palmeiras

BR 163, a 22 km de Coxim, no km 683. Das 7 às 17 h. Tel. 683-2018.

Na Cachoeira das Palmeiras, é possível observar a piracema de agosto a outubro. Daqui também partem grupos para safáris fotográficos, passeios de barco a motor e piloteiro. Oferece ainda cinco quartos e restaurante. Entrada R$ 5.

Pescadores no Rio Coxim

❼ Fazenda Amaralina

Estrada do Pantanal, a 19 km de Coxim. Tel. 291-1836 e 9989-3183.

Na Amaralina, localizada no Vale do Salto, pode-se praticar o pesque-e-pague com pacus, fazer passeios a cavalo por trilhas e encontrar piscinas naturais, cachoeiras e banhar-se em córregos de águas cristalinas. Tem cinco quartos (diária R$ 25 incluindo refeições) para abrigar hóspedes.

❾ Piracema

A partir de agosto, até outubro, acontece a Piracema. É quando, em cardumes, os peixes sobem os rios à procura de locais seguros propícios para a desova, sendo obrigados a saltar para vencer as corredeiras e cachoeiras, proporcionando cenas de rara beleza.

Pedra do Letreiro

Seguindo de voadeira pelo Rio Cênico, chega-se a uma cachoeira onde está localizada a Pedra do Letreiro. Em uma formação rochosa, próxima da Cachoeira do Letreiro, estão inscrições feitas pelos integrantes das Monções – comboios de brasileiros, sobretudo paulistas e oficiais lusitanos, que se deslocavam às minas de ouro de Cuiabá –, que queriam deixar registrada sua passagem pelo local. Para subir o rio, é indicado obter ajuda de um guia-piloteiro.

Rio Correntes

Um dos rios mais piscosos da região, desperta a curiosidade por possuir um sumidouro, com extensão de mais de 400 m.

Histórico

Com o propósito de socorrer as monções que partiam de São Paulo com destino a Cuiabá, no auge da febre do ouro, criou-se um posto de abastecimento para os navegantes que subiam os rios Paraná e Paraguai. Desse posto – fundado por Manuel Caetano, os padres Antônio de Moraes e José de Frias, e Domingos Gomes Belliago, em 1729, às margens do Rio Taquari – surgiu o primeiro povoado que deu origem à cidade de Coxim. Em 1850, o arraial, que tinha o nome de Belliago, foi elevado a freguesia. Em 1862, com a criação de uma colônia militar no local, ganhou o nome de Taquari, por uma resolução de Herculano Ferreira Vena, governador da província. Em 1865, o local foi ocupado por forças invasoras do Paraguai, tendo seu comandante se retirado do povoado com um contingente de 125 soldados, rumo ao norte do Estado. O povoado seria elevado a distrito em novembro de 1872 e o município criado em 11 de abril de 1898, data em que se comemora sua emancipação política.

Corredeiras do Rio Cênico: rota das monções no século 18 ▶

Rio Verde de Mato Grosso

Praça no centro de Rio Verde; destaque para o telefone público em forma de papagaio

Distâncias:
Campo Grande: 216 km
Brasília: 924 km
São Paulo: 1.214 km
Porto Alegre: 1.798 km
Rio de Janeiro: 1.644 km
17.068 hab
79480-000
67
Prefeitura Municipal, tel. 292-1540

Atrações

A cidade só recentemente começou a despertar para o turismo, por isso não há ainda estrutura para visitação em cachoeiras e formações rochosas. As exceções são as Quedas d'Água e Sete Quedas, que têm fácil acesso. Nos outros casos, o melhor é procurar a prefeitura que, além de indicar um guia experiente, pode também providenciar veículo apropriado para chegar até as atrações mais difíceis.

Em Rio Verde, o clima é subtropical úmido, sendo o período de outubro a março muito chuvoso. Já a temporada de abril a setembro é de seca. A temperatura média é de 35ºC.

Porta de entrada para Coxim

Cachoeira Sete Quedas: das poucas com fácil acesso

Entardecer em Rio Verde

❶ Balneário Quedas d'Água

Rodovia MS-427, km 7, primeira entrada.
Tel. 292-1635.

A estrutura inclui uma pousada (com três apartamentos e diárias a R$ 25), lanchonete e o balneário, onde se cobra uma taxa de R$ 5 de quem pretende apenas passar o dia.

Corredeiras no Rio Verde: diferentes níveis de dificuldade

❷ Balneário Sete Quedas

Rodovia MS-427, km 7, segunda entrada.
Tel. 292-1594.

Mesmo esquema de trabalho, a única diferença é para o número maior de apartamentos. Os preços são os mesmos.

Pedras: presença constante

❹ Cachoeira da Onça

Rodovia Estadual MS-427, km 30.

Cachoeira de queda livre com 130 m, localizada na Fazenda Mirante, a 10 km da rodovia, podendo-se percorrer 8 km de veículo ou 2 km por trilhas.

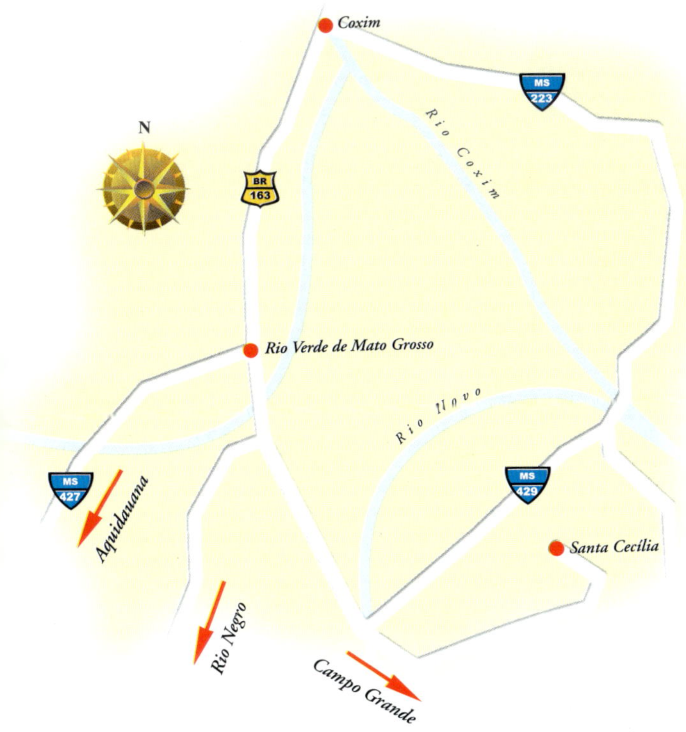

❿ Salto da Neblina
Rodovia MS-427, km 32

Também dentro da Fazenda Lindóia, é uma cachoeira de queda livre de 100 m de altura. Distante 9 km da rodovia, o trajeto pode ser feito por veículo (5 km) e por trilhas (4 km).

Rio Coxim

Castelo
Estrada para Colônia Paredes e Água Morna, 56 km

O Morro do Padre, com 240 m de altura e área de 80 ha, tem em seu cume uma capela, onde as pessoas vão meditar ou fazer orações. Para chegar até o topo, sobe-se uma escadaria de 185 m de altura, com 320 m de extensão. Distante 56 km do centro de Rio Verde, podendo ser percorridos 48 km com veículo e 8 km por trilhas. Acesso por estradas municipais, regiões de Colônia Paredes e Água Morna.

Corredeira do Rio Coxim

❺ Cachoeira Duas Bacias
Rodovia Estadual MS-427, km 30

Também localizada na Fazenda Mirante, com 9 m de altura (cascata e lago), fica a 12 km da rodovia. Pode-se percorrer 8 km de carro e outros 4 km por trilhas.

❸ Cachoeira Babaçu
Rodovia MS-427, km 31

Com 9 m de altura, está localizada na Fazenda Babaçu, a 30 m da rodovia.

❻ Casa de Pedras
Rodovia MS-427, km 32

Caverna em rocha maciça com 4 m de profundidade por 3 m de altura. Está dentro da Fazenda Lindóia, a 2 km da rodovia.

Portal de Roma
Fazenda Campo Alegre, a 11 km de Rio Verde, no sentido de Araras.

Formação rochosa em forma de arcos, com 35 m de altura. Está localizada na Fazenda Campo Alegre, 11 km pela estrada municipal, região das Araras. O caminho pode ser percorrido por veículo (9 km) e por trilhas (2 km).

Histórico

Algum tempo depois de ter adquirido – em 1885 – do Estado uma extensa faixa de terra situada na margem direita do Rio Verde, Américo de Souza Brito acabou vendendo a maior parte de suas terras a Antônio Vitorino da Costa, que instalou a Fazenda Campo Alegre, pois não conseguiu concretizar seu projeto de utilizar a área para dedicar-se à pecuária. Com a chegada de novos imigrantes, originários principalmente de São Paulo, teve início a formação de um povoado, que hoje é a cidade de Rio Verde de Mato Grosso. Antes de ser definido como Rio Verde, o atual município teve vários nomes, entre eles, Herculânea, por volta de 1936, depois, Coronel Galvão, isso perto de 1940, quando foi elevado à categoria de distrito. Só em 1953 a cidade foi emancipada, já com o nome de Rio Verde; antes disso, o local estava integrado ao município de Coxim. Entre as festas mais importantes e tradicionais do local – além do 16 de dezembro, data de sua emancipação – estão a de Nossa Senhora Auxiliadora, padroeira da cidade, e a Exposição Agropecuária. Rio Verde possui vegetação predominantemente de cerrados, com importantes e belas manchas florestais. Desde que começaram a ser povoadas, a cidade e a região sempre conviveram com o garimpo, prática freqüente em seus solos fartos de riqueza mineral.

Um dos braços do Rio Verde que forma na Cachoeira Sete Quedas ►

PANTANAL DE AQUIDAUANA

Está localizado entre os rios Negro e Miranda, Inhumas, e tem ainda o Rio Aquidauana no seu centro, que corta a cidade de mesmo nome. Tem como principais pontos de referência as serras de Piraputanga e Maracaju, e compreende várias cidades, sendo as principais: Aquidauana, Miranda, Anastácio, Barra Mansa, Rio Negro, Cipolândia, Rochedo, Corguinho, Baianópolis, Tupaceretã, São Gabriel do Oeste, Guaicurus, Colônia Nova e Jacobina. Nessas cidades, o visitante tem a oportunidade de conhecer as mais variadas espécies da fauna e flora da região.

Principais atrações

1. Distrito de Camisão
2. Distrito de Taunay
3. Distrito de Piraputanga
4. Refúgio da Ilha
5. Fazenda San Francisco
6. Refúgio Ecológico Caiman
7. Fazenda Barra Mansa
8. Fazenda Rio Negro
9. Pousada Mangabal
10. Pousada Pantaneira Rio Vermelho

Rodovia pavimentada
Estrada de terra
0 40 80km

Rio Negro
Rio Abobral
Rio Vermelho
Rio Aquidauana
Rio Miranda
Rio Salobro
Rio Taboco
Rio Inhumas
Rio Negro
Rio Negro
BR-419
MIRANDA
MS-339
BR-262
AQUIDAUANA
BR-419
CAMPO GRANDE
Rio Miranda
Rio Nioaque
1
2
3
4
5
6
7
8
9
10
N

Aquidauana

Aquidauana: meio ambiente e desenvolvimento urbano em sintonia

Distâncias:
Campo Grande: 120 km
Corumbá: 290 km
Dourados: 353 km
Pres. Prudente: 588 km
40.394 hab
79200-000
67
Prefeitura Municipal tel. 241-2050.

Situada na região da Serra de Piraputanga, seu território pode ser dividido em duas partes: a região baixa, que ocupa cerca de dois terços da área do município; e a alta, ocupada pela Serra de Maracaju e seus diversos ramos. A área de 17.710 km^2, estende-se desde o Morrinho do Pimenteiral, na divisa com os municípios de Corumbá e Rio Verde, até o Rio Aquidauana, divisa com o município de Anastácio, ao sul.

Por sua proximidade do Pantanal, 50 km, possui privilegiada biodiversidade, até mesmo na Praça da Matriz, no centro da cidade, é possível avistar tuiuiús, araras e garças. É conhecida como "Cidade Natureza", devido à variedade de animais.
Seus atrativos são os rios piscosos, suas aldeias indígenas, a arquitetura de valor histórico e os distritos de Camisão e Piraputanga, que, por estar numa região serrana, apresentam temperatura sempre agradável.
Possui clima subtropical, marcado pelas cheias que acontecem de outubro a abril, quando a temperatura ultrapassa os 40°C. De meados de julho até o final de setembro, a região é atingida pela seca, quando há ocorrência de geadas e a temperatura pode cair para 15°C. A temperatura média é de 27°C.

Garças-brancas e cabeças secas

Passo do Lontra

Lagoa Comprida: passeios de barco construído por pescadores

ATRAÇÕES

Parque Ecológico da Lagoa Comprida

Rua Moisés Albuquerque.
Das 6 às 18 h.

Complexo de lazer no centro da cidade, onde é possível praticar caminhadas ou correr assistindo o belo espetáculo do pôr-do-sol. Padece da falta de estrutura, não há sequer banheiros para usuários.

Ponte da Amizade

Também conhecida como Ponte Velha, a Ponte da Amizade foi inaugurada em 1926, para ligar Aquidauana à cidade de Anastácio, cruzando o Rio Aquidauana. Construída em ferro e madeira, ainda é utilizada pela população, apesar de ser mão em apenas um sentido.

Mercado Municipal

Rua 7 de Setembro, 937.

Projetado inicialmente para ser feira livre, esse espaço foi inaugurado em 1962. Hoje, funciona como mercado de produtos alimentícios.

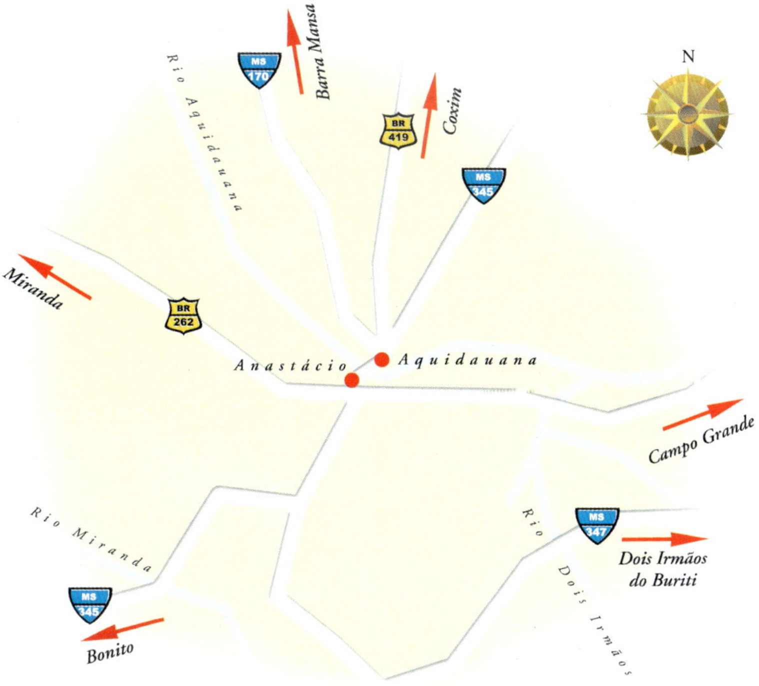

Museu de Artes Pantaneiras: memória da Guerra do Paraguai

Praça dos Estudantes

Seu nome original é Praça Afonso Pena. Localizada na entrada da cidade, tem sido palco de diversas realizações populares, como a exposição de artesanato e alguns espetáculos, que o público assiste acomodado em arquibancadas. A praça abriga também a Biblioteca Municipal.

Clube do Laço Pantaneiro

Rodovia Aquidauana, Cera, km 7, tel. 241-2170.

Criado por um grupo de pecuaristas há 17 anos, o Clube do Laço Pantaneiro inspirou a formação de outros na região. É um clube com pista de provas, quadra de esportes, bosque, área social, pista de areia. Além de promover competições, seus integrantes participam de outras que acontecem na região.

Igreja Matriz

Praça Nossa Senhora da Imaculada Conceição. Das 7 às 17 h.

Os visitantes que se dirigem a Aquidauana conseguem avistar, desde os altos da vizinha Anastácio, as duas torres da Igreja Matriz de Nossa Senhora da Imaculada Conceição. Construída em 1930 com forte inspiração e traços do estilo arquitetônico gótico, a igreja – uma réplica da Catedral de Notre-Dame – é um dos principais destaques do conjunto arquitetônico da cidade e a primeira grande obra de arte de Aquidauana criada com base nos modelos medievais.

Igreja Matriz

Museu de Artes Pantaneiras

Rua Cândido Mariano.
Das 7 às 18 h.
No museu estão expostos artigos tipicamente regionais e que foram usados na Guerra do Paraguai; registros históricos de Aquidauana e exposição de artistas locais. Funciona na área do antigo asilo.

ARREDORES

❶ Distrito de Camisão

tel. 241-4889
A 18 km de Aquidauana, seguindo pela Estrada Ecológica, encontra-se o distrito de Camisão, inicialmente uma vila de pescadores e garimpeiros, uma vez que as terras foram abandonadas pelos proprietários da Fazenda do Paxixi, que dá nome ao ponto mais alto da Serra de Maracaju, o Morro do Paxixi. O morro é freqüentado pelos praticantes de vôo, que saltam de pára-glaider e asa-delta. É também em Camisão que se encontram as cachoeiras mais interessantes para banho, canyoning, além de trilhas para trekking.
Outro local recomendado para visitação é o Morro do Chapéu.

Serra de Maracaju: trilhas para trekking e cachoeiras

Morro de arenito

Caminhada: comum na região serrana

Caminhar iniciando o passeio pela cidade de Aquidauana é uma ótima possibilidade para observar as construções antigas, nos estilos barroco e colonial, algumas restauradas, outras abandonadas, mas todas com grande apelo histórico. Outra opção é o Parque da Lagoa Comprida, que fica no perímetro urbano, mas que é um bom local para caminhar e correr, principalmente no final da tarde, para observar o pôr-do-sol. Mas as melhores trilhas para trekking estão ao redor da Serra de Maracaju, que levam a cachoeiras, rios e paredões de arenito. Das cinco cachoeiras do distrito de Camisão, apenas três estão nomeadas: Cachoeira do Morcego (35 m), do Chuveiro (20 m – com trilha em meio a um bosque de babaçu); e do Segredo (18 m). As outras duas têm, aproximadamente, 12 m de altura. As trilhas são leves e permitem mudar o trajeto de acordo com a vontade do turista de fazê-lo curto ou longo.
No distrito de Piraputanga, há uma trilha que leva à Ilha do Garimpo, distante 20 km da sede da vila, onde existem algumas ruínas. As trilhas que levam às encostas já têm um nível médio de dificuldade devido às subidas bastante íngremes, porém, o visual visto do topo vale o esforço.

Cavalgada: tradição

Focagem: praticada na maioria dos rios da região

Passeios de barco

Para quem deseja encontrar animais da região e navegar pelo rio, a melhor alternativa é procurar os barcos de passeio, que podem ser contratados junto aos hotéis e pousadas. Outra opção é contratar o serviço diretamente com os piloteiros, decidindo com eles o percurso e a duração. Para passeios longos, uma opção são as chalanas – que são hotéis flutuantes com toda a infra-estrutura necessária para um passeio confortável.

Cavalgada

Para quem preferir conhecer a região sem praticar as caminhadas, os hotéis e pousadas que se encontram fora do perímetro urbano oferecem cavalgadas, que podem estar incluídas no pacote ou cobradas à parte (R$ 10 por hora). Os hotéis e pousadas da cidade também costumam providenciar passeios similares.

Rapel: esporte praticado em inúmeras cachoeiras

As cachoeiras do Chuveiro e do Segredo, que se encontram próximas da sede de Camisão, permitem a prática de canyoning.
A única empresa a operar essa atividade e que oferece guias especializados para atendimento turístico é a Pousada Sol Amarelo (Tel. 686-3029), de Piraputanga.

Esse esporte pode ser praticado nos paredões de arenito da Serra de Maracaju, em alturas que chegam a até 180 metros. A Pousada Sol Amarelo também é a única a operar essa atividade com guias especializados. Atualmente, o rapel é feito em dois pontos: morros do Macaco e do Urubu.

❷ Distrito de Taunay

tel. 241-3759

Lugar com vários atrativos naturais, o distrito de Taunay nasceu com a abertura de uma estação ferroviária – com o mesmo nome – para recebimento de mercadorias e embarque de gado. Localizado numa área próxima ao aldeamento dos índios terenas, nessa região ficam também as aldeias do Bananal (Posto da Funai, tel. 241-1489), Ipegue, Lagoinha, Água Branca, Embiruçu e Morrinhos. A mais acessível da região é a Aldeia do Limão Verde (Posto da Funai, tel. 686-1075), 24 km distante da sede, onde você irá encontrar cachoeira, cavernas com inscrições rupestres e uma igreja de pedra dos anos 30. A visita é feita somente com permissão da Funai, que pode ser obtida nos postos acima ou, nos casos de grupos numerosos, deve ser solicitada em Campo Grande.

Lagoa secando: vista aérea do Pantanal de Aquidauana

Rafting: esporte praticado no Rio Aquidauana

❸ Distrito de Piraputanga

Localizado numa região conhecida como Serra de Santa Bárbara – que é uma das ramificações da Serra de Maracaju –, o distrito de Piraputanga também nasceu a partir de uma vila iniciada pelos garimpeiros de diamante. Servido pela Estrada de Ferro Noroeste (não transporta mais passageiros) e pela Estrada Ecológica, esse distrito está a 30 km da sede e possui uma das mais belas paisagens da região, devido aos paredões de arenito que circundam o local, além de rios e cachoeiras em que é possível tomar banho, fazer bóia-cross, rapel nas encostas e pesca, entre outras atividades. É um local com grande potencial para esportes de aventura.

Escravidão

Há 150 anos, época em que imperava o regime da escravidão, a Fazenda Boa Vista trazia escravos de Santos para trabalhar para os fazendeiros. Ainda hoje é possível ver os paus-de-arara feitos de aroeira como registro. Segundo a lenda (ou história), os escravos ruins ou doentes eram jogados para as piranhas e ainda hoje ouvem-se os gritos de socorro desses escravos sempre que há mudança de tempo.

Partindo de Piraputanga, passa-se pelas corredeiras do Serrano e Ilha, num percurso de aproximadamente 2 h até Camisão, onde se passa por mais 20 km de corredeiras do Campo e da Antena, terminando a aventura na Prainha, em Anastácio. Esse percurso é feito durante as provas de canoagem e o mais indicado pelos remadores locais. Uma das opções é entrar em contato com o Clube da Canoagem de Aquidauana, pois, lá, eles podem ceder caiaques para praticantes sem nenhum custo. O endereço do clube é Rua Pandiá Calógeras, 921 – tels. 241-2897/2988. Contato: Roberto Girotto.

História

Carros de boi: época da emancipação da cidade

Sob a liderança de Teodoro da Silva Rondon, um fazendeiro local, o povoado de Aquidauana conquistou sua emancipação em agosto de 1892, mas foi só em 1948 que adquiriu foros de cidade. Aquidauana, que, em tupi-guarani, e também na língua dos índios guaicurus, significa "lugar das araras grandes", teve como seus primeiros povoadores os soldados das tropas imperiais que participaram da Guerra do Paraguai. Após o término do conflito, muitos combatentes acabaram ficando na região, ocupando as terras existentes entre os rios Negro e Aquidauana. Teodoro Rondon foi também o primeiro professor da primeira escola da cidade, criada em 1894. Fundada no início do regime republicano no Brasil – que instituiu a separação política e administrativa entre a Igreja e o Estado, as antigas ligações eram ainda muito fortes e presentes na vida dos povoados, vilas e pequenas cidades –, Aquidauana manteve desde seu nascimento forte união com a Igreja. Prova disso é que, freqüentemente, as administrações do povoado e da capela eram confundidas pelo fato de ambas serem obras do mesmo grupo. A construção da capela ficou a cargo da Irmandade de Nossa Senhora da Conceição (também padroeira da cidade), que era constituída basicamente pelos fundadores do povoado, que assumiram sua administração. Com a chegada dos trilhos da ferrovia, Aquidauana iniciou um processo de desenvolvimento mais acelerado, sendo, por um certo espaço de tempo, a cidade mais importante do sul do Estado. Com a instalação das oficinas e escritórios da ferrovia, tornou-se uma cidade aberta, com maior mercado de trabalho e bastante receptiva, com as pessoas que chegavam de outras regiões dispostas a se estabelecer lá. Em 1917, as oficinas foram transferidas para Três Lagoas, o que diminuiu consideravelmente a importância da cidade como centro ferroviário, mas nem por isso deixou de lado sua vocação de desenvolvimento. Aquidauana foi o primeiro município do Estado a possuir o serviço de energia elétrica, inaugurado em abril de 1928, e teve também o primeiro cinema com tela panorâmica. Hoje, a principal atividade econômica do município é a pecuária extensiva de cria e recria sustentada pelas pastagens naturais. O sistema de criação de gado é feito em grandes propriedades, com poucas divisões e manejo de rebanho limitado.

Vista aérea de Aquidauana: cidade natureza ►

Miranda

Rio Miranda: um dos mais piscosos do Brasil

Distâncias:
Bonito: 120 km,
Campo Grande: 194 km,
Curitiba: 1.182 km,
São Paulo: 1.205 km,
25.000 hab
79380-000
67
Prefeitura Municipal, tel. 242-1508.

Entrada da cidade de Miranda

Em Miranda, e em sua região, predomina o clima tropical. O período da seca dura de três a quatro meses, com precipitações que variam entre 1.200 e 1.700 milímetros cúbicos anuais. As temperaturas médias ficam entre 20ºC e 24ºC, e variam conforme as estações do ano, podendo atingir a mínima de 10ºC no inverno e a máxima de 35ºC no verão.

Igreja Matriz

ATRAÇÕES

❹ Refúgio da Ilha

Pela BR-262, fica a 28 km (10 km em terra) de Miranda. Tel. 784-3270.

Localizado em uma ilha no Rio Salobra, o Refúgio é uma fazenda com ótima infra-estrutura e guia bilíngüe. Entre as atividades oferecidas pela fazenda estão incluídos passeios de barco, balneário, safári fotográfico, focagem noturna, passeios a cavalo e de bicicleta, pesca esportiva e, se as condições climáticas estiverem propícias, mergulho. Além disso, oferece hospedagem (diária R$ 210 por casal), com todas as refeições e passeios incluídos. A estada mínima é de dois dias e deve-se fazer reserva com antecedência.

❺ Fazenda San Francisco

Na BR-262, a 36 km de Miranda, no km 583.Das 9h às 17 h, tel. 242-1088.

📷 Com suas matas ciliares, rios e corixos, a Fazenda San Francisco proporciona várias opções de passeio, que podem ser completadas em apenas um dia. O ingresso (R$ 70 por pessoa) dá direito a safáris fotográficos fluviais, passeios de barco e a cavalo, trekking nas planícies pantaneiras, trilhas suspensas sobre rios, passeios em carro aberto pelas reservas florestais e campos irrigados. Nesses percursos é possível observar animais como cervos, capivaras, tamanduás, emas, sucuris, jacarés, porcos selvagens e diversas espécies de aves. Outras opções são a pesca, em especial da piranha, e o mergulho nas límpidas águas do Corixo São Domingos e do Rio Miranda.

Ema: maior ave da América

Visitante da Fazenda San Francisco: passeios a cavalo

Ariranha: mais uma atração

Tamanduá-Bandeira

❻ Refúgio Ecológico Caiman

Estância Caiman, a 36 km, zona rural, tel. 687-2102. Reservas: tel. (11) 883-6622.

Localizado em uma fazenda de gado numa área de 53 mil ha e junto a uma reserva ecológica privada de 7 mil ha, o Refúgio Ecológico Caiman oferece três pacotes diferentes, com programação de passeios exclusivos, que permitem conhecer toda a natureza do Pantanal. Oferece a opção de um programa itinerante de uma semana, com cavalgadas e hospedagem em duas pousadas diferentes. O turista poderá cavalgar ao lado de legítimos peões, conduzindo uma autêntica comitiva de gado. No trajeto (taxa de R$ 80 por pessoa) os hóspedes param num acampamento montado no meio da mata, onde há uma casa com paredes teladas e banheiros rústicos. Para viver essa aventura de dois dias, é preciso fazer reserva antecipada. Caminhando pela fazenda, nas proximidades das pousadas, pode-se observar pequenos animais e a vegetação da região; à noite, é possível ver jacarés e outros animais ao redor. Para percorrer maiores distâncias pela fazenda e atravessar locais de difícil acesso, há duas opções: passeios a cavalo e de caminhão. A segunda opção permite chegar a locais mais afastados, durante o safári fotográfico ou focagem noturna. Os passeios (a taxa é de R$ 40 por pessoa) de barco a motor, realizados no Rio Aquidauana, são destinados aos visitantes que desejam observar a fauna e a flora ribeirinhas. Já o passeio de barco a remo facilita a observação de aves e outros animais no seu hábitat natural, na baía próxima à pousada. Nos períodos de alta temporada, são vendidos apenas pacotes fechados, mas, na baixa, o hóspede é quem define quanto tempo irá ficar. As diárias variam de R$ 180 a R$ 220 por pessoa.

Cavalos Pantaneiros no Rio Aquidauana

Capivara

Cavalgada: uma das atividades oferecidas pelas fazendas

Histórico

Cidade de Miranda no início do século

Fundada em 1778, a partir da construção do Presídio Nossa Senhora do Carmo do Rio Mondego – um reduto construído pelo governador-general Caetano Pinto de Miranda, a mando do "capitão das conquistas", João Lemes do Prado –, cujo objetivo era defender a região contra possíveis ataques de bandoleiros, os Castelhanos de Assunção, Miranda foi chamada inicialmente de Mondego, nome que não vingou. A criação desse vilarejo propiciou a formação de um povoado já mais seguro e, em 1835, a freguesia ganhou a denominação de Nossa Senhora do Carmo de Miranda, abrangendo como comarca todo o planalto do Amambaí, destruída pelos paraguaios durante a guerra, em 1865. Em 1857, Francisco Rodrigues do Prado, irmão do fundador do presídio, consegue por meio de lei provincial transformar a localidade em vila, recebendo o nome de Miranda em homenagem ao ex-governador que iniciou a construção do presídio.

Antiga usina, que será museu

Primeira residência de Miranda

Dois fatos decisivos contribuíram para o progresso do município: a inauguração das Estações Telegráficas e as ferrovias da Estrada de Ferro Noroeste do Brasil. Miranda sempre teve como principais atividades econômicas as pecuárias de corte, engorda e leiteira, a agricultura (convencional e irrigada), indústrias de cerâmica e olarias produtoras de telhas e tijolos, além do turismo de pesca e ecológico. Miranda não possui distritos, em seu território existem apenas quatro lugarejos (as estâncias de Bodoquena, Coronel Juvêncio, Guaicuru e Porto Carrero); três áreas indígenas (Cachoeirinha, Lalima e Passarinho) com várias aldeias que mantêm a cultura de seus ancestrais, como as danças, os rituais, o idioma e a produção de cerâmica, entre outras atividades; um assentamento (Tapambae), além de pequenas localidades, como Agachi, Duque Estrada e Salobra.

Passeio pelo Rio Negro

❼ Fazenda Barra Mansa

Informações e reservas, tel. 383-5088

Localizada a 120 km de Aquidauana, às margens do Rio Negro. O melhor acesso é por avião; por estrada é ruim, exceto na época da seca. Possui pousada com apartamentos, refeições à base da cozinha regional, além de um extenso programa de atividades para o turista, entre elas caminhadas por trilhas nos arredores da fazenda, conhecendo todo o ecossistema pantaneiro; passeios a cavalo, a melhor maneira de conhecer a região; e passeios de barco pelo Rio Negro.
Possui também passeios de carro, em caminhonete Toyota, equipada com bancos e suportes, para filmagens e fotos; pesca esportiva que permite ao visitante levar alguns exemplares de peixes (dentro das medidas oficiais), para preparar na fazenda. Todas as atividades são orientadas por guias e piloteiros.

Local para pesca esportiva

Anastácio

Até o dia 8 de maio de 1965, data de sua emancipação, Anastácio e Aquidauana eram uma só cidade, sede de um único município. Possui várias áreas de camping, pesqueiros e pousadas que oferecem pacotes completos de lazer aos visitantes. Um ponto que começa a entrar em evidência em Anastácio – pelo seu valor histórico – é o Porto Canuto, local exato do fim da Guerra do Paraguai. Outras atrações de Anastácio são a Ginpraia (gincana estudantil da Prainha); o Carnapraia (carnaval fora de época realizado em janeiro, na Prainha); Churrastácio, festa do peão boiadeiro e a feira permanente do produtor rural.

❽ Fazenda Rio Negro

Informações e reservas, tel. 725-7853 e 724-9345

Uma das mais antigas do Pantanal, também fica às margens do Rio Negro. Sua sede foi construída em 1920 e mantém até hoje o estilo original. O melhor acesso é por avião; de carro, apenas na época da seca. Oferece cavalgadas, caminhadas, pescarias, passeios de jipe com a "patachoca", veículo da Segunda Guerra adaptado para levar visitantes, e de barco (pelo Rio Negro). O visitante pode optar por vivenciar o dia-a-dia típico de uma fazenda, acompanhando os peões em trabalhos com o gado nos campos ou no mangueiro.

❾ Pousada Mangabal

Informações e reservas, tel. 724-5607

Localizada na Fazenda Pouso Alto, no Pantanal de Nhecolândia, a Pousada Mangabal está dentro de uma área de 11 mil ha. Não tem rio nas proximidades, apenas uma vazante, extensa área inundável. Na pousada, há pista de pouso. Atividades como o safári fotográfico, passeios a cavalo, de carro e caminhada são acompanhados sempre por guias.

Vaqueiros de Anastácio

❿ Pousada Pantaneira Rio Vermelho

Informações e reservas, tel. 242-1242 e 242-1314

Está na região do Passo do Lontra. É acessível pelo rio de mesmo nome e por avião; a pousada possui pistas de pouso. Oferece amplo roteiro de atividades: passeios de barco pelos rios e áreas inundadas, cavalgadas, acompanhar o dia-a-dia do peão pantaneiro, pescarias, safáris fotográficos, além de focagem noturna de jacarés. Os barcos são equipados com motores e os grupos são acompanhados por piloteiros e guias.

Vegetação aquática no Rio Negro, dentro da Fazenda Barra Mansa ►

PANTANAL DE NABILEQUE

Situado numa das regiões mais ricas em fauna e flora, o Pantanal de Nabileque, fica ao longo do Rio Paraguai e é cercado por uma impressionante vegetação, repleta de jacarandás, camalotes, caraguatás e outras plantas nativas. Encravado entre serras, o Pantanal de Nabileque tem como principal cidade Porto Murtinho. O turismo de pesca é sua principal atividade econômica. Partindo de Porto Murtinho, é possível chegar à Ilha da Margarida, já no Paraguai, ou mesmo visitar aldeias indígenas desse país vizinho. Existem passeios de barco que levam o visitante a conhecer costumes, artesanato e cultura paraguaia, brasileira e indígena.

Principais atrações

❶ Rio Paraguai
❷ Ilha da Margarida

Rodovia pavimentada
Estrada de terra

0 25 50km

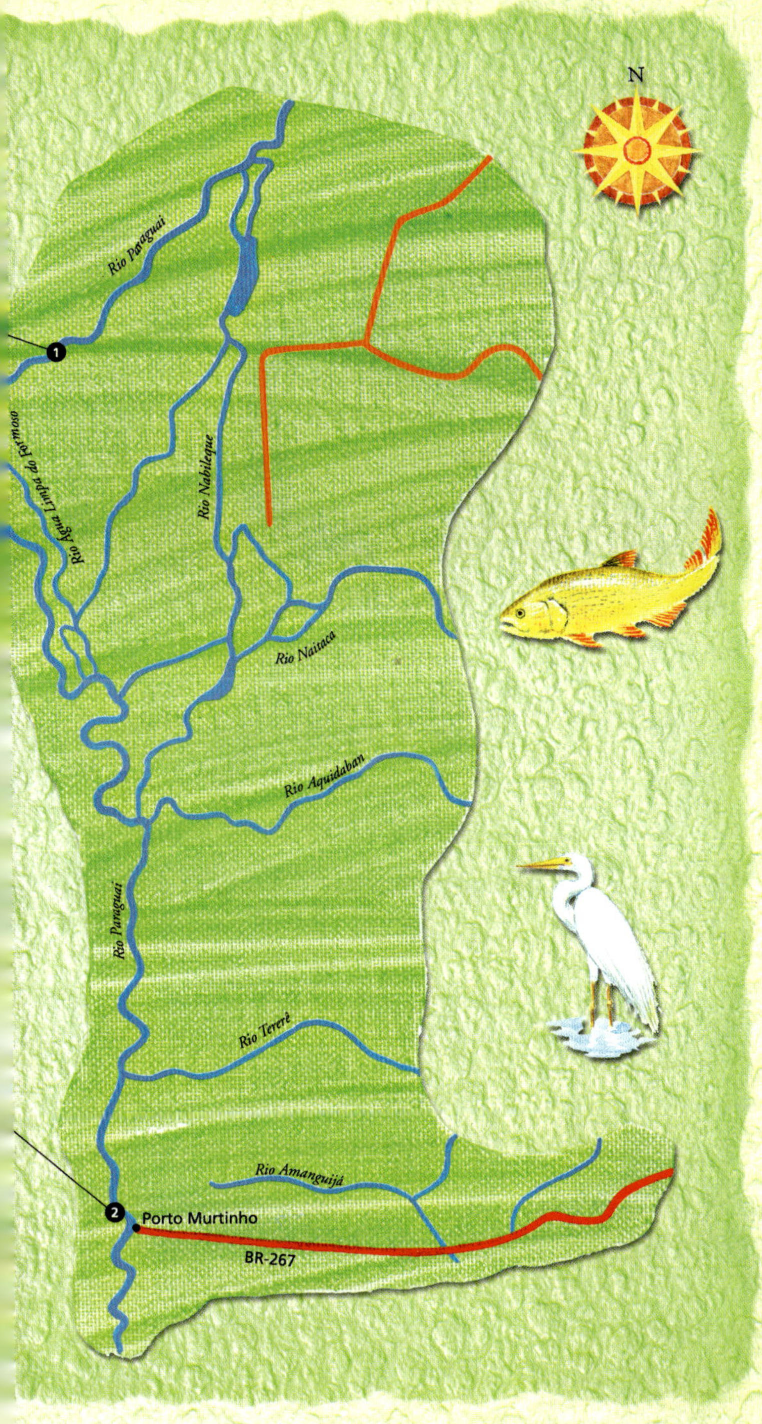
N
Rio Paraguai
Rio Água Limpa do Formoso
Rio Nabileque
Rio Naitaca
Rio Aquidaban
Rio Paraguai
Rio Tererê
Rio Amanguijá
Porto Murtinho
BR-267
1
2

Porto Murtinho

Entardecer às margens do Rio Paraguai, um dos principais atrativos de Porto Murtinho

Distâncias:
Campinas: 1.413 km
Campo Grande: 468 km
Curitiba: 1.312 km
Dourados: 405 km
11.342 hab
79280-000
67
Prefeitura Municipal, tel. 287-1338

O trecho do Rio Paraguai, em Porto Murtinho, é considerado um dos mais piscosos do Brasil. Por isso, a pesca, além da fauna e flora variadas, é um dos principais atrativos da cidade. O clima é bastante quente, com chuvas bem intensas, principalmente entre outubro e janeiro. Nesse período, a temperatura pode atingir os 38°C. No inverno, nos meses de junho e julho, a temperatura chega a cair até 10°C.

Pescadores no Rio Paraguai...

... em Porto Murtinho: um dos trechos mais piscosos do Brasil

ATRAÇÕES

Castelinho

Rua Doutor Correia, 456, centro.

Esse castelo foi construído por um comerciante local para convencer sua esposa a permanecer no Brasil e em Porto Murtinho. A exigência da mulher era que o marido construísse um castelo exatamente em estilo europeu, para que ela não sentisse saudade da Europa. O castelo, construído no século passado, possuía energia elétrica própria, água encanada e todos os móveis foram importados no Velho Continente.

❷ Ilha da Margarida

Zona de Livre Comércio, fica no lado paraguaio e o meio mais prático é ir até o porto, pegar uma chalana e atravessar o Rio Paraguai. O visitante tem direito a uma cota de compra de até US$ 150 isenta de impostos sobre os produtos importados. Informações na Receita Federal, tel. 287-1291.

Ruínas do prédio da antiga prefeitura

Castelinho: obra para agradar à esposa

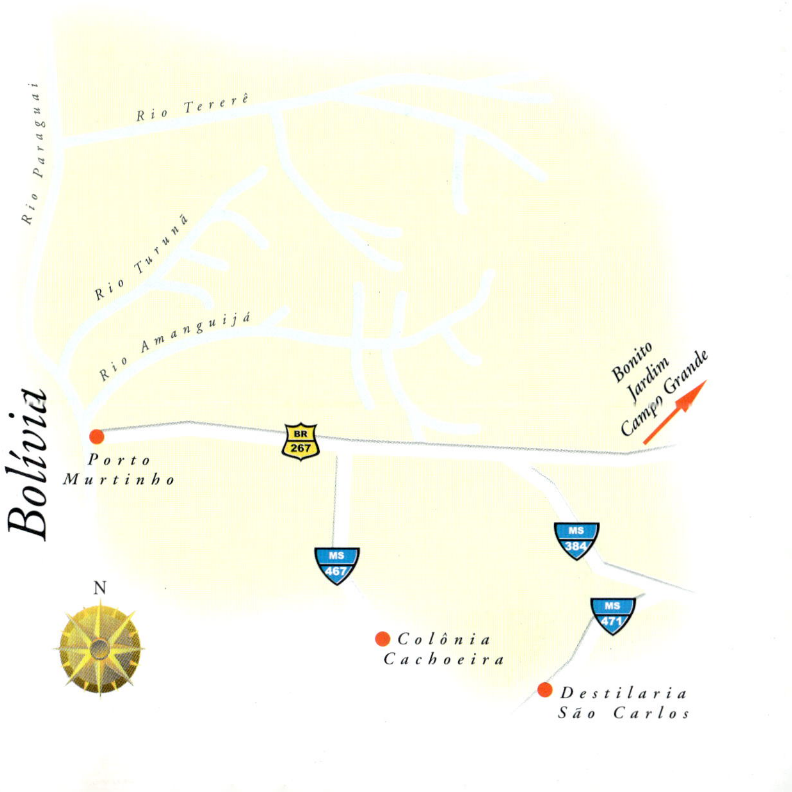

Histórico

Local onde teve início a instalação do porto fluvial

Antiga fazenda na qual surgiu o povoado

Nos primórdios de 1892, os produtores de erva-mate da Baixada Sul do Pantanal de Mato Grosso do Sul, sentiram necessidade de criar um porto fluvial para centralizar o escoamento da produção. Escolhido o local – às margens do Rio Paraguai, cerca de 50 km do montante do Rio Apa –, a iniciativa do projeto, a cargo de Antônio Alves Corrêa, passou a ser desenvolvida na Fazenda Três Barras – terras de propriedade do major Boaventura da Mota, que teve 3.600 ha expropriados para integrar o povoado – local em que foi construído o Porto Fluvial Murtinho, o embrião da cidade. Seu nome é uma homenagem a Joaquim Murtinho, presidente do Banco Rio e Mato Grosso. Em 1900, a região teve grande desenvolvimento graças à Companhia Mate-Laranjeira; em setembro de 1911, foi criado o município; em 1919, tornou-se comarca; em 1929, adquiriu privilégios de cidade que limita-se com Corumbá, Miranda, Bonito, Jardim e Caracol, e também com a República do Paraguai. Em 1943, Porto Murtinho integrou-se ao Território Federal de Ponta Porã, mas retornou ao Estado do Mato Grosso, em 1946. Uma das atividades mais representativas de Porto Murtinho é a pecuária, que conta com 50 mil cabeças de bovinos, mas a agricultura também se destaca. Suas principais culturas são arroz, feijão, milho, soja, algodão, amendoim e, principalmente, café. A cidade passou por forte período econômico e de desenvolvimento durante o ciclo da erva-mate. Porto Murtinho tem sua riqueza mineral lastreada principalmente na cal de pedra; outro destaque é também a exploração do quebracho, do qual se extrai o tanino. Depois de sofrer por muito tempo com as enchentes, foi construído, em 1985, um dique de contenção para impedir que a água invada a cidade. A última grande enchente ocorreu em 1982.

Aqui, o antigo povoado começa a ganhar aspectos de cidade

Locomotiva do trem, que no início do século levava minério para Campo Grande ►

BONITO

Introdução

Bonito é a principal cidade desta região, rica em cachoeiras, cavernas e rios de águas cristalinas, que compreende também as vizinhas Jardim e Bodoquena.

Localizados ao sul do Pantanal, região sudoeste do Mato Grosso do Sul, são limitados por duas unidades de relevo dominante: a Serra da Bodoquena, a oeste, com altitudes de 400 a 650 m, e a Depressão do Miranda, com altimetrias variando de 100 a 300 m. A região apresenta clima tropical, com temperaturas mais brandas nas áreas mais elevadas da serra. De novembro a fevereiro, há uma incidência maior de chuvas, o que dificulta a realização dos passeios. O inverno, de junho a setembro, é mais seco e o nível das águas favorece a prática de atividades de mergulho. A entrada de massas de ar polar nesta época do ano pode derrubar a temperatura para alguns graus acima de zero.

A Serra da Bodoquena é uma área de cabeceiras fluviais, com terrenos calcários, que favorecem a formação de cavernas, depressões e abismos, entrecortados por rios e córregos que descem para a planície em pequenas corredeiras e cachoeiras de águas cristalinas. Sua transparência está associada à presença de calcário dissolvido na água, que ajuda a depositar no fundo as partículas que prejudicam a visibilidade. Seu sistema hidrográfico, pertencente à Bacia do Rio Paraguai, apresenta rios subterrâneos, sumidouros e ressurgências, que estão associados às rochas calcárias.

Gruta da Lagoa Azul

Cachoeira do Aquidaban

A vegetação dominante é a de cerrado, com manchas de florestas localizadas nas elevações e margens dos rios, as matas ciliares. Elas ajudam a fixar o solo, impedindo o assoreamento dos cursos d'água, além de servir de abrigo e fonte de alimento para a fauna. Em locais onde é desenvolvida a agropecuária, ocorre uma presença maior de pastagens, como no município de Bodoquena, que possui um rebanho bovino estimado em 37 mil cabeças.

Bonito é o centro da prática de esportes na natureza, oferecendo grande número de atividades em diferentes atrativos, como a Gruta do Lago Azul, o Abismo Anhumas e o Aquário Natural Baía Bonita. As agências da cidade organizam passeios para

Região com inúmeras nascentes de águas cristalinas

todo tipo de público, como o mergulho de superfície, ou flutuação, o rapel, passeios a pé e a cavalo, que permitem conhecer suas atrações naturais e o cotidiano das fazendas.

Nos roteiros culturais, os visitantes conhecem as lendas, músicas e costumes regionais.

Os rios e córregos que cortam o município de **Bodoquena** passam por muitas cachoeiras com áreas de banho, pontos de mergulho de superfície e trilhas, onde são vistos tucanos e araras, além de queixadas, antas e capivaras. Possui também dezenas de cavernas com diferentes tipos de espeleotemas. O cotidiano e a história das fazendas do período colonial são conhecidos em passeios a pé e a cavalo, para melhor explorar propriedades com até 5 mil ha de área.

Em **Jardim**, é possível praticar o mergulho de superfície em locais como o Rio da Prata, onde a transparência de suas águas permite a observação da vegetação aquática e de peixes. Nas pousadas e fazendas são feitas apresentações musicais com rodas de viola, acompanhadas pelo tereré, bebida típica local.

Todo passeio, com exceção dos balneários, deve ser acompanhado por um guia credenciado, fornecido pelas fazendas ou agências locais, que organizam os passeios e providenciam os equipamentos necessários nas atividades. Os atrativos possuem horários de funcionamento e número limitado de visitantes, devendo as reservas ser feitas com antecedência.

O transporte não está incluído no preço e deve ser tratado nas cidades.

A visitação em cavernas, mesmo as localizadas em propriedades particulares, está sendo regulamentada pelo Ibama, o que torna necessário a confirmação da possibilidade de visitação.

A pesca e o passeio em barcos motorizados são proibidos, com raríssimas exceções, sendo recomendável uma consulta prévia nas fazendas e agências.

Rio da Prata: aquário natural

BONITO

Está localizado entre a Serra da Bodoquena e a Depressão do Miranda, a 350 m de altitude, apresentando clima tropical com temperatura média de 25°C. Bonito oferece aos visitantes a possibilidade de observação da fauna e flora, além da prática de esportes de natureza. Em muitas fazendas são oferecidos roteiros rurais colocando o visitante em contato direto com a cultura pantaneira.

Principais atrações

1. Ceita Corê
2. Estância Mimosa
3. Balneário do Sol
4. Balneário Ilha do Padre
5. Projecto Vivo
6. Parque das Cachoeiras
7. Passeios de Bote
8. Aquário Natural – Baía Bonita
9. Bonito Aventura
10. Balneário Municipal
11. Balneário Rincão dos Sonhos
12. Rio Sucuri
13. Gruta do Lago Azul
14. Grutas de São Miguel
15. Abismo Anhumas
16. Serraventura
17. Cachoeira do Aquidaban
18. Rio do Peixe
19. Buraco das Araras
20. Recanto Ecológico Rio da Prata
21. Lagoa Misteriosa
22. Buraco das Abelhas e Grutas da Figueira
23. Santuário da Prata
24. Balneário Municipal do Rio da Prata
25. Fazenda Santa Maria
26. Gruta do Urubu-Rei
27. Gruta Califórnia
28. Córrego Azul
29. Trilha Ecológica da Boca da Onça
30. Fazenda Indiana
31. Hotel Fazenda Betione

Rodovia pavimentada
Estrada de terra
0 10 20km

MS-339
BODOQUENA
MS-178
Rio Salobra
Rio Olaria
Rio Mimoso
BONITO
Rio Formoso
MS-382
Rio Mutum
Rio da Prata
Rio Miranda
BR-267
JARDIM
GUIA LOPES DA LAGUNA
N
1
2
3
4
5
6
7
8
9
10
11
12
13
14
15
16
17
18
19
20
21
22
23
24
25
26
27
28
29
30
31

Bonito

Ao redor de Bonito há várias cachoeiras, grutas e cavernas

Distâncias:
Campo Grande: 280 km
Corumbá: 326 km
São Paulo: 1.365 km
15.252 hab.
79290-000
67
Setuma, tel. 255-1850

O período das chuvas vai de fevereiro a abril, o que dificulta a realização de passeios. Em julho, geralmente, não chove, sendo o mês mais indicado para a prática do mergulho, ao contrário do final do ano, quando o nível das águas está muito baixo. A pesca é proibida em toda a cidade.

Principal praça de Bonito

ATRAÇÕES

⓭ Gruta do Lago Azul

Fazenda Jaraguá, a 20 km de Bonito, por estrada de terra para Campos dos Índios.
Horário: das 7 às 13 h.
Tel. 9986-4690.

Descoberta em 1924 pelos índios terenas, foi tombada pelo Patrimônio Histórico em 1978 e é uma das poucas grutas com estrutura para visitação, dentre cerca de 500 existentes na região. Formada pela ação das águas sobre rochas calcárias. Em 1992, uma expedição franco-brasileira de mergulhadores encontrou em seu interior machadinhas e vasos, além de uma série de fósseis de mamíferos, como o tigre dente-de-sabre e a preguiça gigante, que viveram durante o período geológico do Pleistoceno – 6 mil a 10 mil anos atrás. Apenas duas formas de vida foram encontradas no lago: um camarão albino e um verme comum em cavernas. Após uma descida de 100 metros, que não possui nenhum tipo de apoio para as mãos, depara-se com um lago de águas azuladas, cuja profundidade estimada é de 90 metros. Podem ser vistas também formações calcárias como estalactites, estalagmites e travertinos A duração média do passeio é de duas horas, feita em grupos de 15 pessoas com saídas de 30 em 30 minutos. Entre a segunda quinzena de dezembro e a primeira quinzena de janeiro, das 8 às 9 h, o sol incide diretamente sobre a caverna, iluminando o seu interior. Cobra-se taxa de visitação (R$ 10), que é limitada a 225 pessoas por dia, e proibida para menores de 5 anos. Levar calçado com boa aderência. Existe lanchonete no local.

⓬ Rio Sucuri

Fazenda São Geraldo, a 18 km de Bonito, por estrada de terra. Horário: das 8h30 às 15 h (permanência no local até as 18 h). Tel. 255-1736.

Com aproximadamente 2 km de extensão, o Rio Sucuri nasce na borda leste da Serra da Bodoquena. Um transporte conduz os visitantes até a reserva, onde se pega uma trilha pela mata ciliar até a nascente do rio. Um mirante construído ao redor de uma figueira facilita a observação da nascente. A seguir, os visitantes são conduzidos até um deck, onde um barco de apoio espera para acompanhá-los durante 45 minutos de flutuação nas águas cristalinas do Rio Sucuri. É obrigatória a permanência dos visitantes na superfície, para não causar impacto no fundo. Durante o percurso de 750 m, com curvas pela vegetação densa, é possível a observação da flora subaquática, cardumes de curimbatás, dourados, pacus e piraputangas. Com sorte, pode-se ver a sucuri, que raramente se aproxima dos visitantes. No inverno, sua aparição é mais comum.

Para aqueles que não querem praticar o mergulho livre, é possível a descida do rio de barco, o que permite a visualização da fauna nas margens, como papagaios, tucanos, mutuns e emas. O preço da atividade (R$ 35), com duração média

Nascente do Rio Sucuri

Gruta Lago Azul: formação calcária com estalactites

de três horas, inclui equipamento de mergulho, exceto roupa de neoprene, que podem ser alugadas por R$ 5. A fazenda possui guia bilíngüe e restaurante. São proibidos o uso de filtro solar e a pesca.

Abismo Anhumas: caverna vertical

❽ Aquário Natural – Baía Bonita

Parque Ecológico Baía Bonita, a 7 km de Bonito, acesso pela BR-267 para Jardim. Horário das 7h30 às 15h30 (permanência no local até as 19 h). Tel. 255-1193.

A nascente do aquário natural é uma ressurgência, que dá origem a um lago cristalino, de tonalidade variando do azul ao prata. A transparência da água facilita a observação de cardumes de peixes, como dourados e piraputangas, além de plantas aquáticas. O mergulho de superfície é feito num percurso de 900 m de rio, em cujo leito encontram-se pedriscos de formação calcária.

Sucuri: réptil não venenoso

Não é permitido tocar os pés no fundo, para que o cascalho não turve a água, prejudicando a visibilidade. O barco de apoio segue logo atrás do grupo, como opção para os que não quiserem fazer a flutuação.

No final do passeio, é possível deslizar suspenso com um sistema de carretilha em um cabo sobre o Rio Formosinho, ou saltar em uma cama elástica montada sobre uma bóia dentro do rio. O preço do passeio (entre R$ 36 e R$ 46), com duração média de três horas, inclui equipamento de mergulho e roupa de neoprene. Na alta temporada, o mergulho livre é limitado em 15 minutos. É proibido o uso de filtro solar. Existe no local loja de souvenires, lanchonete, restaurante, piscina aquecida para treinamento e dentro do rio.

Aquário Natural: observação de cardumes

⓯ Abismo Anhumas

A 22 km de Bonito, por estrada de terra. Horário de visitação: a partir das 7 h. Tel. 255-1834.

Uma fenda de 72 m de profundidade no interior de uma caverna leva à superfície de uma lagoa de águas cristalinas do tamanho de um campo de futebol. A descida de rapel é feita em duplas e leva cerca de 15 minutos. Os 10 metros iniciais são mais estreitos, até uma grande abertura, onde já pode ser visto o deck sobre a lagoa, 62 metros abaixo.

O retorno é realizado em duplas novamente, após mais uma verificação dos equipamentos.

O lago, com cerca de 80 m de profundidade, possui muitas formações calcárias, conhecidas por espeleotemas. Algumas delas em forma de cone, com 16 m de altura, lembram dedos e até pessoas, como o "Vigilante" de 1,5 m de altura. Para os credenciados em curso básico de mergulho, é permitido chegar a uma profundidade de 18 m, e percorrer um circuito de 177 m preestabelecidos no fundo do lago. A temperatura da água gira em torno de 17ºC.

Um bote de apoio está disponível para levar o grupo até a parte seca da gruta, onde existe uma trilha de 170 m sobre a

formação calcária. Na caminhada podem ser vistas estalagmites e estalactites, algumas com até 3 m.
Antes de conhecer o Abismo Anhumas, é necessário a realização de treinamento em uma parede de 6,60 m, que começa às 7 h da manhã em Bonito, onde os monitores avaliam as habilidades e condições físicas dos visitantes. Cardíacos, diabéticos, portadores de problemas nervosos ou psíquicos, e pessoas muito obesas, não podem fazer a descida de rappel. Após o treino, é feita uma seleção das pessoas aptas e a checagem dos equipamentos. No final da atividade, as pessoas recebem um lanche. Cobra-se taxa de visitação, com duração prevista para o dia todo, feita em grupos de, no máximo, 12 pessoas, com até 4 mergulhadores. Levar roupa de neoprene, que pode ser alugada. É proibido o uso de repelentes na lagoa. Os preços variam de R$ 120 a R$ 195.

Parque Ecoturístico da Bodoquena

Fazenda Pitangueiras, no km 33 da Rodovia Bonito-Bodoquena. Tel. 255-1834. Oferece atividades para todas as idades, divididas em três circuitos: natural, cultural e rural. O almoço típico é opcional nos preços cobrados. Possui restaurante no local.

No Centro Cultural existem maquetes e painéis com os componentes naturais e culturais da região, destacando os utensílios utilizados no trabalho rural, cerâmicas indígenas e a ação do calcário em diversos objetos. Próximo ao centro pode ser vista uma roda d'água em funcionamento, à sombra de uma grande figueira. O circuito rural revela o cotidiano da Fazenda Pitangueiras, dedicado à criação de gado, cavalos e ovelhas, além do cultivo de soja e milho.

Durante o passeio em canoas canadenses no Rio Olaria, observa-se a mata ciliar e sua fauna, com a opção de um banho de rio. O acesso até o ponto de partida é feito em carreta puxada por trator, atravessando pastos e vegetação de cerrado, onde vivem cavalos e animais silvestres como emas, macacos e veados.

Uma caminhada de 45 minutos pela mata ciliar do Córrego Pitangueiras leva ao alto do Morro da Gruta, onde fica a entrada da Gruta Pitangueiras, rica em formações calcárias, com destaque para os lapiás e clarabóias. A colocação de cochos com milho no trajeto atrai diversos tipos de animais que se aproximam dos visitantes.

Cerâmicas indígenas

Cachoeiras de Bonito

As águas de Bonito são ricas em carbonato de cálcio, em razão das rochas calcárias, típicas da região. É por essa razão que suas águas têm gosto salobro e límpidez, ocasionada pela deposição das partículas no fundo dos rios. Quando suas águas entram em contato com algas e musgos, dão origem a formações de calcário que crescem verticalmente ao longo dos anos, formando pequenos diques, conhecidos por travertinos. Com isso, o Rio Formoso transformou-se em uma seqüência de lagos ligados por quedas d'água.

Local de partida para passeios no Rio Sucuri

⑰ Cachoeira do Aquidaban

Fazenda Baía das Garças, a 54 km de Bonito, pela estrada para Campos dos Índios.
O passeio começa na sede da fazenda, com uma caminhada até a Baía das Garças. O trajeto possui trechos tortuosos, piscinas naturais e cachoeiras, como a do Aquidaban, uma das mais altas da região, com 120 metros . O percurso é difícil e feito em pequenos grupos,

Cachoeira do Aquidaban

não sendo recomendado para menores de 10 anos. Cobra-se taxa para o passeio (R$ 18), com duração média de quatro horas. Levar água e lanche.

Passeio pelo Rio Formoso: em botes de borracha

⑦ Passeios de bote no Rio Formoso

Fica a 12 km de Bonito, com acesso pela estrada para São Geraldo.
Tels. 255-1166/1733/1834.
É feito em botes de borracha, com capacidade para até 14 pessoas, num percurso de 7 km, até a Ilha do Padre, passando por três cachoeiras e duas corredeiras. Quando o bote passa em águas tranqüilas, é possível uma parada para mergulho.
Cobra-se taxa para o passeio (R$ 20), com duração média de três horas. São fornecidos colete salva-vidas e sacos plásticos para proteção de equipamentos fotográficos. Organizado apenas por agências, oferece opção de passeio noturno em noites de lua cheia.

⑭ Grutas de São Miguel

A 18 km de Bonito, por estrada de terra. Horário: das 7 às 17 h no verão, e das 8 às 16 h no inverno. Tel. 255-1975.
O acesso às grutas é feito através de uma trilha pênsil de 200 m, que passa por uma mata densa. A gruta principal possui espeleotemas e abriga animais como corujas-das-torres e morcegos. A volta do passeio é feita em carrinhos elétricos. Cobra-se taxa de visitação (R$ 18), com duração média de duas horas, limitado a 285 visitantes por dia no verão e 255 no inverno. Existe lanchonete no local.

⑨ Bonito Aventura

A 6 km de Bonito, por estrada de asfalto e terra no final, no sentido de Jardim. Horário: das 7h30 às 16 h. Tel. 9986-4799.
Realizado no Rio Formoso, é muito procurado devido à sua proximidade com a cidade. Após caminhada por uma trilha interpretativa de 1.500 m pela mata ciliar, às margens do Rio Formoso, inicia-se um mergulho livre ao longo de 2 mil m, onde é possível a exploração de cavidades naturais submersas e pequenas cachoeiras, com

Flutuação no Rio Sucuri

Tucano: uma das aves características da região

a observação de peixes, plantas aquáticas e troncos de árvores. O preço da atividade (entre R$ 15 e R$ 20), com duração média de duas horas, não inclui roupa de neoprene, que pode ser alugada. Existe lanchonete no local.

❷ Estância Mimosa

Fica a 24 km de Bonito, pela estrada para Bodoquena. Horário de visitação: das 8 às 15 h. Tel. 9986-4802.

O passeio (R$ 20) inicia-se por uma trilha interpretativa pela mata ciliar do Rio Mimoso, com grutas, aves, mamíferos, samambaias, orquídeas, bromélias e árvores centenárias. O caminho passa por mais de oito quedas d'água diferentes, ricas em tufas calcárias, formações resultantes da ação do calcário da água sobre algas, troncos e folhas. Existem cinco áreas para banho, localizadas em cachoeiras e piscinas naturais com plataforma de 6 metros para saltos.

No final do passeio, é servido um lanche na sede da fazenda, com doces e salgados típicos da região, feitos no fogão a lenha.

O preço da atração, com duração média de cinco horas, inclui lanche típico. Menores de 5 anos não pagam. Existe loja com souvenires no local.

❺ Projecto Vivo

Fazenda da Barra, a 32 km de Bonito, pela estrada, de terra, para a Ilha do Padre. Horário: das 8 às 18 h. Tel. 255-1500.

Uma trilha interpretativa de 1.000 m na mata ciliar conduz os visitantes até um bote para a descida do Rio Formoso. Durante o trajeto, é possível a observação de aves e cardumes de peixes. O final do passeio ocorre na barra do Rio Miranda - encontro do Formoso com o Miranda -, onde observa-se a mudança da coloração das águas.

Permite-se o contato com o dia-a-dia da fazenda, como a lida diária com gado nelore. A cavalgada é feita em animais da raça pantaneira e dura cerca de meio dia. Para os visitantes que optarem por pernoitar na fazenda, pode ser feito um passeio noturno pelo Rio Formoso. São três chalés, o maior deles acomoda até dez pessoas. Possui uma oficina de papel reciclado, minitrilhas e piscina com tobogã voltado para crianças.

O preço da atividade (entre R$ 26 e R$ 35), com duração prevista para o dia todo, inclui passeio a cavalo, trilhas, passeio de bote e almoço. Menores de 5 anos não pagam. Possui loja com souvenires, pousada e restaurante.

No Rio Mimoso, a Cachoeira Veuzinho de Noiva

Anoitecer em Angico Seco, região de Bonito

❸ Balneário do Sol

A 12 km de Bonito, por estrada de terra.
Aberto até as 19 horas.
Tel. 255-1068.

Localizado às margens do Rio Formoso, o Balneário do Sol possui piscinas naturais, cachoeiras e uma gruta. É possível a observação de piraputangas, curimbas e dourados. Sua gruta, a da Nascente, deu origem a uma lenda, de que casais apaixonados, quando entram na gruta de mãos dadas e bebem um da mão do outro a água na nascente, se tornam felizes e inseparáveis pelo resto de suas vidas. Oferece carretilhas, trampolins, lanchonete e quadras esportivas. Cobra taxa de visitação (R$ 10) e não necessita de guia. Possui lanchonete.

❿ Balneário Municipal

Fica a 7 km de Bonito, por estrada de asfalto e terra no final, no sentido de Jardim. Horário de visitação: das 7 às 18 h.
Tel. 255-1850.

As águas cristalinas do Balneário Municipal são indicadas para visualização de peixes. Possui tufas calcárias, formações resultantes da ação da água, rica em carbonato de cálcio, sobre algas e musgos. Um deck de madeira na beira do rio facilita o acesso à água. Possui quadras de vôlei de areia e lanchonete. Cobra taxa de visitação (R$ 10), mas não necessita de guia.

❹ Balneário Ilha do Padre

A 12 km de Bonito, estrada de terra para a Ilha do Padre.
Aberto até as 19 h.
Tel. 9986-4737.

Localizado às margens do Rio Formoso, seus atrativos são cachoeiras, matas e piscinas naturais. Possui infra-estrutura para camping (R$ 12), cabana (R$ 20) e lanchonete. Cobra taxa de visitação (R$ 5) e não necessita de guia.

⓫ Balneário Rincão dos Sonhos

Fica a 13 km de Bonito, por estrada de terra para o Rio Sucuri, Fazenda São

Rafting no Rio Formoso

Balneário no Rio Formoso, perto de Bonito

Geraldo. Funciona das 8 às 19 h. Tel. 9986-4756.
Flutuação no Rio Formoso com observação de peixes e da vegetação aquática, num período de 40 minutos.

Uma trilha de 1.800 m na mata; a outra, indicada para pessoas de bom preparo físico, inclui o íngreme Morro da Cruz e leva 1h30 para ser percorrida.

O aluguel de cavalos custa R$ 5 e o percurso leva cerca de 50 minutos. A ida é feita às margens do rio e o retorno pelo campo de pastagem. Possui área para camping (R$ 10), quadras de vôlei e futebol de areia. Cobra taxa de visitação (R$ 10), mas não necessita de guia.

1 Ceita Corê

Fazenda Ceita Corê, a 36 km de Bonito, pela estrada de terra para Bodoquena. Aberto a partir das 8 h. Tel. 9986-4035.
Trilhas em meio a árvores centenárias dentro de uma área de 4 mil ha levam a diferentes cachoeiras, boas para banho.

Para pessoas habilitadas em mergulho em caverna inundada, é possível conhecer um rio subterrâneo. Entrando pela sua nascente, pode-se alcançar profundidades de até 90 m.
O preço (R$ 20) pode incluir almoço típico de fazenda para complementar o passeio (nesse caso, mais R$ 12).

Tachã

16 Serraventura

Fazendas Princesinha e Santa Marta, a 51 km de Bonito (mais 23 km até a sede) pela estrada de terra para Campo dos Índios. Das 7 às 18 h. Tel. 255-1834.
Aqui, os adeptos de esportes radicais irão se deliciar. Todas as atividades contam com o apoio de profissionais especializados, comunicação via rádio e atendimento em inglês. Possui loja de equipamentos outdoor, lanchonete, restaurante, pousada e alojamento itinerante com oito camas, o Jabuti Radical, para pernoites na mata. Oferece cursos de vôo livre e rapel.

Trecho do Rio Sucuri

Artesanato Kadiweu

A Reserva indígena Kadiweu fica localizada na Serra da Bodoquena, ao sul do Pantanal, e possui uma população de mais de mil pessoas.
O trabalho ceramista e a arte decorativa começam cedo entre as mulheres que, ao contrário dos homens, abandonaram as atividades artesanais tradicionais. Hoje, sua produção de cerâmicas e desenhos está voltada quase inteiramente para o comércio.
A confecção de peças como potes, pratos e vasos, além de pinturas em papel, couro, ou no próprio corpo, ainda segue as técnicas tradicionais, com a utilização de pigmentos extraídos de árvores como o pau-santo, suco de jenipapo misturado com pó de carvão e barros coloridos. As peças podem ser encontradas na Casa do Artesão (Rua Coronel Pilad Rebuá), ao lado da prefeitura, tel. 255-1780. Das 8 às 11 h, e das 14 às 18 h.

Lenda das 700 luas

Cacai era a mais bonita das jovens terenas, nação indígena da Serra da Bodoquena. O cacique de sua tribo a escolheu para noiva, e a convidou para o pacto das 700 luas, período em que iriam se conhecer. Durante o namoro, Cacai se apaixonou por um guerreiro prisioneiro dos terenas, e não quis mais se casar com o cacique, deixando-o enfurecido. Mesmo assim, o ritual foi realizado com o pronunciamento das palavras cerimoniais. Após o casamento, Cacai fugiu com o prisioneiro em uma canoa pelo Rio Formoso, desrespeitando a tradição da tribo. O cacique reuniu seus guerreiros e saiu em perseguição ao casal, que acabou morto com flechadas no coração. O sangue que caiu no rio clareou suas águas, até se tornarem cristalinas. Hoje, muitos associam a transparência das águas dos rios de Bonito à pureza do coração da jovem terena.

A Cachoeira de Santa Marta, com 55 m de altura, é cercada por paredões de pedra e mata.

As grutas das Pérolas e da Princesinha possuem grande variedade de espeleotemas.

Os córregos Roncador, Cafezinho e Naticuê são indicados para banho.

Existem quatro tipos de roteiros com vários níveis de dificuldades, passando pelos principais atrativos de Bonito. As distâncias variam de 52 a 162 km, percorridas entre dois e cinco dias, com pernoite no alojamento itinerante Jabuti Radical. São fornecidos bicicletas, capacetes e alimentação. Os grupos são de, no mínimo, quatro e, no máximo, seis pessoas. Levar mochila com manta térmica, lanterna, bloqueador, repelente, óculos e boné.

A grande variação de temperatura faz com que ocorram muitas correntes térmicas, permitindo admirar toda a paisagem de um local mais que privilegiado. Aqui foram instaladas rampas de 190 e 280 m. Elas estão abertas a todos os pilotos qualificados, inclusive com a possibilidade de realização de vôo duplo, onde o instrutor leva o visitante sem nenhuma experiência de vôo.

O Banhado do Laudejá permite a observação de animais e da vegetação em 860 ha de área preservada.

São 32 quilômetros de trilhas na Serra da Bodoquena, passando por grutas, cachoeiras e mirantes. Roteiro de quatro dias.

Rio Mimoso: Parque das Cachoeiras

Cachoeira do Hormino

São fornecidos hospedagem, alimentação e guia especializado com rádio de apoio. Grupos de, no mínimo, seis e, no máximo, dez pessoas.

6 Parque das Cachoeiras

A 17 km de Bonito, por estrada de terra para Aquidauana. Horário de visitação: das 8 às 16 h. Tel. 255-2006.

Oferece visitação e banho nas cachoeiras do Rio Mimoso, com visualização de aves e animais típicos. Caminhada por trilha de 2 km pela mata ciliar, com mergulhos em cachoeiras do Rio Mimoso, seis no total, seguidos de almoço típico. Após a refeição, os visitantes podem descansar em redes sob caramanchões. Outra opção começa com o almoço, que é seguido pelo passeio. Cobra taxa de visitação (de R$ 20 a R$ 32).

Fazenda Segredo

A 10 km de Bonito, pela Rodovia do Turismo, no km 10. Tel. 255-1797.

A Segredo oferece muitas opções de passeio, incluindo trilhas ecológicas, almoço típico, cachoeiras e locais para descanso. O escritório fica na Rua Pilad Rebuá, 2.148, centro.

Passeios de bote pelo Rio Formoso, com observação de cachoeiras (R$ 20).

Cavalgada por trilhas ecológicas (R$ 15) e almoço típico (R$ 7).

18 Cachoeiras do Rio do Peixe

Fazenda Água Viva, a 35 quilômetros de Bonito.

A área possui trilhas que passam por cachoeiras e piscinas naturais.

Trilha de 3 km passa por cachoeiras e piscinas naturais. Na sede da fazenda é oferecido um almoço típico.

Trecho de 500 m. Cobra taxa de visitação (R$ 25), mas, se quiser, pode-se incluir o almoço (nesse caso, mais R$ 17). O passeio tem duração de quatro a oito horas.

Monte Cristo Parque

Nascente do Rio Formosinho, a 9 km de Bonito, no sentido da Fazenda São Geraldo, km 7. Tel. 686-5016.

Aqui, onde nasce um dos rios mais límpidos da região, há opções como deslizar pela carretilha, caminhar por trilhas, mergulhos, cachoeiras, loja de artesanato e quadras esportivas. O ingresso (R$ 20) pode também incluir o almoço (mais R$ 12).

Há cachoeiras e cascatas, com decks para mergulho no rio.

Trilhas de mais de 2 km, com passarelas suspensas.

Bóia Cross

A 7 km de Bonito, no sentido do Balneário Municipal. Das 8 às 18 h. Tel. 255-1166.

Realizado nas corredeiras do Rio Formosinho, com bóias individuais, em um percurso acompanhado por monitores. É obrigatório o uso de coletes salva-vidas. Não é recomendado para pessoas que não sabem nadar. Cobra taxa de visitação (R$ 15), com duração média de 40 minutos.

Fazenda Lomba

A 2 km de Bonito, na estrada para Guias Lopes (MS-382), km 1. Tel. 9986-4513.

Percurso feito em uma estrada antiga desativada, passando por um campo limpo e matas de cerrado. Proibido para menores de 10 anos. Cobra taxa de visitação (R$ 15), com duração média de 1h30. Usar calça comprida e calçado fechado. Há ainda outro percurso, indicado para cavaleiros mais experientes e de mesmo tempo de duração.

O balneário no Rio Formosinho conta com boa estrutura, que inclui lanchonete, restaurantes, sanitários, quadra de vôlei, playground e redário. O ingresso (R$ 10) dá direito a conhecer seus dois decks, um, em local raso, é indicado para crianças, o outro, com 5 m de profundidade, é para adultos. Está concluindo também chalés para receber hóspedes.

Cachoeira no Rio do Peixe

Jardim

Praça Getúlio Vargas, com a Igreja Matriz Santo Antônio, a mais antiga da cidade

Distâncias:
Cuiabá 994 km
Foz do Iguaçu 1.076 km
Gov. Valadares 2.081 km
S. J. dos Campos 1.407 km
21.372 hab.
79240-000
67
Posto de Informações tel. 251-1799.

Na entrada da cidade, há um posto de informações turísticas com dados sobre os roteiros, preços e agências credenciadas.
A cidade ainda não é tão conhecida como Bonito, sendo ideal, portanto, para quem prefere menos agitação. Além disso, algumas atrações da região começaram recentemente a ser exploradas e ainda estão tentando montar uma estrutura de visitação.

ATRAÇÕES

Monumento Histórico dos Heróis da Retirada da Laguna.
A 3 km de Jardim, às margens do Rio Miranda.
No Cemitério dos Heróis estão sepultados dezenas de combatentes, oficiais e o condutor das tropas José Francisco Lopes, o Guia Lopes, vitimados pelo cólera durante a Guerra do Paraguai, a poucos dias da chegada em Nioaque.

ARREDORES

⑲ Buraco das Araras
Fazenda Alegria, a 31 km de Jardim pela BR-267, no sentido de Porto Murtinho. Horário: das 8 às 17 h.

Buraco das Araras: hábitat das araras-vermelhas

◄ Recanto ecológico: corredeiras no Rio da Prata

Depressão abrupta de forma circular, também chamada de dolina, com 500 m de circunferência e 126 de profundidade até a superfície de um lago. Foi descoberta em 1912 pelos primeiros habitantes da região e, conforme os depoimentos, serviu para eliminação de objetos e pessoas indesejáveis para a sociedade da época. O nome Buraco das Araras surgiu em razão do grande número de araras-vermelhas que habitavam o local. A perturbação provocada por visitantes fez com que sua presença diminuísse. A dolina é circundada por trilhas que passam por uma vegetação típica de cerrado, e levam até o ponto onde é feita uma descida de rappel para conhecer seu interior. Ingresso: R$ 4.

Buraco das Araras: antigo local de desova de objetos e pessoas

Descida de rappel: acesso para o interior do "Buraco"

⑳ Recanto Ecológico Rio da Prata

Recanto Ecológico, a 40 km de Jardim pela BR-267. Das 8 às 15 h, com permanência até as 18 h. Tel. 686-7012.

Uma trilha pela mata ciliar do Rio da Prata, onde são vistas orquídeas, bromélias, tucanos e macacos, com 50 minutos de duração, leva os visitantes até a nascente do Rio Olho D'água, um aquário de águas cristalinas, ponto inicial do mergulho. A leve correnteza do rio ajuda as pessoas na prática do mergulho autônomo, e facilita a observação das ressurgências, que são águas subterrâneas brotando do fundo de areia do rio, e peixes como piraputangas, dourados e pintados. O fundo do rio não deve ser tocado, para não turvar a água.

Nascente do Rio Olho D´água

Peixes no Rio da Prata

Rio Olho D'água: aquário natural

Histórico

Os irmãos Gabriel e José Francisco Lopes foram os responsáveis pelo desbravamento do sul do Estado até a divisa com o Paraguai. Em 1846, Gabriel Lopes criou uma fazenda pecuária às margens do Rio Apa. Em 8 de maio de 1867, durante a Guerra do Paraguai, José Lopes foi escolhido para guiar uma tropa de 1.500 homens, do coronel Carlos Camisão. Iniciaram sua marcha em Bela Vista, em direção a Nioaque, no Mato Grosso do Sul, percurso feito em 35 dias sob forte perseguição paraguaia, fome e doenças. Mesmo assim, o guia José Lopes conduziu com segurança a tropa durante 52 km, até o dia 27 de maio de 1867, quando faleceu de cólera a poucos dias da travessia do Rio Miranda, último obstáculo antes do destino final. Em sua homenagem, o município onde foi enterrado recebeu o nome de Guia Lopes da Laguna, onde foi construído o Monumento Histórico dos Heróis da Retirada da Laguna. Os campos férteis e a boa oferta de água favoreceram o estabelecimento de fazendas dedicadas à criação de gado bovino, que contribuíram com o povoamento das terras do atual município, fundado em 14 de maio de 1946. O distrito de Jardim foi criado dois anos depois, em 13 de setembro de 1948, com sua incorporação ao município de Bela Vista. Sua emancipação político-administrativa aconteceu em 11 de dezembro de 1953.

Os equipamentos de mergulho são fornecidos pelas agências. A duração média do passeio (R$ 40) é de quatro horas.

㉑ Lagoa Misteriosa

Fazenda Santa Maria, a 40 km de Jardim pela BR-267, no sentido de Porto Murtinho, entrando à direita no km 30 e seguindo por mais 7 km. Tel. 686-7013.

Fica localizada no fundo de uma depressão de calcário com cerca de 80 m de profundidade por 40 m de diâmetro, composta por dois fossos: um deles com 60 m e outro com profundidade ainda não definida, onde mergulhadores atingiram 220 m e não avistaram o fundo. Sua água é límpida, devido à presença de bicarbonato de sódio, com temperatura variando de 25 a 27ºC. É possível observar a vegetação das margens da lagoa a 20 metros de profundidade. O nome "misteriosa" está ligado aos sons estranhos que as pessoas ouvem no mês de fevereiro nas proximidades da lagoa, semelhantes a turbinas de avião e tambores indígenas. O passeio inclui visitação de grutas com porões de mais de 30 m de comprimento, como o da Gruta do Curé, além da observação das nascentes do Rio da Prata, percorrendo trilhas onde são vistas queixadas, pacas e veados.

Lagoa Misteriosa: fossos com profundidade não definida...

... e sons que lembram tambores indígenas

㉒ Buraco das Abelhas e Grutas da Figueira

Fazenda Figueira, a 70 km de Jardim pela BR-267. Tel. 251-1278.

São realizadas visitas em cavernas de origem calcária, como as do Sapo, do Jucá e o Buraco das Abelhas. Passeios a cavalo mostram a lida diária com o gado, e permitem conhecer os animais da região como cervos, emas e pacas.

㉓ Santuário da Prata

Fazenda Nossa Senhora Aparecida, a 23 km de Jardim, pela BR-267, no sentido de Porto Murtinho. Das 8 às 17 h. Tel. 686-7035.

Uma trilha de 2,5 km pela mata ciliar do Rio da Prata leva até o ponto inicial do mergulho livre para observação da vida aquática. Um bote inflável fica disponível para as pessoas que preferem descer o rio embarcadas. Após o passeio é preparado um almoço típico (R$ 7). As atividades têm duração de um dia, sendo recomendada a chegada dos visitantes às 8 horas da manhã. São realizados passeios a cavalo, para observação da fauna e flora. Possui local para camping e banho. Ingresso: R$ 10.

Santuário do Prata: mergulho livre para a observação...

... da vida aquática

Fazenda Pousada Jatobá

São 15 km, acesso pela BR-267, no sentido de Porto Murtinho. Tel. 686-7026.

Esta pousada oferece nove quartos, com banheiro, ar-condicionado e frigobar. A diária é de R$ 70 por pessoa, incluindo todas as refeições. Os passeios são realizados em grupos de cinco pessoas, permitindo a contemplação da fauna e da flora locais e observação do cotidiano da fazenda, em atividades como lida com o gado e ordenha de vacas. Possui açudes para passeios de caiaque e pesca, piscinas e quadras esportivas. Prepara refeições típicas também para visitantes.

Lenda do Come-Língua

Em uma fazenda retirada, próxima da fronteira com o Paraguai, vivia um menino cuja família dedicava-se a pequenas plantações. Certo dia, seu pai pediu à esposa que mandasse o menino levar uma língua de vaca assada na roça, para ele comer no almoço. Com muita má vontade, o menino levou a língua para o pai, mas comeu a melhor parte no caminho. Quando o pai percebeu a desfeita, perguntou ao menino quem havia feito aquilo. O menino assustado disse que foi um homem que sua mãe recebera em casa. Seu pai voltou para casa furioso e, sem perguntar nada, deu três facadas no peito da esposa, que, agonizando, perguntou a ele por que a tinha esfaqueado. Quando a mulher descobriu que seu filho havia mentido, rogou-lhe uma praga: "Sempre comerás línguas de animais vivos, e de todos que encontrar pela frente". Desde então, há relatos de fazendeiros que encontram animais mortos sem a língua.

24 Balneário Municipal do Rio da Prata

A 32 km de Jardim pela BR-267, no sentido de Porto Murtinho. Das 8 às 17 h.

Possui área para a prática de esportes náuticos, três lanchonetes, churrasqueiras, locais para mergulhos e passeios em trilhas com observação de animais como capivaras, cotias e antas. A pesca é proibida.

25 Fazenda Santa Maria

A 40 km de Jardim, na estrada para Porto Murtinho. Tel. 686-7013.

Uma descida de rapel leva os visitantes até a Gruta do Curé, que possui dezenas de espeleotemas. São realizadas caminhadas em trilhas pela mata ciliar do Rio da Prata com observação de queixadas, macacos, pássaros e jacarés.

Bodoquena

Avenida principal da cidade

Distâncias:
Americana: 1.230 km
Barbacena: 1.708 km
Campo Grande: 251 km
Londrina: 866 km
7.856 hab.
79390-000
67
Secretaria de Turismo, tel. 268-1374.

Fica localizada em um conjunto serrano, que faz parte da Serra da Bodoquena, apresentando altitude média de 285 m, o que torna a temperatura mais amena. A existência de rochas calcárias na região favorece a formação de sumidouros, depressões e cavernas com espeleotemas. Os rios e córregos que cortam Bodoquena oferecem condições para a prática de mergulho livre e passeios de barco. As trilhas que margeiam os rios permitem a observação de animais como araras, tucanos, antas e capivaras. O Rio Betione possui mais de 40 cachoeiras com áreas de banho, trilhas pela mata ciliar e pontos de observação para se admirar a paisagem. As fazendas, muitas delas centenárias, estão situadas em suas margens e, geralmente, organizam passeios.

ARREDORES

26 Gruta do Urubu-Rei

A 22 km de Bodoquena, pela estrada que liga a Morraria.

Sua estrutura de visitação se limita a uma trilha íngreme que acompanha uma corredeira. O nome está associado à grande concentração dessa

Vista de um vale na Serra da Bodoquena

◀ Ponte sobre o Rio Betione, na fazenda de mesmo nome

Riachos: ótimas opções para passeio de barco

Gruta do Urubu-Rei

Ao lado da corredeira, a trilha que dá acesso à caverna

ave nas suas proximidades. Localizada a 15 m de altura, em um paredão com mais de 150 m, possui 800 m de projeção horizontal mapeados, com largura e altura médias de 3 e 5 m. Em alguns lugares, é necessário rastejar para prosseguir em seu interior. Possui uma nascente

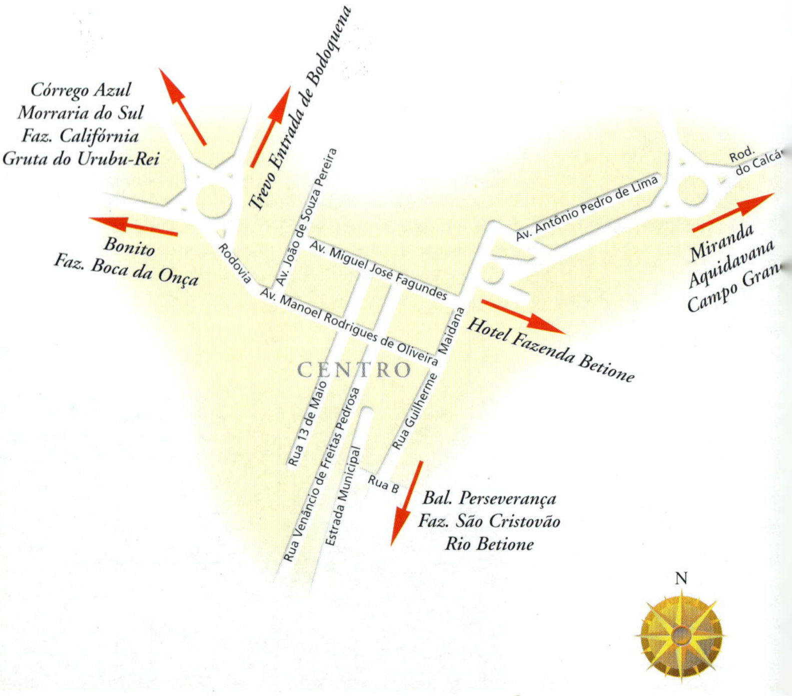

e espeleotemas como estalagmites, estalactites, colunas e cortinas. Apresenta fendas com água de profundidade ainda não explorada, e uma cascata de, aproximadamente, 10 m na sua fachada frontal. É indicada a ajuda de guia.

27 Gruta Califórnia

Fazenda Califórnia, a 55 km de Bodoquena, por estrada de terra (BR-389). Das 8 às 17 h. Tel. 726-7391.

Localizada na morraria da Serra da Bodoquena, tem vista panorâmica da região com visualização do Campo dos Índios, uma reserva indígena local. A fazenda organiza passeios a pé ou a cavalo para observação de cachoeiras e grutas, como a Califórnia, que possui cerca de 150 m de extensão, 40 de largura e 20 de altura. Na gruta existe um sumidouro, ponto onde o rio desaparece entre as rochas. Os passeios devem ser agendados com antecedência.

Histórico

Colônia agrícola que originou o distrito de Campão

Por volta de 1950, o governo do então Estado do Mato Grosso implantou uma colônia agrícola em suas próprias terras na Serra da Bodoquena, ainda município de Miranda. Os primeiros colonos que ali se instalaram foram Chico Mineiro e Alfredo Pedro de Araújo. O caminho que ligava a colônia a Miranda era conhecido como Trilha dos Caminheiros da Fé, um percurso de 55 km, cujo nome está associado às dificuldades enfrentadas pelos colonos ao atravessar a pé as matas, morros, igarapés e pântanos. Durante as cheias, era quase impossível a travessia do Rio Miranda.

A colônia cresceu, formando a Vila da Amizade, com um estabelecimento comercial. Em 14 de dezembro de 1963, foi elevada à categoria de distrito, com o nome de Campão. Era a maior produtora de milho, arroz e feijão do município de Miranda, mas reduziu a atividade agrícola e expandiu a pecuária, sua principal fonte de renda, com um rebanho bovino de 37 mil cabeças, distribuídas em 384 propriedades rurais. Em 13 de maio de 1980, passou à categoria de município, sob o nome de Bodoquena.

Interior da Gruta Califórnia...

... e aqui, acima da entrada: vista panorâmica da região

28 Córrego Azul

A 28 km de Bodoquena (14 km por estrada asfaltada) e uma travessia de rio. Informações na Secretaria de Turismo, tel. 268-1374.

Afluente do Rio Salobra, com cerca de 800 m de extensão e até 30 m de largura. Uma mata ciliar conservada margeia o córrego, que nasce em uma fenda na base de uma parede rochosa. Suas águas cristalinas com correnteza favorecem a prática de mergulho de superfície e passeios de bote, para observação de peixes e aguapés. Os passeios (R$ 10 por pessoa) são feitos em grupos com até dez pessoas, acompanhadas por um guia. A pesca e passeios em barcos motorizados são proibidos.

Cachoeira Boca da Onça

Cervo em seu habitat natural

29 Trilha Ecológica da Boca da Onça

Fazenda Boca da Onça, a 35 km de Bodoquena, na estrada para Bonito. Das 8 às 17 h. Tel. (18) 221-5402.

Seu nome deve-se à grande concentração de onças no passado. Uma trilha de aproximadamente 3 km corta uma mata nativa repleta de árvores centenárias, pássaros e animais silvestres, levando os visitantes até o Buraco do Macaco, uma depressão com 5 m de profundidade, onde as águas passam por um túnel de 20 m de altura. No caminho, são vistas também quatro cachoeiras: a da Anta, com 15 m; do Jabuti, com 5 m; do Fantasma, com 40 m; e a do Vento, com cerca de 156 m, cuja queda d'água forma um véu diante dos paredões da serra da Bodoquena. Há um restaurante no local.

30 Fazenda Indiana

Fica no km 45 da rodovia para Miranda, a 17 km. Tel. 687-1000. Das 7 às 11 h, e das 13 às 17 h.

Possui pista de pouso para pequenos aviões, de onde partem vôos panorâmicos, para três pessoas, pelo Pantanal, com sobrevôo do Forte Coimbra, no Rio Paraguai. (R$ 400).

Organiza cavalgadas e passeio (R$ 120 por pessoa) de barco pelo Rio Salobra, que inclui banho, visita ao Córrego Azul, almoço e, na parte da tarde, visita à Baía Negra. Também oferece cavalgadas após o almoço (R$ 70). Nos dois trajetos pode-se ver cervos, araras, jacarés, antas, veados, peixes, capivaras, queixadas e tucanos.

Arara-Vermelha

Corredeiras do Rio Betione

Rio Betione

No terreno irregular formam-se cerca de 40 cachoeiras

Nome de origem indígena, que significa tamanduá, nasce nas imediações da Fazenda Cachoeira e deságua no Rio Miranda. Percorre mais de 50 km dentro de Bodoquena, passando por 30 propriedades particulares. Suas águas são cristalinas, com profundidade de até 5 m por 50 m de largura em alguns pontos. Forma piscinas naturais, onde são encontrados peixes como piraputangas, dourados, piaus e lambaris.

Forma cerca de 80 cachoeiras, algumas delas com até 12 m, da Fazenda Prudente da Serra até a Fazenda São Cristóvão. Ao longo do rio são encontradas plataformas para banhistas, trilhas margeando o rio com pontes suspensas a 20 metros de altura e balneários que recebem muitos visitantes, como o Perseverança, localizado em uma ilha de 5 ha e cobra R$ 3 a entrada.

31 Hotel-Fazenda Betione

Estrada para Corumbá, a 4 km. Tel. 9997-4416.

Este hotel-fazenda tem uma boa estrutura, que inclui 18 apartamentos, piscina, restaurante, área de lazer e trilhas ecológicas de até 5 km. Além disso, pode-se fazer longas cavalgadas de 6 km, por uma região de 1.300 ha. Nesta área podem ser encontradas mais de 40 cachoeiras, das quais 7

Dourado no Rio Betione

têm acesso fácil, e animais como macacos-prego, antas, pacas, quatis, cotias e catetos. Pode-se ver também peixes, como o dourado, a piraputanga e o piau. Os passeios custam R$ 15 por pessoa.

Chapada dos Guimarães

Introdução

Parque: tem o tamanho da cidade de Belo Horizonte e foi inaugurado em 1989

Há cerca de 15 milhões de anos, com o surgimento da Cordilheira dos Andes e o conseqüente afundamento da planície pantaneira, surgiu esse planalto com paredões vermelho-alaranjados de 500 a 800 metros de altura e 280 quilômetros de borda, cheio de despenhadeiros e precipícios.

As altitudes, que chegam a quase 900 m, amenizam o calor intenso da Região Centro-Oeste. No inverno, o alto da Chapada pode ter temperaturas próximas de zero grau. A vegetação predominante nesse local é o cerrado, mas a mata densa surge nos vales dos rios, criando um hábitat propício para várias espécies animais.

Cachorro-do-mato ou graxaim

No cerrado fica uma das maiores diversidades de plantas e ervas medicinais do País, como o pau-santo, o pequi e o cumbaru. Mas há também a mata ciliar, onde se pode encontrar perobas, paus-óleo, canelas, jatobás e ipês; o campo-sujo, repleto de muricis; o campo cerrado, dominado por gramíneas; o campo cerrado rupestre, onde há orquídeas e bromélias.

No período das secas, é comum a ocorrência de queimadas, talvez uma forma que a natureza tenha encontrado para renovar as gramíneas. Contudo, a interferência do homem nesse processo costuma causar danos muitas vezes irreparáveis, por isso há uma constante vigilância por parte dos fiscais do Ibama para proibir incêndios.

A fauna é, da mesma forma, bem variada; são porcos-do-mato, lobos-guará, veados-campeiros, tatus. A diversidade de espécies de aves inclui entre outras as de rapina, tais como o gavião-real, o gavião uiraçu e o raro socó-boi. Freqüentemente, são vistos também bandos de periquitos, araçaris, maritacas e araras.

A **Chapada dos Guimarães**, que faz parte da Bacia do Rio Paraguai, tem rios importantes como o da Casca, o Manso, o Jangada, o Quilombo e o Roncador. Próximo da cidade nasce o Rio Coxipó, que, após 15 quilômetros, se lança abruptamente por uma escarpa, formando a cachoeira mais visitada do Parque Nacional Chapada dos Guimarães: a Véu de Noiva.

O município de **Nobres** e outras cidades próximas ficam situadas na Serra Azul, uma espécie de zona de transição e um divisor natural de duas das mais importantes bacias hidrográficas do continente: a Amazônica e a do Prata. Nessa região predominam matas fechadas, onde se abrigam nascentes de rios que irão compor essas duas bacias hidrográficas, abastecendo também o Pantanal. Embora receba muitos nomes diferentes – na região de Nobres é conhecida como do Tombador -, esta serra em forma de

Paredões de arenito: característicos da região

ferradura é a mesma que envolve quase toda a planície pantaneira. A exemplo de Bonito, seus terrenos calcários, além de ajudar na formação de grutas e cavernas, fazem com que suas águas não acumulem partículas, sendo incrivelmente transparentes. Nobres tem uma paisagem de grutas e cavernas tão encantadora quanto Bonito.

Além do respeito e admiração por esses locais, a população mostra carinho por suas tradições religiosas e culturais, principalmente no mês de janeiro, quando acontece a Festa de São Sebastião, padroeiro da cidade. São três dias de festas, com rezas em latim, muita comida e danças regionais – ao som da viola-de-cocho e do ganzá – como rasqueado, cururu e siriri.

CHAPADA DOS GUIMARÃES

Situado na Serra do Roncador, praticamente no centro geodésico da América do Sul, o município da Chapada abriga o principal parque do cerrado brasileiro e conquistou uma projeção mais do que merecida. Sua área de 6.249 quilômetros quadrados abriga uma Área de Proteção Ambiental (APA) e o Parque Nacional da Chapada (de apenas 33 mil hectares), cuja sede fica a 13 quilômetros da bucólica cidade de mesmo nome.

São mais de 100 cachoeiras, formações rochosas de arenito, 46 sítios arqueológicos, mirantes para a planície pantaneira, paredões rochosos avermelhados, cânions, rios, fósseis de conchas (note que fica a mais de 1.500 quilômetros do Atlântico e do Pacífico), grutas e cavernas. Abriga diversas nascentes de rios que correm para o Pantanal, indo desaguar na Bacia Platina. Ao norte, muitas das suas nascentes originam rios que irão compor a Bacia Amazônica.

Principais atrações

1. Parque Nacional da Chapada dos Guimarães
2. Cachoeira do Tombador
3. Lagoa Azul e Gruta Salobra
4. Complexo da Cerquinha
5. Balneário Estivado
6. Reserva Indígena Santana
7. Rio Arinos

Rodovia pavimentada
Estrada de terra
0 30 60km

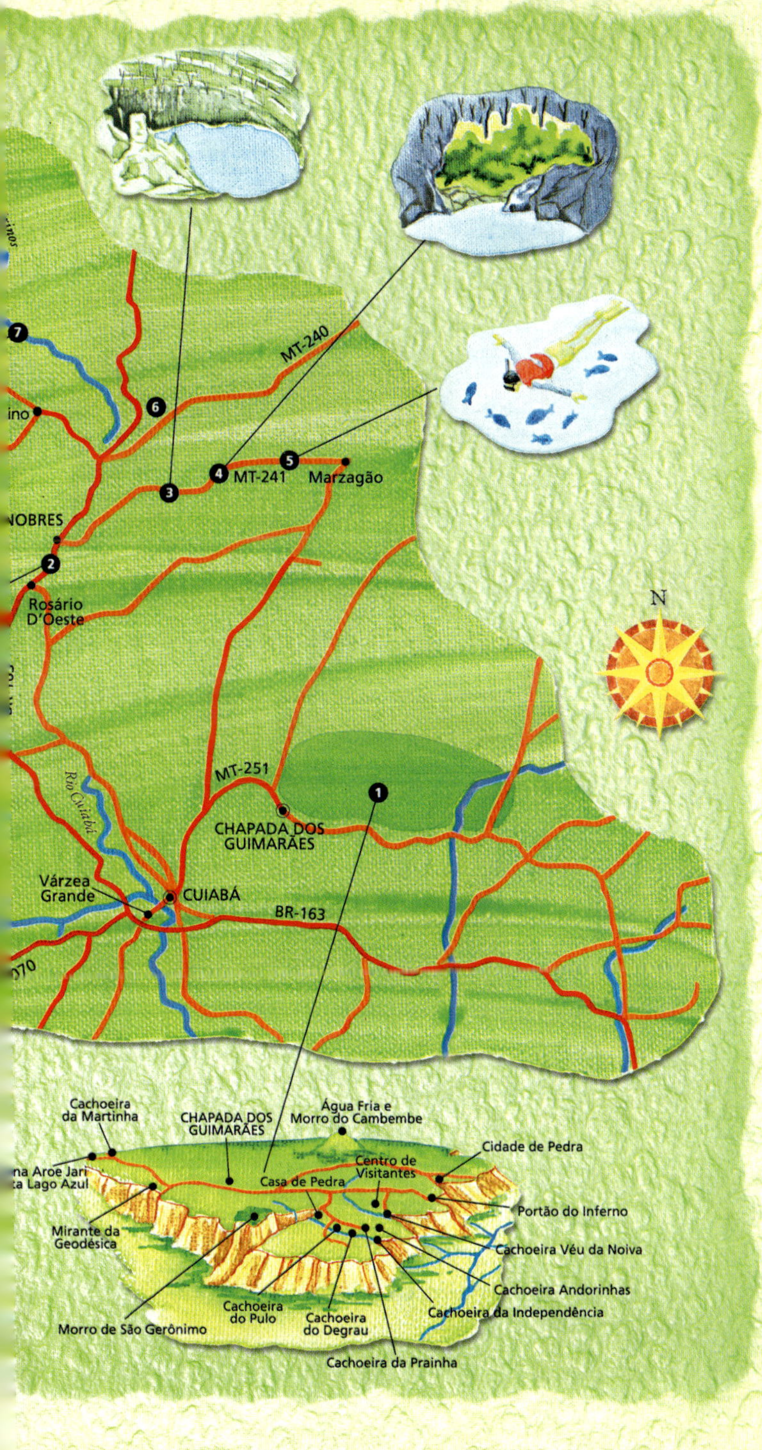
7
6
ino
MT-240
4
MT-241
5
Marzagão
3
NOBRES
2
Rosário
D'Oeste
1
MT-251
CHAPADA DOS
GUIMARÃES
Rio Cuiabá
Várzea
Grande
CUIABÁ
BR-163
N
Cachoeira
da Martinha
CHAPADA DOS
GUIMARÃES
Água Fria e
Morro do Cambembe
Cidade de Pedra
Centro de
Visitantes
Casa de Pedra
Portão do Inferno
Mirante da
Geodésica
Cachoeira Véu da Noiva
Cachoeira Andorinhas
Cachoeira da Independência
Cachoeira
do Pulo
Cachoeira
do Degrau
Morro de São Gerônimo
Cachoeira da Prainha

Chapada dos Guimarães

Vista da Chapada do Guimarães: destaque para as formações rochosas

Distâncias:
Campo Grande: 756 km
Cuiabá: 69 km
Rondonópolis: 286 km
14.598 hab.
78195-000
65
Informações Turísticas, tel. 301-1690.

Morro de São Jerônimo: 850 metros de altitude

Estrada que leva à Chapada

O acesso Cuiabá/Chapada é feito por estrada de 69 quilômetros (MT-251), toda asfaltada e sinalizada. As principais atrações ficam na área do Parque e podem ser alcançadas por estradas de terra em condições razoáveis. Mas, muitas delas requerem a ajuda de um guia, pois o acesso só é possível por trilhas. É preciso tomar cuidado com os precipícios e, se puder, evite ir durante os finais de semana, quando o local fica lotado.

O clima tropical é semi-úmido, aproximando-se do tropical de altitude nas áreas mais elevadas, com verões mais brandos, ocorrência de nevoeiros e temperaturas médias bem inferiores às da Baixada Cuiabana. No inverno, costumam ocorrer baixas repentinas de temperatura, devido à invasão de massas polares. Temperatura média de

Pedra Furada: entrada para a cidade de pedra

Cerrado ralo: vegetação predominante

24ºC, com máxima de 40 ºC e mínima de zero grau. A precipitação média anual é de 1.500 milímetros cúbicos, com intensidade nos meses de dezembro, janeiro e fevereiro.

ATRAÇÕES

❶ Parque Nacional da Chapada dos Guimarães

MT-251, administração e posto do Ibama,
tel. 301-1133/2146.
Das 8 às 17 h.
Entrada R$ 3.

Criado em 1989, ocupa uma área de quase 33 mil hectares. No entanto, apenas 35% do local foi efetivamente desapropriado e, com isso, pode-se dizer que a maior parte do parque fica ainda em terras particulares, o que é, no mínimo, inadequado para um projeto de proteção. No parque ficam as nascentes e as cabeceiras de rios como o Coxipó, o Rio Claro e o Mutuca, que abastecem Cuiabá. A ação constante dos ventos e da água ao longo dos milênios esculpiu interessantes formas nas rochas areníticas. O nome, às vezes, diz tudo: Altar da Mesa, Mesa de Sacrifício, Cogumelo de Pedra, Pedra Furada, Jacaré de Pedra e Caverna da Casa de Pedra. Nos meses de chuvas, percorrer algumas trilhas pode ser arriscado e alguns locais costumam ser fechados ao público. Não é permitido caçar, pescar ou acampar em sua área.

Trilha para o Véu da Noiva: uma das cachoeiras mais conhecidas

Cachoeira Véu de Noiva

Caminho das Águas (15 km).

Esta trilha começa próximo do Centro de Visitantes. O trajeto total é de 4 quilômetros e abrange várias cachoeiras, que podem ser conhecidas em três horas. A primeira é uma espécie de cartão-postal do parque: a Véu de Noiva. Com 86 metros de queda livre no Rio Coxipó é, sem dúvida, uma das maiores e mais bonitas do Parque, mas só pode ser vista de longe. Caminhando cerca de 1.200 m, é possível conhecer o resto do circuito, formado por outras sete quedas d'água. Pode-se começar pela Cachoeira 7 de Setembro, a do Pulo, do Degrau, da Prainha, uma piscina natural, a Independência e das Andorinhas. Esta última, circundada por um paredão de rochas, forma também uma piscina natural, na sua parte mais baixa.

Caminho das Pedras (19 km).

Esta trilha exige um bom condicionamento físico. Para chegar ao cume, no Morro São Jerônimo, pode-se percorrer seus 8 quilômetros – em veículo com tração – ou caminhar por seis horas. A primeira atração é a Gruta Casa de Pedra. Ampla, clara e ventilada, pode abrigar até 30 pessoas, tem um riacho e, ao lado, há uma cachoeira. Depois, pode-se observar outras formações rochosas de nomes instigantes, como o Jacaré de Pedra, a Pedra Furada, o Cogumelo de Pedra e a Mesa de Sacrifício. Após horas de caminhada, chega-se ao ponto mais alto da Chapada, o Morro São Jerônimo. Com 850 m de altura, permite uma espetacular vista da planície do Rio Cuiabá.

Gruta Casa de Pedra

Morro de São Jerônimo: o ponto mais alto da Chapada, com 850 metros

Misticismo

Segundo o místico dom Bosco, estas terras serão a morada dos escolhidos da Era de Aquário, que terão o privilégio de fundar a civilização do terceiro milênio, justa e perfeita. Dizem os esotéricos que há um alinhamento das cidades de Porto Seguro e Brasília com a Chapada e o Lago Titicaca, no alto da Cordilheira dos Andes. O Morro de São Jerônimo seria o aeroporto de óvnis.

Paredão do Eco: mirante natural

Paredão do Eco

Estrada para Água Fria, 15 km. Mirante natural, de onde se avista um enorme paredão de arenito que faz ecoar as vozes.

Cidade de Pedra

Estrada para Água Fria, 28 km. Após uma curta caminhada pela área da Fazenda Albatroz, chega-se a este cânion, onde existem interessantes formações rochosas e escarpas com até 350 metros de queda vertical. São duas horas e meia de caminhada.

Formações rochosas e escarpas da Cidade de Pedra

Cachoeira da Martinha

Estrada para Campo Verde, 53 km. São cinco cachoeiras no Rio da Casca, que concentra o maior volume de água da Chapada.

Caverna Morada das Almas

Caverna Aroe Jari

(57 km)
Situada numa fazenda, é uma das maiores cavernas de arenito do Brasil. Também conhecida como Caverna do Francês, a gruta tem um amplo salão e 1.400 metros de extensão, mas apenas guias experientes podem atravessá-la. Há indícios de que tenha sido usada, há 10 mil anos, por homens pré-históricos e, mais recentemente, por índios bororos e caiapós. Aliás, seu nome foi dado pelos índios bororos e, literalmente, significa "Morada das Almas". Nos meses de chuva, pode ser interditada. Os últimos 3,5 quilômetros devem ser percorridos a pé.

Gruta do Lago Azul

Próxima da Caverna Aroe, é uma piscina escavada na rocha, com águas límpidas que se mantêm por volta de 22 graus, refletindo uma vistosa coloração azul. Especialistas explicam que isso ocorre por causa da abundância de microalgas dessa cor na água. Trata-se de um ótimo local para banhos.

Histórico

Fecho da Lagoinha

Inscrições rupestres encontradas em cavernas indicam presença humana há 12 mil anos. Na verdade, os primeiros grupos indígenas a ocupar a região foram os bororos, que caçavam e faziam coletas de plantas. Posteriormente, outro grupo, os caiapós, foi até a região e entrou em choque com os portugueses. Em 1719, o bandeirante Pascoal Moreira Cabral fundou a Vila do Nosso Senhor Bom Jesus de Cuiabá (local hoje conhecido como Coxipó do Ouro). No ano seguinte, o explorador Antônio de Almeida Lara aproveitou-se das terras férteis da Chapada para instalar uma fazenda para alimentar os garimpeiros de Cuiabá. Assim, criou-se a primeira fazenda de cana-de-açúcar e o primeiro alambique do Estado.
Em 1751, no atual bairro da Aldeia Velha, foi erguida uma Missão Jesuítica e a Capela de Santana coberta de palha. Apenas em 1779 uma nova igreja de telha e paredes de taipa pilada foi erguida, mudando o núcleo urbano para o local onde está até hoje. Entre 1825 e 1829, passou por lá uma expedição chefiada pelo naturalista alemão Georg Heinrich von Langsdorff, e um de seus ilustradores – Adrien Taunay – retratou a Cachoeira Véu de Noiva e os índios bororos.
No século 19, a prosperidade da região foi abalada pela Guerra do Paraguai e pelo surto de varíola, que dizimaram quase 30% da população. Outro fato que causou grande êxodo foi a abolição dos escravos.
As coisas só melhoraram em 1923, quando foi fundada a primeira Missão Evangélica do Brasil Central e uma escola. Na região de Água Fria e Cachoeira Rica, um grande garimpo de diamantes atraiu muita gente, mas teve duração efêmera. Em 1960, a mecanização tornou viável a plantação de grandes arrozais e, na década seguinte, a pecuária também ganhou bastante espaço. Na década de 70, foi a vez de místicos e esotéricos fundarem suas comunidades alternativas.
Hoje, a principal produção agrícola é a soja, mas o turismo, sem dúvida, é a atividade com maior potencial de crescimento.

Sítios arqueológicos

Aqui, o Iphan já catalogou mais de 46 sítios arqueológicos, incluindo dezenas de cavernas, onde, provavelmente, eram realizados rituais de passagem para adolescentes dos povos pré-históricos, além de outros abrigos sobre rochas. São gravuras, pinturas, vestígios cerâmicos e líticos que ainda não foram estudados sistematicamente. Dizem que muitos índios paleolíticos passaram por ali rumo aos Andes, fazendo com que a região fosse uma espécie de eixo de migração. Esta rota foi batizada como "Caminho do Sol". O fato é que, no sítio arqueológico da Cidade de Pedra, foram encontrados vestígios com semelhanças aos da civilização inca.

Formação rochosa: abrigo

Trilhas: podem ser feitas durante o ano todo

Cachoeira do Pingador

Estrada para Água Fria, 56 km.

Pode ser alcançada seguindo por uma trilha (recomenda-se o auxílio de um guia). São 20 metros de queda e podem ser vistas inscrições rupestres.

Vista do alto da Chapada

Mirante da Geodésica – (8 km).

Este platô de 150 metros de diâmetro fica 845 metros acima do nível do mar e oferece também uma bela visão do encontro da planície com a Chapada. Mas, o centro geodésico oficial fica mesmo no coração da cidade de Cuiabá.

Portão do Inferno

MT-251, 35 km.

Antes de chegar ao Parque, dê uma olhada nesse mirante, onde se pode observar um cânion com mais de 80 metros de profundidade.

Cachoeira da Salgadeira

Terminal Turístico

MT-251, 21 km.

Abriga uma pequena cachoeira (da Salgadeira), rios, área de camping e restaurantes. Fica próximo do ponto zero, um local onde um automóvel, desligado e desengatado, em vez de descer, parece subir. Trata-se na verdade de uma ilusão de ótica.

Distrito de Água Fria

Posto de Serviço, tel. 301-1929.

O distrito de Água Fria fica a apenas 40 quilômetros do centro da cidade. Lá se pode ver um antigo garimpo de diamantes, inscrições rupestres de 12 mil anos e a Cachoeira do Pingador. No alto do Morro do Cambambe, também conhecido como Morro da Caveira do Gigante, já foram encontrados ossos fossilizados de um tiranosauro Rex, que pesava 7 toneladas.

Igreja da Matriz: restaurada

Igreja Nossa Senhora da Matriz

Praça da Matriz.

Em estilo barroco, foi construída em 1779 por escravos. O altar é todo revestido de ouro. Tinha duas torres que desmoronaram, mas apenas uma delas foi reconstruída. Pelo seu valor histórico e arquitetônico, foi tombada pelo Patrimônio Histórico. Pode ser visitada nos horários de missa (8 e 19h30).

Sala da Memória

Rua Quinco Caldas. Das 8 às 11 h, e das 14 às 17 h. Fecha aos sábados e domingos

Uma espécie de museu onde são expostos fotos históricas, um tear rústico com mais de um século, panelas de barro e telhas feitas por escravos, bruacas de couro usadas para transportar mantimentos.

Nobres

Caverna do Quebó

Distâncias:
Campo Grande: 842 km
Cuiabá: 142 km
Diamantino: 50 km
12 mil hab
78460-000
65
Prefeitura Municipal, tel. 376-1413.

Situada no médio norte mato-grossense, a região oferece boas condições para a prática de esportes radicais como rapel, rafting, montanhismo, mountain bike, caving e mergulho em cavernas. Logo ao sair de Cuiabá, o turista já se encanta com a Serra Azul. Nesta cadeia montanhosa, entre os municípios de Nobres e Rosário do Oeste, foram descobertas mais de 200 cavernas, mas apenas algumas já foram exploradas. Repletas de estalactites, estalagmites, lagoas e riachos, essas cavernas têm potencial para se tornar importantes atrações turísticas.
A lista é extensa: Caverna da Lagoa Azul, a Catedral, no distrito de Bauxi (Rosário Oeste), que tem uma imensa figueira, Gruta da Paca, do Urubamba, do Bode, do Cogumelo, do Boqueirão, Caverna do Arco-Íris, da Aguadinha, do Pedregulho, do Pau d'Alho. Além das cavernas, a região permite percorrer trilhas em serras, conhecer aldeias indígenas, sítios arqueológicos e desfrutar de águas cristalinas, cachoeiras, cavernas e locais para pesca e mergulho. O acesso é difícil, muitas vezes requer carros com tração nas quatro rodas.
Situada numa área de transição entre o cerrado e a região amazônica,

Cantadores de Rosário Oeste, cidade vizinha de Nobres

◄ Corredeiras do Rio Nobres

Cachoeira do Tombador: trilhas

apresenta relevo acidentado e mata bem fechada. Predomina o clima tropical de savana, com temperatura média de 21 graus.
De meados de outubro até o final de maio, chove muito na região.

ATRAÇÕES

❷ Cachoeira do Tombador

BR-163, Norte,
a 15 km de Rosário Oeste.

Fica próximo da Cimag e em poucas horas é possível conhecer essa cachoeira onde se pode tomar um banho refrescante, fazer rapel ou caminhar por trilhas que foram usadas também por tropeiros que iam para a região amazônica. A caminhada é

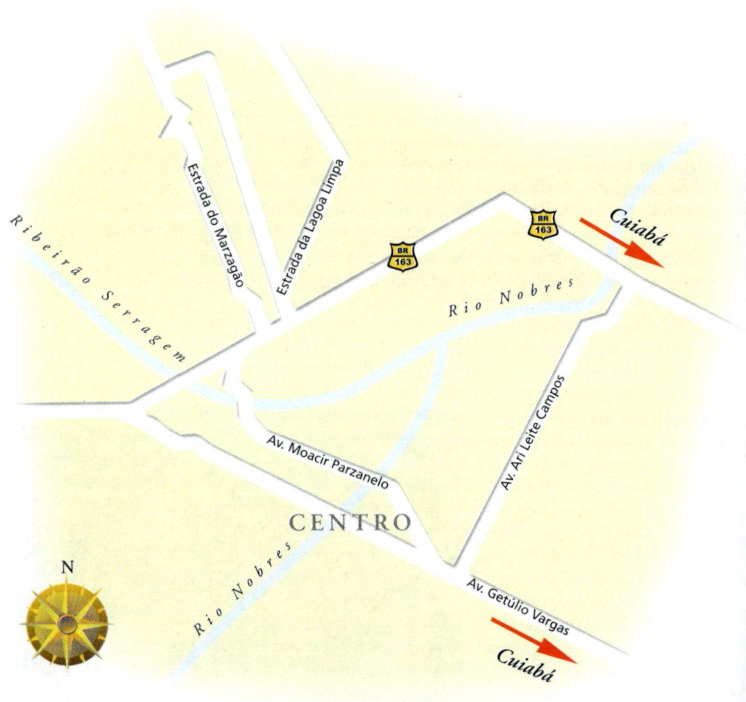

Lagoa Azul: entre as principais atrações da região

de 3 quilômetros, quando se pode ver as ruínas de uma hidrelétrica de 1950, barricadas de proteção e muralhas. Aliás, seu nome decorre do fato de que muitos tropeiros perdiam bois e cavalos que escorregavam e acabavam despencando morro abaixo.

❸ Lagoa Azul

MT-241, no sentido de Marzagão, 53 km

Atualmente interditada (deve reabrir em maio de 2001), a Lagoa Azul é uma das principais atrações da cidade. A visitação começou em 1991, mas, por causa da depredação, acabou sendo fechada para a criação de uma melhor estrutura, inclusive com a possível implantação do Parque Estadual da Lagoa Azul.

Princesas indígenas

Visitantes navegando pelo Rio Nobres

As Três Marias de Pedra são rochas que ficam no topo da Serra do Roncador, bem próximas da fenda do Rio Nobres. Segundo a lenda, as Marias eram princesas indígenas que, por encanto, foram transformadas em pedras. Para quebrar o encanto seria necessário levar até o local três Marias virgens e escrever, com o sangue delas, o nome em cada pedra. Isto faria com que novamente se transformassem em princesas.

❸ Gruta do Salobra

MT-241, no sentido de Marzagão, 53 km

Bem próxima da Lagoa Azul, em seu interior passa o Rio Salobra, com águas temperadas e cristalinas que abrigam muitos peixes. Além desse rio, lá podem ser observados espeleotemas numa extensão de 500 metros. Só é permitida a entrada de pessoas acompanhadas de guias.

Formações calcárias

❺ Balneário Estivado

MT-241, 60 km

De formação calcária e extremamente cristalino, o Ribeirão Estivado oferece a opção de mergulho livre. Além disso, conta com o único restaurante da região, onde costumam surgir macacos-prego que parecem adivinhar a hora do almoço. Quem entra no rio pode observar ainda muitos peixes pequenos, como lambaris e piaus.

Macaco-prego

Pedra Grande

Histórico

A história da cidade e da região está intimamente ligada às bandeiras e à descoberta do ouro. Em 1719, o desbravador Pascoal Moreira Cabral, encontrou acidentalmente este metal nas barrancas do Rio Coxipó. Por isso, logo foi fundado o Arraial de Forquilha e milhares de pessoas seguiram para o território mato-grossense.

Em 1751, outro bandeirante, Ignácio Maciel Tourinho, achou ouro no Ribeirão Cutia e fundou um povoado conhecido como Rio Acima. Em 1861, tornou-se uma vila chamada Nossa Senhora do Rosário do Rio Acima e foi desmembrada de Cuiabá. Parte do atual território de Nobres pertencia à Vila de Nossa Senhora do Rosário do Rio Acima, que, mais tarde, passou a se chamar Rosário Oeste. Como a sesmaria de Nobres era um caminho natural para quem ia ao norte do Estado, geralmente atrás dos diamantes encontrados próximo à cidade de Diamantino, tornou-se rapidamente um ponto de parada de tropeiros e viajantes.

Vários incidentes aconteceram na região, entre eles, combates durante a revolução de 1901, entre tropas separatistas e outras representando o governo. Outro fato histórico ocorreu em 1913, quando uma expedição do marechal Cândido Rondon levava nada mais nada menos do que o presidente dos EUA, Theodore Roosevelt. Ambos pernoitaram numa fazenda na Serra do Tombador.

Em 1926, foi a vez da Coluna Prestes, que, em fuga, derrubou várias pontes na região. A criação do município ocorreu em 1963, mas o primeiro prefeito só foi efetivamente eleito dois anos depois.

Rio que penetra na Caverna do Quebó

Pérolas de cavernas

❹ Complexo da Cerquinha

MT-241, 56 km

Neste complexo podem ser vistas várias cavernas. A principal delas é a do Cerquinha, que tem formações como estalactites, estalagmites, travertinos, ninhos de pérolas de cavernas e colunas. A presença de muitos morcegos faz com que seja um pouco insalubre. São necessários equipamentos de iluminação e capacetes. A exploração leva, em média, duas horas. Próximo, encontra-se também o Duto do Quebó, um túnel de 400 metros, e a Gruta da Pedra Grande, que também abriga um grande lago. Estas duas são indicadas apenas para pesquisadores e pessoas bem experientes nesse esporte.

❻ Reserva Indígena Santana

BR-163 e MT-240, 140 km

Os índios bakairis são bastante amigáveis e costumam receber o homem branco. Lá se pode encontrar uma grande variedade de artesanato e ver algumas danças ritualísticas e cerimônias tribais, como a festa do milho e a festa da menina-moça.

❼ Rio Arinos

BR-163 e MT-240, 70 km

São 11 quilômetros repletos de cachoeiras e corredeiras que podem ser percorridos num tempo médio de cinco horas. A melhor época é a estação de chuvas (novembro a abril), quando o volume de água é grande. Mas, as condições de acesso costumam apresentar problemas neste período. Para apenas admirar a paisagem, a época de seca é melhor, é possível ver animais como capivaras, antas, macacos, ariranhas e tucanos.

Crianças indígenas da tribo bakairi

OURO
SÃO PAULO - em 28
BOLSA DE MERCADO
Mercado Disponível
OPÇÕES DE COMPRA

Serviços

Pantanal Norte

🌐 65

Cuiabá

Aeroporto
• Marechal Rondon, Av. João Ponce de Arruda (Várzea Grande),tel. 682-2213.

Companhias Aéreas
• Taba, tel. 682-1049
• TAM, tel. 682-1702
• Transbrasil, tel. 682-3597
• Varig, tel. 682-1140
• Vasp, tel. 682-3737.

Agências de Turismo
• A Falcon Travel, tel. 623-1123, www.falcontravel.com.br
• Anaconda, tel. 624-4142, www.anacondapantanal.com.br
• Brazil Ecolife, tel. 637-3218, e-mail: ecolife@terra.com.br
• Confiança, tel. 623-4141, e-mail: confitur@terra.com.br
• Faunatur, tel. 634-5338, e-mail: faunatur@terra.com.br
• Natureco Pantanal, tel. 624-5116, e-mail: natureco@terra.com.br
• Alligatour, tel. 621-4231, e-mail: aligator@terra.com.br
• Faunatur, tel. 634-5338
• Pantanal Nature Expeditions, tel. 623-1557.

Bancos
• Banco do Brasil, tel. 611-3131
• Bradesco, tel. 624-5544
• HSBC, tel. 624-1064
• Itaú, tel. 624-3411
• Real, tel. 624-6222
• Santander, tel. 624-4300.

Câmbio
• Banco do Brasil, tel. 611-2121/623-0048
• Câmbio e Ouro, tel. 624-9400
• Guimal-He, tel. 624-1515
• Matos, tel. 624-1667.

Hospital
• Santa Casa, Praça do Seminário, 141, tel. 624-4222.

Locadoras de Autos
• Avis, tel. 682-5077
• Hertz, tel. 682-2230
• Interlocadora, tel. 624-3400
• Localiza, tel. 624-7979
• Le Mans, tel. 624-7244
• Unidas, tel. 682-4052.

Rodoviária
• Av. Marechal Deodoro (saída para a Chapada dos Guimarães), tel. 621-2429.

Hotéis
• Eldorado Cuiabá, Av. Isaac Póvoas, 1.000, tels. 624-4000/1572/3800, www.hoteiseldorado.com.br, 147 apartamentos (ar, frigobar, tel., TV), restaurante, piscina. Diárias: R$ 210/R$ 225.
• Global Garden, Av. Miguel Sutil, 5.555, tel. 614-5000, www.globalgarden.com.br, 68 apartamentos (ar, frigobar, tel., TV), restaurante, piscina. Diárias: R$ 98/R$ 112.
• Mato Grosso Palace - Best Western, Rua Joaquim Murtinho, 170, tel. 614-7000, 132 apartamentos (ar, frigobar, tel., TV), restaurante. Diárias: R$ 99/R$ 115.
• Paiaguás Palace, Av. Rubens de Mendonça 1.718, tel. 642-5353, 121 apartamentos (ar, frigobar, tel., TV), restaurante, sauna, piscina. Diárias: R$ 135/R$ 160.
• Taiamã, Av. Rubens de Mendonça, 1.184, tel. 624-1490, 122 apartamentos (ar, frigobar, tel., TV), piscina. Diárias: R$ 130/R$ 150.
• Le Soleil Residence, Av. São Sebastião, 2.622 (Goiabeiras), tel. 623-0433, 22 apartamentos (coz. ar, frigobar, tel., TV). Diárias: R$ 121/R$ 162.
• Áurea Palace, Rua General Melo, 63 (Bandeirantes), tel. 623-5008, 76 apartamentos (ar, frigobar, tel., TV), restaurante piscina, sauna. R$ 85/R$ 90.
• Presidencial, BR-364, km 9, tel. 665-1510, 67 apartamentos (ar, tel., TV), restaurante, piscina. Diária: R$ 58/R$ 84.
• Alvorada Palace, Av. General Valle, 636, tel. 623-4057, 60 apartamentos (ar, frigobar, tel., TV) restaurante. Diárias: R$ 60/R$ 80.
• Jaguar Palace, Av. Getúlio Vargas, 600, tel. 624-4404, 88 apartamentos (ar, frigobar, tel., TV), restaurante, piscina. Diária: R$ 66/R$ 79.
• Albergue da Juventude, Av. Isaac Póvoas, 655, tel. 624-8999. Três dormitórios para até 40 pessoas, refeitório. Diária: R$ 16.

Restaurantes
• Al Manzul, acesso pela Av. Arquimedes Pereira Lima (Cachoeira das Graças), tel. 663-2237. Cozinha árabe.
• Peixaria Popular, Av. S. Sebastião, 2.324 (Goiabeiras), tel. 322-5471. Cozinha pantaneira.
• Peixaria do Okada, Av. Ribeirão Preto, quadra 7, tel. 641-6615. Cozinha pantaneira.
• Cacalo Peixaria, Av. Lavapés, 203 (Santa Rosa), tel. 626-1778. Cozinha pantaneira.
• Regionalíssimo, Rua 13 de Junho, 314 (Porto), tel. 624-1778. Regional

Várzea Grande

Hotéis
• Verona Park, BR-364 p/ Sinop, km 1, Trevo do Lagarto, tel. 684-2600, 50 apartamentos (ar, frigobar, tel., TV), restaurante, piscina, sauna. Diária: R$ 80/R$ 95.
• Mangabeiras, Av. da FEB, 1.275, tel. 685-3131, 36 apartamentos (ar, frigobar, tel., TV), restaurante. Diária: R$ 51/R$ 70.
• Diplomata, Av. João Ponce de Arruda, 686, tel. 682-8500, 52 apartamentos (ar, frigobar, tel., TV). Diária: R$ 75/R$ 100.

Santo Antonio do Leverger

Aeroporto
• Av. Aeroporto, tel. 341-1119

Compras
• Casa do Artesão: Av. Santo Antônio e Praça Viola-de-Cocho, s/nº.

Hotéis
• Mato Grosso Águas Quentes, acesso km 340 da BR-364 p/ Rondonópolis (Serra de São Vicente), tel. 391-1220, 69 apartamentos (ar, frigobar, TV), restaurante, piscinas térmicas a 40°C. Diárias: R$ 110/R$ 160, inclui refeições.
• Pousada Tarumeiro, Praça da Bandeira s/nº, tel. 341-1201, 12 apartamentos (frigobar, ar, TV). Diária: R$ 30/R$ 50.

Restaurante
• Tarumeiro, Praça da Bandeira s/nº, tel. 341-1201. Pescados.

PANTANAL DE CÁCERES

Cáceres

Aeroporto
• Av. José Miguel Scaff, s/nº, tel. 223-6474.

Agências de Turismo
• Confiança, tel. 623-4141
• Natureza, tel. 223-1997
• Pantanal Tour, tel. 223-1200
• Terra Adventure, tel. 634-4993.

Bancos
• Banco do Brasil, tel. 223-1900
• Bradesco, tel. 223-1700
• CEF, tel. 223-2090
• Itaú, tel. 223-1166.

Barcos
• Iate Clube, tel. 223-2148
• Marina Maravilha, tel. 223-2655.

Compras
• Canto do Rio, Rua Marechal Deodoro s/nº, tel. 223-6454.

Hospital
• São Luís, Praça Major João Carlos s/nº, tel. 223-1000.

Locadoras de Autos
• Localiza, tel, 223-1330
• Pantanal, tel. 223-2710
• Locavel, tel. 223-4500.

Polícia Florestal
• tel. 223-3542.

Rodoviária
• Terminal da Japonesa, Av. Afonso Pena, s/nº, tel. 224-1122.

Hotéis
• Turbo e Turazzi, Av. São Luís, 1.399 (trevo BR-070), tels. 223-1984 e 224-1139, 100 apartamentos (ar, frigobar, tel., TV), restaurante, piscina. Diária: R$ 49/R$ 72.
• Ipanema, Rua General Osório, 540, tel. 223-1177, 26 apartamentos (ar, frigobar, tel., TV), piscina. Diária: R$ 50/R$ 80.
• Comodoro, Praça Duque de Caxias, 561, tel. 223-2078, 16 apartamentos (ar, frigobar, tel., TV). Diária: R$ 30/R$ 60.
• Pousada 2 de Ouros, acesso pela BR-070, Baía da Campina (Rio Paraguai), tel. 223-4010. Quatro apartamentos e três quartos (ar), restaurante, quadras, piscina, lancha, barcos. Diária: R$ 35/R$ 70.

Hotéis para Pesca
• Pousada Lambari, tel. 291-1045, Rio Paraguai, BR-070, 10 km.
• Chalé do Pescador, Rio Paraguai, 1 hora de barco, tel. 223-3294
• Pantanal Rios, Rio Paraguai, 1 hora de barco, tel. 291-1047
• 3 Rios, Rio Jauru, tel. 291-1048.

Barcos para Pesca
• Chalé do Pescador I, tel. 223-3294
• Pantanal Explorer, tel. 682-2800
• Itapuã, tel. 223-3798
• São Lucas do Pantanal, tel. 223-3661.

Lancha
• Itapuã, tel 223-3798.

Restaurante
• Flutuante Kaskata, Rua Cel. José Dulce, tel. 223-2916, Cozinha pantaneira.
• Corimba, Rua 6 de Outubro (Beira-Rio), tel. 223-3002, Cozinha pantaneira.

PANTANAL DE POCONÉ

Poconé

Bancos
• Banco do Brasil, tels. 345-1447/1919.

Hospital Geral
• Av. Dom Aquino, 406, tel. 345-1446.

Rodoviária
• Av. Aníbal de Toledo, s/nº, tel. 345-1677.

Hotéis
• Porto Jofre Pantanal, Rodovia Transpantaneira (Rio Cuiabá), km 149, tel. 637-1593, 21 apartamentos (ar, frigobar, TV), restaurante, barcos, lanchas, piloteiros. Fecha de outubro a março. Diárias: R$ 132/R$ 223, refeições incluídas.
• Pantanal Mato Grosso, Rod. Transpantaneira, km 65 (Pixaim), tels. 9968-6205 e 614-7500, 36 apartamentos (ar, frigobar, TV), restaurante, barcos, cavalos. Diárias: R$ 136/R$ 200.
• Pousada Pixaim, Rod. Transpantaneira, km 67, tel. 345-2091, 10 apartamentos (ar), restaurante, barcos, cavalos. Diária: R$ 60/R$ 120, refeições incluídas.
• Skala, Praça Bem Rondon, 64, tel. 345-1407, 23 apartamentos (ar, frigobar, TV), restaurante. Diária: R$ 25/R$ 50.

Restaurantes
• Churrascaria Pantaneira, km 1 Rod. Transpantaneira, tel. 345-1630. Carnes.
• Aurora do Pantanal, Rod. Transpantaneira, km 1, tel. 345-1339. Cozinha pantaneira.

Porto Cercado

Barcos
• Chalana Anaconda, tel. 624-4142
• 5 Estrelas, tel. 322-1496
• Rei do Rio, tel. 627-6665
• Santa Cruz, tel. 721-1439
• Transpantanal Plaza, tel. 268-2567.

PANTANAL DO BARÃO DE MELGAÇO

Barão de Melgaço

Hospital
• Municipal, Av. Augusto Leverger, 1.440, tel. 331-1332.

Rodoviária
• Av. Fernando Correia, tel. 331-1351.

Hotéis
• Barão Tour, Rua Totó Paes, 491, tel. 331-1166, 18 apartamentos (ar, frigobar), piscina, barco. Diária:R$ 45/R$ 65.

Hotéis para Pesca
• Passárgada, Rio Piraim, 3 horas de barco, tel. 331-1128.
• Pouso do Garça, Rio São Lourenço, 35' min. de Cuiabá por avião, tel. (11) 299-5353.

Jaciara

Bancos
• Banco do Brasil, tels. 461-1151/1177
• HSBC, tels. 461-1101/1149
• Bradesco, tels. 461-1331/1191.

Hospital
• Santa Lúcia, Rua Caiçara, 2.509, tel. 461-1207.

Rodoviária
• Av. Antonio F. Sobrinho, tel. 461-1426.

Hotéis
• Taba, Av. Bororos, 183, tel. 461-1541, 48 apartamentos (ar, frigobar, tel., TV), restaurante. Diária: R$ 57/R$ 90.
• Pousada Thermas Aquários, BR-364, 15 km (município de Juscimeira), tel. 412-1511,

cinco apartamentos (ar, frigobar, TV), piscina, restaurante. Diária: R$ 75/R$ 105.

Restaurante
• Toquinho, Av. Antonio Ferreira Sobrinho, tel. 9986-7557. Self-service, apenas almoço.

Rondonópolis

Aeroporto
• BR-364 p/ Cuiabá, 6 km, tel. 423-3444.

Bancos
• Banco do Brasil, tels. 421-9948/423-2398
• Bradesco, tels. 423-3468/2800
• HSBC, tels. 423-2888/1980
• Itaú, tels. 421-2703/9662.

Hospital
• Santa Casa, Rua Acyr Resende F. Silva, 100, tels. 421-4124/4255.

Locadora
• Localiza, tel. 421-5497.

Rodoviária
• Av. Fernando Correia da Costa, tel. 423-1911.

Hotéis
• Novotel, Rua Floriano Peixoto, 711. tels. 423-1050, 0800-111790. 107 apartamentos (ar, frigobar, tel., TV), piscina, restaurante. Diária: R$ 134/R$ 158.
• Guarujá, Av. Fernando Correia da Costa, 624. tel. 423-2111. 57 apartamentos (ar, frigobar, tel., TV). Diária: R$ 70/R$ 100.

Restaurante
• Galpão, Av. Amazonas, 804, tel. 423-2150. Cozinha variada.

PANTANAL SUL

🌐 67

Campo Grande

Aeroporto Internacional
• Av. Duque de Caxias (saída p/ Aquidauana), 7 km, tel. 763-2444.

Companhias Aéreas
• Varig, 0800-997000
• Vasp, 0800-998277
• TAM, 0800-123100.

Agências de Turismo
• Air Travel, tel. 721-0075
• Arakaki, tel. 721-2002
• Asteco, tel. 721-0077
• Aventur, tel. 725-4311
• CN2-Tour, tel. 724-5411
• Dinax Turismo, tel. 721-5992
• Impacto, tel. 725-1333
• Marina, tel. 782-1902
• Terra Tour, tel. 231-5525
• Vox Tour, tel. 724-3335.

Bancos
• Banco do Brasil, tel. 731-1010
• Bradesco, tel. 721-1312
• Citibank, tel. 721-1001
• HSBC, tel. 721-4507
• Itaú, tel. 721-2619
• Real, tel. 731-7325
• Sudameris, tel. 725-3396.

Hospital
• Santa Casa, Rua Eduardo Santos Pereira, 88, tel. 721-5151.

Locadoras de autos
• Avis, tel. 725-1402, 0800-558066
• Lemans, tel. 724-7000
• Localiza, tels. 763-1401, 0800-92020
• Unidas, tels. 763-2145, 0800-121121
• Yes, tel. 724-0055.

Rodoviária
• Rua Joaquim Nabuco, 200 (Amambaí), tel. 783-1678.

Táxi Aéreo
• Bom Bom, tel. 741-4600
• Jket Brás, tel. 741-5000
• Mato Grosso, tel. 763-1264
• Amapil, tel. 383-4382
• TAM, tel. 763-2765
• Pantanal, tel. 763-1293.

Hotéis
• Jandaia Hotéis, Rua Barão do Rio Branco, 1.271, tel. 721-7000, 140 apartamentos (ar, frigobar, tel., TV), restaurante, piscina. Diária: R$ 140/R$ 185.
• Novotel Campo Grande, Av. Mato Grosso, 5.555, tel. 726-1177, 87 apartamentos (ar, frigobar, tel., TV), piscina, restaurante, quadras. Diária: R$ 120/R$ 144.

• Exceler Plaza Hotéis, Av. Afonso Pena, 444, Amambaí, tel. 721-0102, 80 apartamentos (ar, frigobar, tel., TV), restaurante, piscina, sauna, quadras. Diária: R$ 145/R$ 198.
• Vale Verde, Av. Afonso Pena, 106, tel. 721-3355, (Amambaí), 97 apartamentos, (ar, frigobar, tel., TV), piscina, restaurante. Diária: R$ 84/R$ 108.
• Indaiá Park, Av. Afonso Pena, 354, tel. 725-9400, (Amambaí), 123 apartamentos (ar, frigobar, tel., TV), restaurante, piscina. Diária: R$ 59/R$ 76.
• Campo Grande, Rua 13 de Maio, 2.825, tel. 721-6061, 86 apartamentos (ar, frigobar, tel., TV), restaurante. Diária: R$ 66/R$ 88.
• Internacional, Rua Allan Kardec, 223, tel. 784-4677, 90 apartamentos (ar, frigobar, tel., TV), restaurante, piscina. Diária: R$ 37/R$ 50.
• Advanced, Av. Calógeras, 1.909, tel. 721-5000, 98 apartamentos (ar, frigobar, tel., TV), restaurante, piscina. Diária: R$ 52/R$ 69.
• Concord, Av. Calógeras, 1.624, tel. 721-2999, 84 apartamentos (ar, frigobar, tel., TV), restaurante, piscina. Diária: R$ 35/R$ 60.

Restaurantes
• Casa do Peixe, Rua Dr. João Rosa Pires (Jd. dos Estados), tel. 782-7121. Cozinha pantaneira.
• Peixaria Corumbaense, Rua Joaquim Murtinho. 2.079 (Antônio Vendas), tel. 782-5735. Cozinha pantaneira.
• Fogo Caipira, Rua José Antônio Pereira, 145, tel. 724-1641. Regional.
• Centurion, Rua da Paz, 530 (Jardim dos Estados), tel. 721-1060. Regional.
• Yotedy, Rua Antônio Maria Coelho, 6.200 (Parque das Nações Indígenas), tel. 726-7834. Regional.
• Casa Colonial, Av. Afonso Pena, 3.997 (Jardim dos Estados), tel. 783-3207. Regional
• Galetos.Delícias na Brasa, Av. Mato Grosso, 2.129, tel. 725-6761. Regional.

PANTANAL DO PARAGUAI

Corumbá

Aeroporto
• Av. Santos Dumont, tel. 231-1456.

Agências de Turismo
• Mutum, tel. 231-1818
• Pantur, tel. 231-2000
• Terra Tour, tel. 231-5525
• Corumbatur, tel. 231-1532
• Canaã, tel. 231-3667
• Taiamã, tel. 231-2179.

Bancos
• Banco do Brasil, tel. 231-2686
• Bradesco, tel. 231-6886
• Itaú, tel. 231-5030
• Real, tel. 231-3387
• Unibanco, tel. 231-3853.

Ferrovia
• tel. 231-2876.

Polícia Florestal
• tel. 231-5021/5201.

Receita Federal
• tel. 231-6688.

Rodoviária
• Rua Porto Carrero, tel. 231-2033.

Hotéis
• Nacional Palace, Rua América, 936, tel. 231-6868, 105 apartamentos (ar, frigobar, tel., TV), piscina, quadra, sala de jogos. Diária: R$ 75/R$ 95.
• Gold Fish, Av. Rio Branco, 2.799, tel. 231-5106. 67 apartamentos (ar, frigobar, tel., TV), piscina, barcos. Diária: R$ 64/R$ 95.
• Internacional Palace, Rua Dom Aquino Correia, 1.457, tel. 231-6343, 63 apartamentos (ar, frigobar, tel., TV), piscina, sauna, sala de jogos. Diária: R$ 65/R$ 85.
• Fazenda Passo do Lontra, MS-184, km 110, tel. 231-6569, 30 apartamentos (ar, frigobar), restaurante, barco, camping. Diária: R$ 90/R$ 150, refeições incluídas.

Restaurantes
• Peixaria do Lulu, Rua Dom Aquino Correia, 700, tel. 232-2142. Cozinha pantaneira.
• Ceará, Rua Albuquerque, 516, tel. 231-1930. Cozinha pantaneira.

Ladário

Agência de Turismo
• Igaratá,
tel. 226-1950.

Bancos
• Banco do Brasil,
tel. 231-2686
• Real,
tel. 231-3387.

Capitania
dos Portos
• tel. 231-6444.

Hotéis
• Anzol de Ouro, Colonizadora Cinturão Verde, 142 (Estrada da Cotrasa) tels. 226-1040/1140, 23 apartamentos (ar, frigobar, tel., TV), restaurante piscina. Diária:R$ 140/R$ 230, inclui refeições.
• Paraíso do Pantanal, Rua Cunha Couto, 1.532. tel. 226-1400, 9 apartamentos (ar), restaurante, piscina. Diária: R$ 25/R$ 50.

PANTANAL DE NHECOLÂNDIA

Coxim

Agências de Turismo
• Santos,
tels. 291 1521/1558
• Porte,
tel. 291-1709
• Cedrotur,
tel. 291-1405.

Bancos
• Banco do Brasil,
tels. 291-1303/1361
• Bradesco,
tels. 291-1120/1392
• CEF,
tel. 291-1106
• HSBC,
tels. 291-1144/1522.

Hospital
• Santa Casa, Av. Virginia Ferreira, 2.415, tel. 291-1699.
• Ibama, tel. 291-2310.

Rodoviária
• Rua Pontal,
tels. 291-1552/1628.

Hotéis
• Coxim, BR-163 p/ Campo Grande, km 726, 4 km, tel. 291-1479, 47 apartamentos (ar, frigobar, tel., TV). Diária: R$ 31/R$ 55.
• Santa Ana, Rua Miranda Reis, tel. 291-1602. 13 chalés (ar, frigobar, tel., TV), sauna, piscina. Diária: R$ 40/R$ 70.

Restaurantes
• Pintado Azul, Av. Gaspar dos Reis Coelho, 250, tel. 291-2221. Cozinha pantaneira.
• Kixodó, Av. Virginia Ferreira, 1.523. Comida caseira.

Rio Verde de Mato Grosso

Agência
de Turismo
• Quedas d'Água,
tel. 292-1635.

Bancos
• Banco do Brasil,
tel. 292-1234
• Bradesco,
tels. 292-1235/1335
• CEF,
tel. 292-1240
• HSBC,
tel. 292-1583.

Hospital
• Casa de Saúde, Rua Barão do Rio Branco, s/nº, tel. 292-1126.

Hotel
• Rio Verde Plaza, Av. Barão do Rio Branco, 581, tel. 292-1452, 37 apartamentos (ar. frigobar, tel., TV). Diária: R$ 25/R$ 40.

PANTANAL DE AQUIDAUANA

Aquidauana

Agências
de Turismo
• Pambratur,
tels. 241-3493/371
• Buriti,
tel. 241-2718
• Lucarelli,
tel. 241-3420
• Luka Tour,
tels. 241-1440/3410.

Bancos
• Banco do Brasil,
tels. 241-3796/3606
• Bradesco,
tel. 241-4065
• CEF,
tel. 241-4030
• HSBC,
tel. 241-3770
• Itaú,
tel. 241-3796.

Hospital
• Regional, Rua Manuel Antonio P. de Barros, 1.424, tel. 241-3636.

Locadora de autos
• Locarápido,
tel. 241-2989.

Polícia Florestal
• tel. 241-3675.

Rodoviária
• Rua Estevão Alves Correia, 2.000, tels. 241-2501/2158.

Hotéis
• Portal Pantaneiro, Rua Pandiá Calógeras, 1.067, tel. 241-4328, 28 apartamentos (ar, frigobar, tel., TV), piscina. Diária: R$ 42/R$ 71.
• Aquidauana Palace, Rua Manuel Antonio P. de Barros, 904, tel. 241-3596, 27 apartamentos (ar, tel. frigobar, TV). Diária: R$ 20/R$ 35.

Restaurante
• O Casarão, Rua Manuel Antonio P. de Barros, 533, tel. 241-2219. Pescados.

Miranda

Agência de Turismo
• Águas do Pantanal Tour, tel. 242-1314.

Bancos
• Banco do Brasil, tel. 242-1043
• Bradesco, tel. 242-1024
• HSBC, tel. 242-1106.

Estação Ferroviária
• tel. 242-1200.

Hospital
• Pedro Pedrosian, Rua 7 de Setembro, 425, tel. 242-1124.

Rodoviária
• Rua Barão do Rio Branco com BR-262, tel. 242-1249.

Hotéis
• Águas do Pantanal, Av. Afonso Pena, 367, 15 apartamentos (ar, frigobar, tel., TV), restaurante, piscina. Diária: R$ 60/R$ 70.
• Pantanal, Rua Barão do Rio Branco, 609, tel. 242-1068, 32 apartamentos (ar, frigobar, TV), restaurante, piscina. Diária: R$ 55/R$ 70.

Anastácio

Agências de Turismo
• Expresso Mato Grosso, tel. 241-2638
• Aguasé, tel. 241-2889.

Bancos
• HSBC, tels. 241-2526/3018.

Hospital
• Centro de Saúde, Rua Dom Aquino, tel. 241-2429.

Rodoviária
• Praça das Nações, tel. 241-2404.

Hotéis
• Spumoni, Av. da Integração, 579, tel. 241-3411, 29 apartamentos (ar, frigobar, tel., TV). Diária: R$ 25/R$ 50.

PANTANAL DE NABILEQUE

Porto Murtinho

Bancos
• Banco do Brasil, tels. 287-1122/1399
• HSBC, tel. 287-1131.

Hospital
• César Barbalho, Rua Amadeu Santos e Silva, 211, tels. 287-1261/1255.

Locadora de Barcos
• Cut, tels. 287-1560/1460.

Receita Federal
• tel. 287-1291.

Rodoviária
• Rua Pedro Celestino, 465, tel. 287-1323.

Hotéis
• Hotel dos Camalotes, Fazenda 3 Barras (Rio Paraguai), tel. 287-1160. 20 apartamentos, 14 chalés (ar, frigobar, tel., TV), piscina, restaurante, barco, piloteiro. Diária: R$ 116/R$ 180, refeições incluídas.
• Saladero Cue, Faz. Saladero (Rio Paraguai), tel. 287-1113. 16 apartamentos e 9 chalés (ar, frigobar, tel., TV), restaurante, barco, piloteiro. Diárias: R$ 50/ R$ 100, refeições incluídas. Fecha no período de novembro a janeiro.
• Americano, Rua Doutor Correia, 324. tel. 287-1344, 38 apartamentos (ar, frigobar), restaurante, barcos, piloteiros. Diárias: R$ 40/R$ 80. Fecha de novembro a março.

BONITO
67

Bonito

Agências de Turismo
• Pitanguá Tour, tel. 255-1068 e-mail: pitanga@bonitonline.com.br
• Bonitur, tel. 255-1507
• Hapakany Tour, tel. 255-1315 rapakany@terra.com.br
• Tapera Turismo, tel. 255-1110
• Iberé Tour, tel. 255-1166 iberetur@terra.com.br
• Big Tour, tel. 255-1353 bigtour@terra.com.br
• Ygarapé Tour, tel. 255-1733 ygarape@terra.com.br

• Taíka Tour, tel. 255-1354
• Muito Bonito Turismo, tel. 255-1645
• Tucano Tour/ Crisval Tour, tel. 255-1551 zagaia@terra.com.br
• Baía Bonita Tour, tel. 255-1193
• Canaã Tour, tel. 255-1282 canaa@alanet.com.br
• Paraíso Tour, tel. 255-1477
• Arara Tour, tel. 255-1758
• Karajá Turismo, tel. 255-1854 karaja@terra.com.br
• MS Tour, tel. 255-1695 mstour@terra.com.br
• Nandai Tour, tel. 255-1716 nandaitur@terra.com.br
• Natura Tour, tel. 255-1544 naturatour@terra.com.br
• Olho D'Água Turismo, tel. 255.1430 olhodagua@terra.com.br
• Panamericana Turismo, tel. 255-1679 panamericana@terra.com.br
• Cacai Operadora, tel. 255-1549 cacaiecoturismo@terra.com.br.

Bancos
• Banco do Brasil, tels. 255-1121/1106
• HSBC, tel. 255-1201
• Bradesco, tel. 251-1341.

Compras
• Casa do Turista, Rua Cel. Pillad Rebuá. 1.865, tel. 255-1841
• Pedras Naturais, Rua Cel. Pillad Rebuá, 1.957, tel. 255-1110.

Hospital
• Municipal, Rua Pedro Apóstolo, tel. 255-1864.

Locadora de Autos
• Unidas, tels. 255-1862/1001.

Polícia Florestal
• tel. 255-1247.

Rodoviária
• Rua Pedro Álvares Cabral, tel. 255-1606.

Hotéis
• Zagaia Resort, rodovia p/ Três Morros, km 1, tel, 255-1280, e-mail: crisval@zagaia.com.br, 66 apartamentos (ar, tel., TV, frigobar), restaurante, piscinas, quadras esportivas, recreação. Diárias: R$ 224/ R$ 292, inclui jantar.
• Pousada Olho D'Água, rodovia para Três Morros, km 1, tels. 255-1430/1470, www.pousadaolhodagua.com.br, e-mail: bonito@pousadaolhodagua.com.br, 20 apartamentos (ar, frigobar), piscina. quadras, restaurante Diárias: R$ 105/R$ 165, inclui jantar.
• Tapera, rod. Guia Lopes da Laguna, km 1, tel. 255-1700, www.taperahotel.com.br, e-mail: taperahotel@bonitonline.com.br, 34 apartamentos (ar, frigobar, tel., TV), restaurante, piscina. Diária: R$ 92/R$ 125.
• La Paloma Residence, Ruas das Camélias, 135, tel. 255-1215, 14 chalés (ar, frigobar, cozinha equipada, TV), restaurante. Diária: R$ 120.
• Lago Azul, Rua Ari Leite Machado, 618, tel. 255-1502, 24 apartamentos (ar, frigobar e TV), piscina, restaurante. Diária: R$ 65/R$ 100.
• Excel Park, Rua Antonio Alle, tel. 255-1919, 33 apartamentos (ar, frigobar, tel., TV). Diária: R$ 54/R$ 96.
• Canaã, Rua Cel. Píllad Rebuá, 1.376, tel. 255-1255, www.hotelcanaa.com.br, 35 apartamentos (ar, frigobar, tel. e TV), restaurante. Diária: R$ 35/R$ 60.
• Paraíso das Águas, Rua Cel. Pílad Rebuá, 1.884, www.paguas.com.br, tel. 255-1296. 35 apartamentos (ar, frigobar, TV). Diária: R$ 51/R$ 90.
• Recanto dos Pássaros, Rua Marechal Rondon, 549, tel. 255-1908, 15 apartamentos (ar, TV), piscina natural, cavalos, restaurante. Diária: R$ 45/R$ 70.
• Gemila Palace, Rua Luís da Costa Leite, 2.085, tel. 255-1421, 22 apartamentos (ar, frigobar, tel., TV). Diária: R$ 35/R$ 85.
• Albergue da Juventude, Rua Lúcio Borralho, 716, tel. 255-1462, www.ajbonito.com.br 5 apartamentos e 8 quartos. Diária: R$ 18/R$ 36.

Restaurantes
• Tapera, Rua Cel. Pillad Rebuá, 1.961, tel. 255-1757. Cozinha variada.
• O Casarão, Rua Cel. Pillad Rebuá, tel. 255-1970. Self-Service.
• Churrascaria Farroupilha, Rod. Guia Lopes da Laguna, km 1, tel. 255-1112. Carne.
• Paladar Caipira, Rua Monte Castelo, 858, tel. 986-4707. Comida caseira.

Jardim

Agências de Turismo
• Caimã Turismo, tel. 251-1862
• Rio da Prata, tel. 251-3294
• Abelhas, tel. 251-1278
• New Tur, tel. 251-1133.

Bancos
• Banco do Brasil, tels. 251-1844/1503
• Bradesco, tels. 251-1525/1517
• CEF, tel. 251-1803
• HSBC, tels. 251-1217/2122.

Hospital
• Marechal Rondon, Av. 11 de Setembro, 414, tel. 251-1131.

Polícia Florestal
• tel.251-2831.

Rodoviária
• Av. Duque de Caxias, tel. 251-1327.

Hotéis
• Jardim, Rua 1° de Maio, 291, tel. 251-2233, 20 apartamentos (ar, frigobar e TV). Diária: R$ 20/R$ 36.

Restaurantes
• Baby, Av. Duque de Caxias, tel. 251-1742. Cozinha variada.
• O Casarão, Av. Duque de Caxias, tel. 251-2988. Cozinha variada.

Bodoquena

Bancos
• HSBC, tels. 268-1199/1205.

Hospital
• Bodoquena, Projetada C, tel. 268-1225.

Rodoviária
• Rua José Roque de Carvalho, tel. 268-1230.

CHAPADA DOS GUIMARÃES

65

Chapada dos Guimarães

Agências de Turismo
• Aventuras e Caminhos, tels. 301-1836/1122
• Ecoturismo Cultural, tels. 301-1393/1639.

Bancos
• Banco do Brasil, tel. 301-1191
• Bradesco, tel. 301-1235.

Hospital
• Fundação Assistencial, Rua Quinco Caldas, tel. 301-1116.

Rodoviária
• Rua Cipriano Curvo, tel. 301-1280.

Hotéis
• Pousada Estância Laura Vicuña, Rod. Emanuel Pinheiro, km 60, tels. 391-1269 e 9981-0335, 15 apartamentos (ar, frigobar, TV), restaurante, piscina, cachoeira, cavalos, quadras. Diária: R$ 75/R$ 90.
• Pousada Penhasco, Av. Penhasco (Bom Clima), www.penhasco.com.br, tel. 301-1555, 28 apartamentos (ar, frigobar, tel., TV), piscina, restaurante, sauna, quadras. Diária: R$ 135/R$ 135.
• Pousada da Chapada, Rod. Emanuel Pinheiro, km 63, tel. 301-1171, 38 apartamentos (ar, frigobar, TV), restaurante, piscina, sauna, quadras. Diária: R$ 55/R$ 70.
• Turismo, Rua Fernando Correia da Costa, 1.065, tel. 301-1176, 23 apartamentos (ar, frigobar, TV), piscina. Diária: R$ 45/R$ 65.

Restaurantes
• O Mestrinho, Rua Quinco Caldas, 119, tel. 301-1181. Cozinha regional, apenas almoço.
• Nívios, Rua Vereador José de Souza, tel. 301-12060. Cozinha regional, apenas almoço.
• Mirante Morro dos Ventos, Estrada do Mirante, km 1, tel. 301-1330. Cozinha regional.

Nobres

Bancos
• Banco do Brasil, tels. 376-1521/1523
• Bradesco, tels. 376-1611/1613.

Hospital
• Laura de Vicuña, Av. Juscelino Kubitschek, tel. 376-2020.

Rodoviária
• Av. Getúlio Vargas, tel.376-1164.

Hotéis
• Pirâmide Palace, Av. Getúlio Vargas, 1.974, tel. 376-1021, 44 apartamentos (ar, frigobar, tel., TV), restaurante Diária: R$ 30/R$ 50.
• Mangueiras, Av. Getúlio Vargas, s/nº, tel. 376-1345, 30 apartamentos (ar, frigobar, TV), restaurante Diária: R$ 30/R$ 50.

Restaurantes
• Pirâmide, Av. Getúlio Vargas, 1.974, tel. 376-1021. Cozinha variada.
• Churrascaria Xaxim, BR-163 Km 127, tel. 376-1116. Cozinha variada.

DICAS

Cuidados com a Saúde

Viajar para o Pantanal e regiões próximas exige alguns cuidados especiais, principalmente para eliminar riscos de contrair doenças como malária, diarréia infecciosa, cólera, dengue ou febre amarela. Além de se expor a vários tipos de bactérias, parasitas ou vírus, uma pessoa em viagem costuma ficar mais suscetível, graças a fatores como mudanças alimentares e estresse. Para minimizar esses fatores, procuramos dar aqui algumas sugestões práticas e alertas. Além disso, em quase todas as cidades, estamos relacionando o principal hospital (*veja serviços*), caso haja necessidade de um atendimento rápido. As duas capitais, Campo Grande e Cuiabá, contam com melhor estrutura e, para casos mais complicados, são as melhores opções.

Precauções

Diversas precauções devem ser tomadas antes mesmo do início da viagem. As vacinas, por exemplo, só produzem efeito quando são aplicadas com certa antecedência (em alguns casos necessita-se de mais de uma dose). O mesmo ocorre com medicamentos profiláticos que, para se observar quaisquer efeitos colaterais, devem também ser iniciados bem antes da viagem.
Se você tiver um plano de saúde, certifique com antecedência quanto à cobertura ou se há outros hospitais credenciados na região. O seguro-saúde também costuma ser útil para doenças e transtornos similares.

Insetos

A melhor época para ir ao Pantanal é entre maio e setembro, quando a incidência de insetos é bem menor. Mas, o principal problema com insetos e mosquitos decorre do fato de estes serem transmissores de doenças como malária, dengue e febre amarela. No caso da **febre amarela**, é altamente recomendável tomar a vacina com antecedência de 10 dias. Em São Paulo (informações pelo tel. 1520) e, no Rio de Janeiro, basta ir aos aeroportos e procurar o Centro de Imunização, órgão do Ministério da Saúde. A febre amarela é transmitida pelos mosquitos *Haemagogus* ou pelo *Aedes aegypti*, os sintomas mais comuns são febre, mal-estar, sangramentos e icterícia (pele amarelada). Outra doença que ameaça visitantes na região é a **dengue**. Transmitida pelo mosquito *Aedes aegypti*, seus sintomas são febre, dor nas articulações e nos músculos. Já a **malária** é transmitida por outro tipo de mosquito – o *Anopheles* – e os sintomas são febre alta, calafrios intensos, diarréia e mal-estar. Nesses dois casos, não é necessário tomar vacina, mas deve-se ficar sempre atento, principalmente se surgirem sintomas parecidos com estes acima citados.
Além da vacina, algumas medidas podem diminuir os riscos; por exemplo, se o local onde irá se hospedar não tiver ar-condicionado, prefira quartos com janelas teladas e não dispense o mosquiteiro, se possível, impregnado com permetrina (substância que se mantém efetiva por vários meses), além de inseticida aerossol ou repelente elétrico. Quando estiver ao ar livre, procure usar na pele repelente à base de DEET com concentração máxima de 30% para adultos e 10% para crianças. Mas evite exposição ao sol. Repelentes à base de permetrina ou deltametrina devem ser usados nas roupas. Use ainda calças e camisas de manga comprida reduzindo a área do corpo que fica exposta. Se for acampar, acenda uma fogueira, pois a fumaça espanta os insetos.

Água

Outra forma muito comum de contágio é por meio da ingestão de água ou produtos contaminados. Para minimizar os riscos de contrair a indesejável diarréia infecciosa, cólera ou hepatite, procure lavar as mãos com água e sabão antes do preparo de alimentos e refeições. Prefira ainda bebidas engarrafadas ou enlatadas industrialmente, como refrigerantes, cervejas e vinhos, mas nunca beba diretamente de latas ou garrafas, sem lavá-las adequadamente. Opte pelos práticos canudinhos ou mesmo por copos descartáveis.
Se não tiver água mineral gasosa engarrafada, que é mais segura, opte

por água fervida ou clorada. Existem comprimidos contendo cloro ou mesmo hipoclorito de sódio, ou ainda soluções de iodo a 2% que purificam a água. Os cafés ou chás, preparados com água fervida, não apresentam riscos, mas evite o leite não-pasteurizado.

Alimentos

Quantos aos alimentos, é preferível comer peixes, que são próprios da região e melhor preparados do que carnes em geral. Tome cuidado, sobretudo, com os sucos, molhos e com aqueles alimentos à base de ovos, como maionese, musse e sorvetes caseiros. Se puder, opte por alimentos cozidos ou fervidos preparados na hora, evitando frutas e legumes que não sejam descascados ou desinfetados. Os legumes, por sua vez, são facilmente contamináveis e difíceis de serem adequadamente esterilizados.

Doenças

Para quem gosta de se aventurar em regiões alagadas como as do Pantanal, além de todos esses cuidados com água e alimentos, precavenha-se contra as doenças transmitidas no contato direto com a água. Para evitar verminoses do tipo esquistossomose e leptospirose, entre outras, durante os passeios e cavalgadas, principalmente em locais encharcados, não esqueça de botas impermeáveis, de cano longo. Esse tipo de calçado, além de evitar contato direto com a água, diminui as chances de ser mordido ou picado por qualquer tipo de animal peçonhento. Se estiver tomando medicamentos especiais, mantenha-os consigo e, por precaução, tenha sempre uma receita bem guardada, onde não precisa constar o nome do remédio, mas sim os dados genéricos, principalmente componentes. Procure ainda portar medicamentos básicos, como antitérmicos e antiinflamatórios.

Animais

Evite também banhar-se em locais que não forem indicados por guias ou moradores da região. Alguns rios rasos podem ter animais como arraias, que possuem ferrões venenosos.

Alguns hotéis de pesca estão instalados sobre palafitas, por isso, antes de se hospedar, verifique se este conta com boa infra-estrutura, principalmente água potável e sistema de esgoto.

Outro risco que se deve evitar é manter contato com animais com os quais não se tem qualquer familiaridade. Isto se aplica bem ao Pantanal, com sua peculiar fauna e flora, que, apesar da beleza, podem causar danos às pessoas mais sensíveis ou alérgicas. Até uma aparentemente inofensiva borboleta ou mesmo alguns sapos podem possuir toxinas que causam envenenamentos graves, chegando até mesmo à morte.

Há casos de guias inconseqüentes que, apenas para impressionar turistas, gostam de pegar animais, incluindo répteis como as lentas sucuris, que não são venenosas. Atitudes como esta podem causar prejuízos tanto aos animais quanto aos turistas desavisados.

Se ocorrer qualquer acidente com animais peçonhentos, como aranhas, escorpiões e cobras, fique calmo e não tente tirar a peçonha, não faça torniquetes e procure imediatamente auxílio médico para receber os primeiros socorros. Se for pescar, tome cuidado também com os peixes. Muitos tipos de bagres possuem ferrões que representam perigo – pescadores experientes sabem como é dolorida uma ferroada desses peixes, causando febre e outras complicações. Da mesma forma, outra atividade comum e divertida como é o caso da pesca da piranha também pode representar risco, pois seus dentes são incrivelmente cortantes. Se tiver um piloteiro no barco, peça a ele que tire o peixe do anzol.

Mais informações podem ser obtidas no Centro de Informações em Saúde para Viajantes (Cives), um serviço público criado pela Universidade Federal do Rio de Janeiro, tel. (21) 562-6213, www.cives.ufrj.br. Em São Paulo, o Núcleo de Medicina do Viajante, órgão ligado ao Instituto de Infectologia Emílio Ribas, também fornece informações sobre doenças que costumam ameaçar turistas, pelo tel. (11) 3061-5633, ramal 142, no período da manhã.

Fonte: Centro de Informação em Saúde para Viajantes (Cives).

PARA ESTRANGEIROS

Chapada dos Guimarães, Bonito e Pantanal merecem toda a fama e projeção internacional, contudo, para que o turista possa conhecer estas belas e diferentes paisagens, é necessário planejar bem a viagem e obter o maior número possível de informações sobre a região. Por isso, leia antes o *Guia* e procure se familiarizar com os nomes das cidades, fazendas, peixes, animais, atrações, rios e plantas.
No caso de pacotes que incluam também passeios e hospedagem, procure ter sempre um contrato ou prova escrita do que foi acordado. Verifique com atenção o que será incluído e sempre desconfie das "pechinchas imperdíveis".
Não há free shoppings nos aeroportos de Cuiabá e Campo Grande, mas, se passar por Rio e São Paulo tel. 0800-216168, considere a isenção de US$ 500 de taxas e impostos.

Dinheiro

A maioria dos hotéis indicados aqui aceita cartões de crédito, mas pouquíssimos trabalham com cheques de viagem. Para fazer a troca de moedas, prefira as agências bancárias – instituições locais, como o Banco do Brasil, têm agências em todas as localidades mas apenas aquelas instaladas nas grandes cidades costumam oferecer serviço de câmbio. Alguns hotéis de porte oferecem esse serviço, mas costumam cobrar porcentagens mais altas do que os bancos.

Estradas

As condições das estradas, incluindo a sinalização, podem ser consideradas boas para os padrões brasileiros e, se não estiver viajando sozinho, a locação de automóvel pode ser uma boa opção. Mas, não chegue ao aeroporto e alugue um carro na primeira operadora que entrar. Instale-se calmamente no hotel, ligue para algumas locadoras e faça uma cotação de preços. Evite viajar sem guias em estradas mais arriscadas como a Estrada Parque e a Transpantaneira. O combustível tanto pode ser a gasolina como o álcool, ambos são facilmente encontráveis nos postos.

Tarifas

A maioria dos hotéis cobra taxas extras sobre as diárias e serviços. Esta porcentagem é, em média, de 10% sobre o valor total da conta, mas alguns hotéis cobram um pouco mais e outros não cobram nada. O valor das diárias varia também de acordo com a época do ano, com diferenciação para alta e baixa.

No caso de se sentir lesado ou prejudicado com o serviço oferecido por operadoras, companhias aéreas, hotéis e guias turísticos, saiba que há vários órgãos oficiais com poder de fiscalização. A Embratur (órgão oficial responsável pelo turismo no país) tem escritórios em Campo Grande (tel. 67/721-3385) e Cuiabá (tel. 65/622-1638). Se houver qualquer problema relativo a serviços, a entidade recebe queixas e tenta resolver a questão, ouvindo as partes envolvidas. Outra entidade, a Associação Brasileira de Agências de Viagens (Abav), também com escritório em Campo Grande (tel. 67/782-1133), recebe reclamações e, se a agência for uma de suas filiadas, terá condições de tentar um acordo entre as partes.

CHAMADAS TELEFÔNICAS

Chamadas internacionais são caras em todas as partes do mundo, mas no Brasil podem ser realmente exorbitantes. Felizmente, o e-mail custa barato e (timidamente, é verdade) alguns hotéis estão começando a disponibilizar o acesso a esse tipo de serviço. Se precisar usar o telefone, muitas vezes é melhor fazer chamadas a cobrar. Para isto, basta discar Informações Embratel (tel. 000111). Se souber os códigos e quiser fazer a ligação por conta própria, disque 00, o código da operadora (pode ser 21, da Embratel, ou 23, da Intelig), código do país, código da cidade e o número do telefone desejado. Ligando do Brasil (mais informações com a Embratel, pelo tel. 000333), chamadas no horário comercial (8 às 18h) para os EUA, por exemplo, custam por volta de R$ 1,26 o primeiro minuto e quase R$ 0,13 os 6 segundos seguintes. Para a Europa, no horário comercial (das 8 às 18 h), custa quase o dobro. Pergunte à telefonista sobre valores estipulados. Alguns hotéis costumam taxar até mesmo ligações a cobrar.

Ligações locais

Para ligações dentro do território brasileiro, aplica-se as mesmas recomendações: evite sobretudo fazer chamadas do quarto do hotel. Se puder, opte por usar os telefones públicos operados por cartões, que são mais práticos e permitem uma boa economia nas contas telefônicas. Ao desembarcar, vá até à loja da telefônica do aeroporto e adquira vários. Em muitas cidades do Pantanal pode ser difícil encontrá-los.
Com a privatização da telefonia, começa haver uma salutar concorrência entre as operadoras e, com isso, as tarifas estão ficando menores. Verifique junto às operadoras quais os melhores horários, quando os descontos são maiores. Para interurbanos nacionais, é necessário discar, primeiro, o código da operadora (21 para Embratel ou 23 para Intelig), seguido do código da cidade e o número do telefone.
Se você se sentir lesado em serviços e preços, não deixe de recorrer ao principal órgão de defesa do consumidor, o Procon. Este serviço tem abrangência nacional e mantém escritórios nas principais cidades brasileiras. Em Campo Grande, atende no 67 725-8975 e, em Cuiabá, no número 1512.

Preços gerais no roteiro (dólar= R$ 1,92)*

Diária de casal em hotel de médio porte em Campo Grande: R$ 185

Entrada no Balneário Municipal em Bonito: R$ 10

Entrada no Museu do Índio em Campo Grande: R$ 3

Ingresso de cinema em shopping de Campo Grande ou Cuiabá: R$ 5

Locação de veículo (diária não inclui seguro) em Cuiabá: R$ 90

Passagem de ônibus urbano: R$ 1

Passeio no Aquário Natural em Bonito: R$ 36/R$ 46

Refeição (peixada) para duas pessoas em Cuiabá: R$ 20

Táxi aeroporto/centro (Cuiabá ou Campo Grande): R$ 15

* cotação do dólar no dia do fechamento da edição

PARA SABER MAIS

BUSCA NA WEB

- No site oficial do governo do Estado podem ser obtidas informações sobre as cidades e outras regiões do Mato Grosso, incluindo Pantanal e Cerrado: www.turismo.mt.gov.br
- Histórico/localidades/aventura/ecoturismo: www.guiapantanal.com.br
- Órgão oficial do governo: www.embratur.gov.br/estados
- Uma espécie de portal, com informações sobre cultura, geografia, serviços. É um dos mais completos: www.portalpantanal.com.br
- Hospedagem: www.fiqueaqui.com.br
- Hotéis, passeios, agências e roteiros: www.campograndeonline.com.br

Pantanal Norte

Cuiabá:
- www.tkdbrasil.net/darwin/
- www.cba.guiacidade.com.br

Cáceres:
- www.caceres.com.br/
- www.eafc.g12.br
- www.terra.com.br/cidade/caceres

Poconé:
- www.members.tripod.com/pocone

Pantanal Sul

Campo Grande:
- Governo: www.pmcg.ms.gov.br
- Turismo: www.ecotur-ms.com.br
- Cidade: www.campogrande.net/

Aquidauana:
• www.auanet.com.br/aquidauana

Coxim:
• www.ecotur-ms.com.br/coxim

Bonito

Bonito:
• www.ecotur-ms.com.br/bonito
• www.bonito2000.com.br
• www.bonito.tur.br
• www.terra.com.br/bonito
• Inf. turísticas, históricas e serviços : www.bonito.com.br
• Passeios, hospedagem e reportagens: www.bonitoonline.com.br
• Atrações, comércio, cultura. Um portal quase: www.portalbonito.com.br
• Hospedagem: www.fiqueaqui.com.br

Jardim:
• www.ecotur-ms.com.br/jardim

Chapada dos Guimarães

Chapada dos Guimarães:
• Hotéis, restaurantes, histórico: www.mtnews.com.br/cidades/chapada.htm
• Dados e história da ocupação: www.chapadadosguimaraes.com.br

LIVROS

• *Aves no Pantanal* Marcelo Oliveira – Ed.Prêmio

• *Aves do Pantanal* Marinho Lobello – Ed.Nobel

• *Peixes do Pantanal* Heraldo A Britski, Keve Z. de S. de Silimon e Balzac S. Lopes - Ed.Embrapa

• *História de Um País Inexistente – O Pantanal Entre Os Séculos 16 e 18.* Maria de Fátima Costa - Ed.Cosmo

• *Pantanal – Síntese Geográfica* Fernando Portela -Ed.Ática

• *Pantanal – Nossas Plantas* Célia de Assis - Ed.FTD

• *O Pantanal – Mar de Xaraés* Antonio de Pádua Bertelli – Ed.Siciliano

• *Pantanal* Haroldo Palo Jr. – Ed.Cor/Ação

• *Plantas do Pantanal.* Arnildo Pott e Vali J. Pott – Ed.Embrapa.

• *Raízes do Pantanal* Augusto Cezar Proença – Geografia & Geologia.

• *Gente Pantaneira (Crônicas da sua história)* Abílio Leite de Barros – Ed.Lacerda

• *Pantanal Luz Água & Vida.* Roberto Machado – Fotos e imagens de toda a região - Ed. Zagaia.

• *A Vida no Pantanal.* Roberto Antonelli - Ed.FTD.

• *Conheça o Pantanal.* Nicia Wendel de Magalhães – Ed.Terragraph

• *Pantanal – Santuário Ecológico Mundial* Jonas Muraski - Ed.Nacional

• Cidades de Mato Grosso – Origem e significado de seus nomes *João Carlos Vicente Ferreira e Padre José de Moura e Silva - Ed.Buriti*

• *Efemérides Cacerences (Volumes I e II)* Natalino Ferreira Mendes

• *Memória Cacerense* Natalino Ferreira Mendes – Ed.Carlini & Caniato

CD-ROM

• *Pantanal – Gente, Tradição e História.* Augusto César Proença – UFMS

ARTISTAS PLÁSTICOS

Marta Barros – artista plástica, pintura a óleo. Filha do poeta Manoel de Barros, já expôs no Brasil e Exterior.

MÚSICOS PANTANEIROS

• Grupo Chalana de Prata: Música marcadamente regional, típica do homem pantaneiro.
• Guilherme Rondo, ganhou o premio Sharp em 92.
• Paulo Simões: Cantor e autor, compôs "Trem do Pantanal" e "Sonhos Guaranis".
• Tetê Espíndola: Prêmio Shell em 82 e Festival dos Festivais em 85.
• Almir Sater: Nasceu em 56, ganhou projeção nacional com a novela "Pantanal".
• Helena Meirelles. Descoberta pela revista "Guitar Player" é considerada uma das maiores violeiras do Brasil.

POESIA

• Manoel de Barros: Nasceu em Cuiabá é considerado por muitos críticos como um dos maiores poetas vivos do Brasil.

ANIMAIS

Perereca ►

(Hyla fuscovaria)

Comprimento: 5 cm. As pererecas são caracterizadas por ter as extremidades dos dedos dilatadas, providas de discos adesivos que atuam como ventosas. Por meio destas deslocam-se com facilidade na vegetação, sobre galhos ou folhas; podem também escalar superfícies lisas, como uma parede, por exemplo. Os dedos são geralmente ligados por uma membrana natatória. A coloração, em geral com tons de castanho ou verde, lhes oferece perfeita camuflagem quando em meio à vegetação, sobre folhas caídas no solo. Alimentam-se, principalmente, de insetos.

Curiosidades:

- Entre os sapos, rãs e pererecas, somente os machos cantam.
- Para a fecundação, os machos abraçam as fêmeas com as patas dianteiras e empurram com as traseiras qualquer outro que tentar se aproximar. O abraço pode durar muito tempo; o suficiente para que a fêmea elimine os óvulos na água e o macho deposite sobre eles os espermatozóides.

Rã-pimenta ►

(Leptodactylus ocellatus)

Comprimento: atinge 10 cm. As rãs são de hábitos noturnos. Freqüentam as áreas úmidas do entorno das lagoas. Alimentam-se de insetos. A fêmea constrói um ninho onde deposita os ovos, que são fertilizados no momento da postura; permanece cuidando do ninho até o nascimento dos girinos; os girinos permanecem juntos e a fêmea os protege contra predadores por algum tempo. Durante o dia se esconde em cavidades no solo, próximo da água. Seu canto é muito alto.

Curiosidades:

- No Pantanal, as pererecas de lagoas e campos alagados, cantam em coro, onde milhares delas participam ao mesmo tempo.
- Atualmente, no mundo todo, os anfíbios estão ameaçados devido à poluição atmosférica. São especialmente sensíveis aos poluentes atmosféricos porque respiram pela pele.
- Existem cerca de 4.360 espécies de anfíbios em todo o mundo. O menor anfíbio (Psyllophryne didactyla) mede apenas dez mm e vive no Brasil.

Sapo-cururu ◄

(Bufo paracnemis)

Comprimento: 20 cm. Os sapos são anfíbios noturnos, por isso durante o dia ficam ocultos em locais úmidos, como ocos em troncos e tocas sob pedras. Pode ficar longe da água, mas volta na época da reprodução. Os ovos, postos em cordões, ficam presos às plantas aquáticas até a eclosão das larvas. Estas, denominadas girinos, vivem na água até completar o desenvolvimento das pernas, quando então adaptam-se gradativamente ao ambiente terrestre. O sapo-cururu possui as glândulas paratóides bastante desenvolvidas; são duas saliências alongadas e dorsais, dispostas atrás dos tímpanos, contendo uma substância defensiva de aspecto leitoso. O sapo não pode utilizar essas estruturas por si próprio para se defender, porém, se for mordido por um predador, por exemplo, um mamífero, as glândulas se rompem, liberando a substância urticante.

Curiosidades:

- A presença de Leptodactilídeos na América do Sul acorre há 65 milhões de anos. Existem cerca de mil espécies já classificadas para a família Leptodactilidae.

Ananaí

(Amazonetta brasiliensis)

Comprimento: 35 a 40 cm. O macho do marreco ananaí é caracterizado pelo bico avermelhado; a fêmea tem o bico escuro e manchas brancas na cabeça. Quando em vôo, mostra área branca, evidente, na base da asa. Habita áreas pantanosas e lagoas do interior; ocasionalmente pode ser encontrada em locais de águas salinas ou salobras. Alimenta-se de matéria vegetal e invertebrados, especialmente insetos.

Curiosidades:

- Uma ananaí pesa cerca de 600 gr.
- A postura é de seis a oito ovos e o período de incubação de cerca de 25 dias.
- No Pantanal é muito comum, mas sempre é vista aos pares. Quando acompanhada de filhotes, geralmente dois, torna-se mais arisca.
- Na época de reprodução, vários casais foram vistos juntos, fazendo a corte.

Anu-branco

(Guira guira)

Comprimento: 36 a 38 cm. O anu-branco é característico pela crista de penas longas, castanho-amareladas; partes inferiores branco-amareladas e dorso inferior branco. Habita cerrados e campos com árvores esparsas, sendo bastante adaptado às áreas ocupadas pelos humanos. Normalmente, é visto em bandos que podem conter até 20 aves. Acompanha o gado em pastagens, de forma semelhante ao anu-preto, apanhando insetos (gafanhotos, cigarras, cupins); pode também comer ovos e filhotes de outras aves. Desloca-se em grupos, andando pelo chão entre a vegetação rasteira, apanhando insetos. Alimenta-se também de pequenos vertebrados, como anfíbios. Constrói ninhos individuais ou coletivos, os quais forra com algumas folhas verdes, de forma semelhante ao anu-preto. Os ovos, muito bonitos, são azul-esverdeados com uma camada calcária grosseira, em alto relevo, irregularmente reticulada.

Curiosidades:

- Uma anu-branco macho pode pesar 140 gr.: uma fêmea, 143 gr.
- A postura, em média, é de dez ovos.
- O período de incubação é de dez a 15 dias.
- O canto é melodioso e parecido com o do anu-preto.
- Nas áreas onde os anus-brancos estão patrulhando, sempre existe algum sentinela que dá o alarme com a aproximação de intrusos, que podem ser um gavião ou mesmo pessoas.
- Quando está frio ou chovendo, os anus-brancos empoleiram juntos, lado a lado, o mais próximo que puderem uns do outros.
- Como os ninhos são coletivos, algumas fêmeas jogam fora ovos de outras, e sempre é possível encontrar ovos caídos no chão, embaixo do ninho; eles raramente se quebram na queda.

Curiosidades:

- Um anu-preto macho pesa cerca de 115 gr.; uma fêmea, 95 gr.
- A postura pode variar de quatro a 20 ovos. Várias fêmeas botam no mesmo ninho.
- O período de incubação é de 13 a 15 dias.
- Os bandos de anus-pretos podem conter de 12 a 15 aves.
- Seu canto é melodioso e por isso é considerado um dos mais bonitos dos campos.
- O vôo do anu-preto parece instável e os pousos são sempre acompanhados de algum pequeno incidente.

Anu-preto

(*Crotophaga ani*)

Comprimento: 35 a 36 cm. O anu-preto é um ave bastante conhecida. Possui cauda longa e parte superior do bico com saliências. O bando de anus, quando acompanha o gado no pasto, não apanha exatamente carrapatos como se acredita, mas sim todos os insetos que são espantados ou atraídos por bovinos; eventualmente, pode apanhar algum carrapato. Reunidos em grupo, perambulam pela vegetação rasteira ou arbustiva em busca de insetos (gafanhotos, vagalumes, besouros, louva-deus, lagartas); apanham também lagartixas, pererecas, pequenas cobras e ovos e filhotes de outras aves. Habita ambientes abertos, com árvores e blocos de vegetação secundária. O ninho é geralmente coletivo, havendo participação de vários casais; algumas folhas verdes são colocadas para forrar o ninho. Os ovos são azul-esverdeados, com uma camada esbranquiçada, calcária, geralmente raspada quando são virados durante a incubação.

Arara-amarela

(*Ara ararauna*)

Comprimento: 86 cm. A arara-amarela é a única das espécies grandes de arara, com partes inferiores totalmente amarelas. Em geral, é observada aos pares, o que pode ser evidente mesmo quando se reúne em bandos, com 30 ou mais araras. Costuma deslocar-se diariamente, em geral por grandes distâncias, entre os locais de alimentação e de pouso para dormir. Habita o cerrado, matas, buritizais, babaçuais e campos com árvores esparsas. Alimenta-se de sementes, cocos e outros frutos. Constrói seu ninho em ocos de árvores altas; em geral utiliza troncos mortos de palmeiras, como por exemplo o buriti.

Curiosidades:

- O peso de uma arara-amarela varia entre 995 gr. e 1,3 kg.
- A postura varia de um a três ovos.
- No Pantanal, existem buritizais, onde dezenas de casais se reúnem todos os anos para reproduzir. Essas palmeiras crescem em campos alagados que dificultam qualquer aproximação por terra de possíveis predadores.
- Milhares dessas araras foram capturadas para o comércio de animais vivos. Somente a Bolívia e Guiana exportaram 18.350 araras-amarelas entre os anos de 1981 e 1984.
- Praticamente, todas as araras-amarelas que vivem ou já viveram em cativeiro foram retiradas da natureza quando filhotes.
- Quase sempre a árvore que abriga um ninho é derrubada para a captura dos filhotes, o que agrava ainda mais a situação de falta de ninhos adequados para a próxima temporada de reprodução.

Aracuã-do-pantanal ►

(Ortalis canicollis)

Comprimento: 50 a 56 cm. A aracuã tem o aspecto de uma galinha e cor uniforme marrom com cabeça e pescoço cinzentos. Ao amanhecer e mesmo ao longo da manhã, as aracuãs cantam ruidosamente. O casal canta em dueto e é muitas vezes acompanhado por outras aves ou casais do bando. Habita matas, cerrados e margens de rios, onde desce ao chão para vasculhar praias e barrancos. Alimenta-se de frutos, folhas, flores e brotos; também insetos, como lagartas de lepidópteros. O ninho de gravetos e folhas é feito sobre pequenas árvores ou arbustos; mas também pode ser encontrado no chão.

Curiosidades:

- Uma aracuã pesa entre 480 e 600 gr.
- A postura é de três ou quatro ovos.
- No Pantanal, encontramos um ninho com quatro ovos, brancos, feito no chão, na margem de uma lagoa entre a vegetação seca.
- O canto das aracuãs é um dos mais característicos do Pantanal. Junto com o carão e o garrinchão-do-Pantanal, determina uma marca para a região.

Arara-vermelha ◄

(Ara chloroptera)

Comprimento: 90 a 95 cm.

A arara-vermelha difere da arara-canga (*Ara macao*), espécie amazônica, especialmente pela presença de estrias de penas vermelhas na face e pela ausência de amarelo na asa. Geralmente, é observada aos pares. Procura alimento no dossel da mata, em árvores altas, onde encontra frutos, sementes, brotos e folhas. Habita cerrados, matas e locais abertos com árvores esparsas e até a Caatinga. Constrói seu ninho em ocos de árvores altas; pode também aproveitar-se de cavidades em paredões rochosos.

Curiosidades:

- Uma arara-vermelha pesa entre um e 1,7 kg.
- A postura é de dois a três ovos.
- A arara-vermelha pode ser vista, freqüentemente, próximo a paredões rochosos de arenito, onde pousa nas cavidades naturais.
- Seu grito característico, muito alto, é diferente das outras araras, sendo possível identificá-la mesmo não sendo vista.
- No Pantanal, disputa ninhos com a araraúna.

Araçari-castanho ▼

(*Pteroglossus castanotis*)

Comprimento: 43 cm. O araçari-castanho é uma espécie comum no Brasil Central. Os sexos são semelhantes. Nas margens do bico destacam-se "dentes" branco-amarelados. Geralmente encontrado em pequenos grupos, desloca-se nas altas copas de árvores. Alimenta-se de frutos variados e pequenas presas (vertebrados e artrópodes). As sementes dos frutos são posteriormente regurgitadas, sendo dispersadas no meio ambiente. Visita a mesma planta várias vezes ao dia. Nidifica em troncos ocos.

Curiosidades:

- São parecidos com os tucanos, mas seu porte é menor, com o bico também relativamente menor e geralmente com a borda superior serrilhada. No Pantanal são encontrados principalmente nas encostas de morros e serras.
- O macho e fêmea trazem alimento para os filhotes. O alimento é carregado no papo.

Arara-azul ►

(Anodorhynchus hyacinthinus)

Comprimento: 100 cm. A arara-azul é a maior entre as araras, papagaios, cacatuas e periquitos do mundo; possui o bico proporcionalmente muito grande. Sua plumagem é de cor uniforme, azul-escura, que aparenta ser preta quando observada de longe. Geralmente, é avistada em grupos, os quais podem ter mais de uma dezena de indivíduos. Na época de reprodução, a partir de setembro, os casais se separam do grupo. Os ninhos são feitos em escavações em árvores altas, buritizeiros ou mesmo em escarpas; uma das árvores na qual a araraúna utiliza ocos para nidificação é o manduvi. Habita cerrados, matas e buritizais. Alimenta-se de sementes, cocos e outros frutos.

Curiosidades:

- A arara-azul é o maior psitacídeo do mundo.
- A postura usual é de dois ovos e, algumas vezes, até três.
- O período de incubação é de 27 a 30 dias.
- Os filhotes permanecem no ninho entre 105 e 110 dias de vida. Geralmente só um filhote sobrevive.
- Em uma fazenda do Pantanal, há mais de 30 anos, araras-azuis e papagaios se reúnem para dormir todas as noites em um bocaiuval próximo da sede. Normalmente, são mais de 200 araras-azuis e cerca de mil papagaios.
- Estima-se que a população atual dessa arara não ultrapasse três mil aves.

Asa-branca ▲

(Columba picazuro)

Comprimento: 34 cm. A asa-branca recebe esse nome devido à coloração das penas coberteiras das asas, que formam uma faixa branca, bem visíveis quando voa. Habita matas, cerrados, caatingas e áreas cultivadas, onde pode ser muito abundante em plantios de grãos, durante a colheita. Beneficia-se com a expansão de áreas abertas para agricultura. Procura alimento, sobretudo, no solo. Alimenta-se de sementes, caroços, frutinhas e brotos de folhas; também captura insetos.

Curiosidades:

- Uma asa-branca pesa cerca de 402 gr.
- A postura usual é de apenas um ovo.
- Nas plantações de arroz, nas fazendas vizinhas ao Pantanal, essas pombas se reúnem em bandos de milhares de aves. Em julho de 1987, na Fazenda Bodoquena, foram vistas mais de 40 mil pombas asa-branca numa mesma área.
- À tardinha, pousam nas margens das lagoas para beber água.

Beija-flor-de-bico-vermelho ▼

(Chlorostilbon aureoventris)

Comprimento: 9,5 a 10,5 cm para o macho e 7,5 a 8,5 cm para a fêmea. O beija-flor-de-bico-vermelho macho é verde brilhante, com o bico vermelho, mas preto na ponta. A fêmea difere por ter partes inferiores cinza-esbranquiçadas, verdes dos lados; uma faixa escura passa pelos olhos, atrás dos quais destaca-se uma faixa branca. Em vôo, vibra as asas 32 vezes por segundo. Habita bordas de matas, cerrados e campos. Constrói ninho em forma de tijela, na ponta de um ramo, o qual é envolvido pelo ninho; também faz ninhos em folhas ou raízes dependuradas em barrancos. Alimenta-se de néctar de flores (ipê e jacarandá) e frutos da figueira. Também captura insetos no vôo.

Curiosidades:

- O peso de um beija-flor-de-bico-vermelho varia entre 3,5 e 4,5 gr.
- A postura é de dois ovos.
- O período de incubação é de cerca de 14 dias, sendo feita pela fêmea.
- Os filhotes fazem a primeira muda das penas com 20 a 22 dias de vida.

Beija-flor-rabo-de-tesoura

(Eupetomena macroura)

Comprimento: 15 a 18 cm. O beija-flor-rabo-de-tesoura é uma espécie grande, de cauda longa e furcada; o macho e a fêmea são semelhantes quanto à coloração. Em vôo, vibra as asas 22 a 25 vezes por segundo. Habita matas, cerrados e áreas ocupadas pelos humanos. Defende seus locais de alimentação atacando outros beija-flores. Constrói um ninho em forma de tijela, geralmente, em galhos horizontais não muito altos (um a três m. do solo); pedaços de líquens são colocados na parte externa do ninho, com função provável de camuflagem e reforço da estrutura. Os ovos são brancos e elípticos; pesam cerca de 0,9 gr. Alimenta-se de néctar de flores e de insetos que captura no vôo.

Curiosidades:

- O beija-flor-rabo-de-tesoura macho pesa de oito a nove gr. e a fêmea, de seis a sete gr.
- A postura é de dois ovos.
- O período de incubação é de 15 a 16 dias, feita pela fêmea.
- Um ninho, acompanhado em Araraquara (SP), foi reutilizado cinco vezes e produziu dez filhotes.
- Essa espécie também é conhecida como *Eupetomena macroura*.

Bem-te-vi

(Pitangus sulphuratus)

Comprimento: 23 cm. O bem-te-vi é uma ave bastante conhecida. Seus vários nomes são onomatopéias de um de seus cantos. Tem crista amarela, normalmente não-visível, a qual é exposta quando a ave está excitada. Habita bordas de matas, cerrados, áreas pantanosas; bem adaptado a áreas com interferências humanas, sendo freqüente também em cidades. Alimentação variada, consistindo de insetos, frutos, pequenos vertebrados, como pererecas; apanha pequenos peixes junto à superfície da água; saqueia ninhos de pássaros menores. Constrói ninho com gravetos, filamentos vegetais e folhas de capim, aproximadamente esférico e com entrada lateral, em árvores ou arbustos.

Curiosidades:

- Um bem-te-vi pesa cerca de 54 a 60 gr.
- Sua postura usual é de quatro ovos.
- O bem-te-vi, talvez seja a ave mais presente em todo o Brasil. É difícil sair para um passeio, em qualquer parte, e não vê-lo ou ouvi-lo cantando.
- Em determinados dias, é possível presenciar um verdadeiro "show" de cantoria por parte de vários bem-te-vis, que se reúnem e desatam a cantar sem parar por vários minutos.

Bico-de-prata ►

(Ramphocelus carbo)

Comprimento: 18 cm. O bico-de-prata macho é preto, com coloração vermelha-vinácea na cabeça e alto peito; destaca-se a base da mandíbula, branca, daí ser também chamado de "bico-de-louça". A fêmea é castanha-avermelhada, mais escura no dorso. Habita matas, cerrados e áreas cultivadas. Alimenta-se de frutos, insetos, néctar e larvas.

Curiosidades:

- Sua postura é de quatro ovos.
- O bico-de-prata, freqüentemente, tem seu ninho parasitado pelo chopim. Em São Carlos (SP), fotografamos um desses ninhos com um filhote de chopim e três filhotes do bico-de-prata.
- Pertence ao mesmo gênero *Ramphocelus*, o tiê-sangue, característico da mata atlântica brasileira, cujo macho tem coloração vermelha viva em todo o corpo, exceto asas e cauda, que são pretas. É uma das aves mais bonitas do mundo.

Biguá ▼

(Phalacrocorax olivaceus)

Comprimento: 58-73 cm. O biguá é uma ave comum nos rios, lagoas e litoral do Brasil. Mergulha bem e captura peixes com o bico de ponta curva, no que difere prontamente do biguatinga, cujo bico é reto e pontiagudo. Alimenta-se, sobretudo, de peixes; também de rãs, crustáceos e insetos aquáticos. Nada com o corpo semi-submerso. Desloca-se sob a água, unicamente com o auxílio dos pés, que possuem ampla membrana natatória; utilizam a cauda como leme. Nidifica em colônias, onde constrói ninho de gravetos, sobre árvores, geralmente em matas alagadas; pode associar-se a colônias de outras aves aquáticas. Distribuição geográfica: do sul dos EUA até a Argentina; em todo o Brasil.

Curiosidades:

- Uma biguá chega a pesar 1,8 kg.
- Os biguás realizam pescarias coletivas; grandes grupos nadam lado a lado, na mesma direção, bloqueando um rio ou canal, e mergulhando para apanhar os peixes que tentam furar o bloqueio. No Pantanal, já foram observadas pescarias coletivas no Rio Paraguai com mais de 500 aves juntas.
- Os biguás podem mergulhar a mais de 20 m. de profundidade.
- A postura é de três a quatro ovos e o período de incubação, de cerca de 30 dias.
- Tanto biguás como biguatingas encharcam suas penas totalmente durante os mergulhos, ao contrário de mergulhões e marrecas. Após várias horas de mergulhos, descansam sobre alguma rocha ou galhada, mantendo as asas abertas para secar ou para servir à termorregulação.

Biguatinga▲

(Anhinga anhinga)

Comprimento: 81 a 91 cm. A biguatinga é uma ave de pescoço longo, que lembra o das garças; bico longo e fino apropriado para apanhar (ou fisgar) peixes. O macho tem coloração preta, exceto as manchas branco-acinzentadas dorsais. Já a fêmea tem pescoço castanho-amarelado. Habita lagos, rios de águas calmas e pântanos. Alimenta-se, sobretudo, de peixes; eventualmente, capturam também rãs, cobras, filhotes de jacaré e insetos aquáticos. Mergulha bem e captura peixes grandes; é freqüentemente visto pousado em troncos baixos, sobre a água com asas abertas, secando as penas. Constrói ninhos de gravetos e folhas, geralmente de um a quatro m. acima d'água. Freqüentemente colonial, algumas vezes é associado a outras aves aquáticas.

Curiosidades:

- Um biguatinga pesa cerca de 1,3 kg.
- Como os cisnes, patos e marrecos, sofre mudança simultânea das penas de vôo, período no qual fica incapacitado de voar.
- A anatomia do biguatinga é adaptada para o mergulho; suas penas se encharcam, perdendo a função de formar um colchão de ar, com isso a ave ganha peso, facilitando o mergulho.
- O biguatinga utiliza as asas para impulsão do corpo durante o mergulho.
- A postura é de três a cinco ovos e o período de incubação, de 25 a 28 dias.
- É sabido que um biguatinga viveu mais de nove anos na natureza e mais de 16 anos em cativeiro.

Cabeça-seca▼

(Mycteria americana)

Comprimento: 95 cm. O cabeça-seca é a menor das três espécies de cegonhas do Brasil. O macho é maior que a fêmea. Pode ser encontrado isoladamente ou em grupos. Habita áreas alagadas, margens de rios e lagos. Alimenta-se, sobretudo, de peixes; apanha também rãs, insetos e até pequenas cobras. Para apanhar presas, anda na água e revolve o lodo do fundo com os pés. Ao mesmo tempo em que cutuca o chão com um dos pés, abre subitamente uma das asas, o que deve auxiliar no processo de espantar os animais escondidos no fundo. Os animais espantados são capturados pelo bico, o qual é mantido semi-submerso e entreaberto; as presas são detectadas sem auxílio da visão, por estruturas sensoriais na extremidade do bico. Constrói ninho de gravetos, em árvores. Procria em grandes colônias, juntamente com outras aves aquáticas, no Pantanal chamadas de ninhais. Os filhotes são recobertos de penugem branca e têm cabeça emplumada, a qual torna-se nua nos indivíduos adultos, daí seu nome popular.

Curiosidades:

- Os cabeças-secas fazem caçadas coletivas, quando muitas aves andam lado a lado, espantando os peixes e cercando-os contra as margens.
- No Pantanal, para se reproduzir, os cabeças-secas formam grandes colônias associadas a outras espécies de garças e íbis, que podem reunir mais de 20 mil aves. São os ninhais.
- Um cabeça-seca pesa cerca de 2,8 kg.
- Consta que o cabeça-seca pode viver até 27 anos.
- Atinge a maturidade sexual aos quatro anos.

Caracará

(Polyborus plancus)

Comprimento: 49 a 59 cm. O caracará é uma das aves de rapina mais comuns do Brasil. Habita áreas abertas, como campos e cerrados, veredas de palmeiras e margens de rios. Ocorre em regiões ocupadas por pessoas. É um caçador oportunista. Alimenta-se de animais diversos e procura áreas queimadas, nas quais encontra presas mortas ou feridas (ratos, tatus, lagartos, cobras, insetos). Frenqüentemente, pode ser visto ao longo de estradas, em busca de animais atropelados. No Pantanal, pode alimentar-se de filhotes de aves nos ninhais, retirados dos ninhos ou caídos acidentalmente.

Curiosidades:

- O caracará pode pesar entre 1.100 e 1.600 gr.
- Sua envergadura atinge de 1,20 a 1,32 m.
- O caracará persegue urubus em vôo, forçando-os a regurgitar o que comeram, e apanha o alimento antes que esse atinja o solo.
- A postura usual é de dois ovos e o período de incubação, cerca de 28 a 32 dias.
- Quando as lagoas estão secando, no Pantanal, e os peixes morrendo por falta de oxigênio, os caracarás são os primeiros a chegar para aproveitar o alimento fácil.
- O caracará foi imortalizado numa canção que diz. "Carcará pega, mata e come"., um dos primeiros sucessos de Maria Bethânia

Caramujeiro

(Rostrhamus sociabilis)

Comprimento: 40 a 45 cm. O caramujeiro é um gavião característico de áreas alagadas ou pantanosas. Alimenta-se quase que exclusivamente de moluscos gastrópodos, do gênero *Pomacea*, chamados de aruás. Por isso, esta ave é também chamada de gavião-de-aruá. Tem bico alongado e bastante curvo, com o qual retira o corpo do caramujo de dentro da concha. Alimenta-se também, em menor escala, de outras presas, dentre as quais, caranguejos, tartarugas e roedores. Os sexos são diferentes quanto à plumagem. O macho adulto é cinzento e cauda preta com grande área branca na base, bem visível em vôo. A fêmea é castanha no dorso. Nidifica em colônias; 90 ninhos já foram registrados em uma única colônia. O ninho é feito de gravetos, sobre árvores.

Curiosidades:

- Um caramujeiro pesa entre 360 e 390 gr.
- Sua envergadura é de 1,15 m.
- O caramujeiro leva quatro anos para adquirir a plumagem de adulto.
- A postura é de dois a três ovos. O período de incubação é de 26 a 28 dias.
- Os caramujeiros reúnem-se para dormir em locais próximos das áreas de alimentação. No Pantanal (MS), existem grupos com mais de 30 mil caramujeiros.
- Nos locais de pouso para alimentação, pode-se encontrar centenas de conchas dos moluscos que foram capturados na última temporada.

Carão ►

(Aramus guarauna)

Comprimento: 56 a 71 cm. O carão é o único representante da família Aramidae. Tem bico forte e ligeiramente curvo. Habita margens de rios, de lagos, áreas pantanosas e manguezais. Seus longos dedos facilitam a locomoção sobre plantas aquáticas, onde procura seu alimento, constituído, basicamente, de moluscos gastrópodes dos gêneros *Pomacea* (aruá) e *Marisa* (caramujo-trombeta). Eventualmente, longe da água, apanha também lagartos e moluscos terrestres. Faz ninho com vegetação aquática próximo ao solo ou ninhos de gravetos em árvores.

Curiosidades:

- O peso de um carão macho varia entre 1,1 e 1,4 kg.; a fêmea pesa entre um e 1,2 kg.
- Sua envergadura atinge um metro.
- A postura varia de cinco a sete ovos. O período de incubação é de 26 a 28 dias.
- Os filhotes são nidífugos, isto é, abandonam o ninho e acompanham os pais, horas após o nascimento.
- Seu bico é ligeiramente curvo para a direita, na ponta, provavelmente, devido ao uso constante para retirar os aruás de suas conchas, cujo formato indica essa adaptação.
- Os gritos do carão podem ser ouvidos a grande distância. Em certas ocasiões, canta a noite toda.
- Seu vôo é típico, agitando as asas mais rapidamente para cima do que para baixo.

Cardeal ▼

(Proaria coronata)

Comprimento: 18 cm. O cardeal é caracterizado pela cabeça vermelha, com topete; partes dorsais cinzentas e ventrais brancas. Aves em plumagem juvenil são acastanhadas; na cabeça, destacam-se manchas castanho-amareladas, as quais são progressivamente substituídas por vermelho. Geralmente, é visto aos pares; habita a mata em bordas de rios e lagoas, e campos com árvores esparsas.

Curiosidades:

- O cardeal, no Pantanal, muitas vezes aparece misturado aos galos-de-campina, mas sempre em menor número; geralmente apenas um casal.
- No final do dia, pode-se ver o cardeal banhando-se em água rasa nas margens de rios ou lagoas.
- No Pantanal, o galo-de-campina é normalmente chamado de cardeal; e o cardeal é chamado de galo-de-campina.

Carrapateiro ►

(Milvago chimachima)

Comprimento: 40 a 45 cm.

O carrapateiro é um gavião relativamente comum no Brasil. Também é chamado de pinhé ou pinhém, nome dado em razão de seu grito característico. Dorso castanho-escuro; cabeça e partes inferiores amarelado-claras. Na plumagem juvenil, castanho-escuro, com estrias amareladas. Habita, geralmente, ambientes abertos, como cerrado e campos com árvores esparsas, margens de rios e veredas de palmeiras. É comum em pastos, onde acompanha o gado, do qual retira carrapatos e até bernes. Cutuca feridas abertas e se alimenta da carne do animal vivo. Alimenta-se também de outros insetos, especialmente lagartas de borboletas e mariposas, filhotes e ovos de aves, cobras, animais mortos e peixes. Distribuição geográfica: da Costa Rica até o norte da Argentina e todo o Brasil.

Curiosidades:

- O carrapateiro macho pesa, em média, 315 gr., e a fêmea, 335 gr.
- A postura é de um a dois ovos.
- O carrapateiro pode ser visto pousado sobre capivaras, que até mesmo deitam e se oferecem para os serviços de limpeza do gavião.
- Geralmente, é visto aos pares.

Caturrita ▼

(Myiopsitta monachus)

Comprimento: 28 a 30 cm. A caturrita é um periquito que constrói ninho característico, o qual é um amontoado de gravetos preso aos galhos de árvores diversas, inclusive palmeiras. Podem existir vários ninhos na mesma árvore, formando uma colônia, ou mesmo haver fusão de ninhos contíguos, resultando em um conjunto com várias entradas, uma para cada casal. Constrói também colônias nas partes laterais dos ninhos do jaburu. Habita, geralmente, áreas abertas, mas aparece também em matas de galerias. É comum próximo de fazendas e residências. Alimenta-se de sementes de gramíneas, folhas e frutos.

Curiosidades:

- Uma caturrita pesa entre 90 e 140 gr.
- A postura pode variar entre 1 a 11 ovos. O número com melhores chances de sobrevivência dos filhotes é de sete ovos.
- O período de incubação é de 24 dias.
- As colônias de caturritas, no Pantanal, podem chegar a 15 casais, se houver espaço para a construção dos ninhos.
- Nos meses de muito vento (agosto), no Pantanal, é comum a queda de toda a colônia. Dezenas de filhotes e até mesmo adultos morrem, quando isso ocorre.
- As caturritas podem se tornar um grande problema para fazendeiros que cultivam milho, sorgo ou outros cereais, como girassol; atacam também frutas como pêssegos, peras e laranjas.

Colhereiro ◄

(Platalea ajaja)

Comprimento: 87 cm. Sua principal característica é o bico em forma de colher, que serve para a captura de pequenos animais na água, como peixes, crustáceos, moluscos, besouros aquáticos e outros insetos. Mergulha parcialmente o bico entreaberto na água e, através de movimentos laterais, vai capturando sua comida. Muitas vezes pode ser visto fazendo pescarias coletivas, até mesmo misturado a outras garças e cegonhas. Dezenas de colhereiros andam lado a lado em água rasa fazendo uma varredura no local. Nos adultos, a cabeça é desprovida de penas, sendo a coloração rósea mais intensa no período reprodutivo. Os filhotes e jovens têm a plumagem esbranquiçada, levemente tingida de rosa. Habita áreas alagadas, margens de rios, lagoas e manguezais. Constrói ninho de gravetos, em árvores. Nidifica em colônias, juntamente com outras aves aquáticas, como garças, cabeças-secas e biguás.

Curiosidades:

- O colorido róseo da plumagem deve-se à presença de carotenóides (cantaxantina e astaxantina) retirados da alimentação.
- O colhereiro pesa cerca de 1,4 kg.
- A postura típica do colhereiro é de três a quatro ovos.
- O período de incubação é de 22 dias e os filhotes deixam o ninho a partir de seis semanas.
- Atinge a maturidade sexual aos três anos.
- No final da tarde, na época seca, os colhereiros gostam de se reunir nas praias e bancos de areia dos rios do Pantanal para tomar banho e passar a noite.

Coruja-buraqueira ►

(Athene cunicularia)

Comprimento: 19 a 25 cm. A coruja-buraqueira é uma espécie de ave de pernas longas e cauda curta, o que indica adaptação para hábitos terrestres. Vive em cerrados, campos e áreas abertas pelos humanos, onde nidifica em buracos no solo. Aproveita escavações feitas por outros animais, como tatus, por exemplo, mas também pode escavar seus ninhos com auxílio dos pés. Alimenta-se, sobretudo, de insetos, embora outros artrópodes e pequenos vertebrados possam também fazer parte do cardápio. Os filhotes têm partes ventrais brancas, sem manchas, e ficam próximo à entrada do buraco, no qual se refugiam rapidamente quando ameaçados. Caça tanto durante o dia como à noite.

Curiosidades:

- Uma coruja-buraqueira macho pode pesar de 130 a 185 gr.; uma fêmea, de 120 a 250 gr.
- Existem 19 subespécies reconhecidas para a coruja-buraqueira, nas três Américas.
- A postura varia de seis a 11 ovos.
- O período de incubação é de 28 a 30 dias.
- A fêmea se encarrega da incubação e dos cuidados com os filhotes; o macho se encarrega de caçar.
- No Cerrado brasileiro é muito comum ver corujas-buraqueiras pousadas sobre ninhos de cupins. Esse locais servem de postos de observação para essas corujas.
- Na natureza, uma coruja-buraqueira viveu oito anos e seis meses.

Corucão▲

(Podager nacunda)

Comprimento: 28 a 32 cm. O corucão é uma espécie de curiango que passa o dia pousado em campo aberto. Também voa durante o dia e, normalmente, é visto em bandos de dezenas, e até mesmo centenas de aves. Habita margens de matas, cerrados e campos. Não constrói ninho; seus ovos são depositados no chão. Alimenta-se de insetos capturados em pleno vôo, geralmente no crepúsculo e à noite.

Curiosidades:

- O peso de um corucão pode chegar a 205 gr.
- A postura é de um ou dois ovos.
- Sua envergadura atinge 71 cm.
- Às vezes, é observado capturando insetos, em vôo, ao redor de postes de iluminação em cidades, quando então se destaca pela coloração branca do ventre e da faixa das asas.
- Nas fazendas do Pantanal, os corucões escolhem áreas onde o gado costuma passar a noite, para descansar durante o dia. Nesses locais, os corucões se confundem com as fezes do gado e fica quase impossível vê-los, a menos que se caminhe pelo local para afugentá-los.

Cujubi▼

(Pipile cumanensis)

Comprimento: 60 a 69 cm. O cujubi tem recebido diferentes nomes científicos na literatura. De modo geral, essa ave é também conhecida como jacutinga. Habita matas, sobretudo no topo das árvores, e cerrados; é comum ser vista também ao longo de rios. Alimenta-se de pequenos frutos, brotos, flores, insetos; os frutos são engolidos inteiros e as sementes posteriormente regurgitadas e, assim, distribuídas no meio ambiente. Quando não está reproduzindo, costuma formar bandos com até 15 aves. Constrói ninho de gravetos, em meio à ramagem densa, principalmente em locais altos da vegetação.

Curiosidades:

- O peso de um cujubi varia de 1,2 a 1,4 kg.
- Sua postura é de três ovos.
- O período de incubação é de cerca de 24 dias.
- A jacutinga da floresta atlântica, *Pipile jacutinga*, é uma espécie diferente e se encontra ameaçada de extinção devido à caça e destruição da floresta.

Curicaca◄

(Theristicus caudatus)

Comprimento: 76 cm. A curicaca é também um íbis. Como todos os representantes desse grupo (exceto os colhereiros), possui o bico longo e curvo, perfeitamente adaptado para a captura de pequenos seres em água rasa ou enterrados na lama. Anda pelos campos em pequenos grupos, geralmente em áreas alagadas, mas também pode ser observada com freqüência em locais longe da água. Procura áreas queimadas. Alimenta-se principalmente de insetos, aranhas, anfíbios, pequenos répteis, cobras e ratos. Nidifica em pequenas colônias, ou isoladamente, aos casais. Constrói ninho, volumoso, de gravetos em árvores.

Curiosidades:

- No Pantanal, as curicacas gostam de se reunir para dormir nas palmeiras próximas das sedes de fazenda. Fazem grande algazarra tanto ao anoitecer como na madrugada seguinte e, por essa razão, recebem também o nome de "despertador".
- No Sul do Brasil, as curicacas se reúnem para dormir e reproduzir nas araucárias.
- A postura típica da curicaca é de dois a quatro ovos.
- Normalmente, as curicacas são bem-vindas nas fazendas, porque comem animais nocivos que habitam as vizinhanças das casas.

Ema

(Rhea americana)

Comprimento: 127 a 140 cm. A ema é a maior e mais pesada ave brasileira. Os machos podem chegar a 34 kg. e as fêmeas a 32 kg. É uma ave inconfundível, tanto pelo seu tamanho quanto pela aparência. Vive em grupos de até 30 aves e ocupa campos abertos e cerrados. Alimentam-se de vegetais, frutas, sementes e insetos, sobretudo gafanhotos e moscas. Se conseguir capturar, come também, lagartixas, rãs e cobras. Os machos se encarregam de construir um ninho e arrebanhar várias fêmeas para que coloquem ovos. Depois de completada a postura, o macho inicia, sozinho, o processo de incubação dos ovos e cuidados com os filhotes, após o nascimento. As fêmeas ficam livres para copular com outros machos e fazer novas posturas em outros ninhos.

Curiosidades:

- Uma ema pode atingir até 60 km/h.
- A ema, com o pescoço elevado atinge 1,70 m. de altura.
- As emas estão entre as aves mais antigas do continente americano. Possuem ancestrais registrados por fósseis de 55 milhões de anos.
- O macho, na época de reprodução, emite um urro forte e grave, que se assemelha ao berro de um boi.
- O período de incubação é de 35 a 41 dias.
- O ninho de ema pode ter entre 18 e 25 ovos, pesando, em média, 610 gr. cada um.
- Atinge a maturidade sexual entre dois e três anos de idade.

Fogo-apagou

(Scardafella squammata)

Comprimento: 18 a 22 cm. Essa rolinha recebe um nome popular, que é onomatopéia do canto, que parece dizer "fogo apagou". Também chamada de rola-cascavel, devido ao som emitido com as asas durante o vôo, lembrando o barulho do chocalho daquela serpente. Habita cerrados, campos e áreas abertas. Pode ser vista em cidades. Alimenta-se, sobretudo, de grãos, que procura no solo; normalmente, é vista sozinha ou em pares, mas também aparece em bandos de até 12 rolinhas.

Curiosidades:

- Uma rolinha fogo-apagou pesa entre 48 e 60 gr.
- A postura é de dois ovos brancos.
- Em um ninho estudado, passaram 29 dias desde a construção do ninho até a primeira muda dos filhotes.
- Em um ninho filmado no Pantanal, a fêmea permanecia arrumando os pequenos gravetos trazidos pelo macho, que, sistematicamente, montava sobre ela, todas as vezes que retornava ao ninho.
- Canta, nas horas quentes, por longos períodos. Seu canto característico pode ser considerado uma das vozes típicas do interior do Brasil.

Galo-de-campina

(Paroaria capitata)

Comprimento: 17 cm. O galo-de-campina é caracterizado pela cabeça vermelha, mancha preta na garganta, bico e pernas amarelos. As aves em plumagem juvenil têm cabeça e partes dorsais acastanhadas. É comum em todo o Pantanal e, geralmente, visto em bandos. Habita a mata em borda de rios, áreas pantanosas, cerrados e campos com árvores esparsas.

Curiosidades:

- No Pantanal, o galo-de-campina é normalmente chamado de cardeal; e o cardeal é chamado de galo-de-campina.
- Basta oferecer alimento para atrair muitos galos-de-campina para perto das sedes de fazendas.

Garça-branca-grande ▼

(Egretta alba)

Comprimento: 1 m. A garça-branca-grande é a mais conhecida e a maior das nossas garças brancas. Sua envergadura pode chegar a 1,70 m. Como características para identificação, destacam-se o longo pescoço no formato de S, quando encolhido, o bico amarelo e as pernas pretas. Pode ser observada em grandes bandos nas lagoas, nos períodos secos. Na época da reprodução, desenvolvem-se, no dorso da garça, longas e delicadas penas denominadas egretas, as quais têm função de enfeitar a ave para os rituais de corte. Tais penas podem medir 50 cm de comprimento. Habita todos os tipos de áreas úmidas, no interior e ao longo das costas marinhas, inclusive, campos inundados, estuários e manguezais. Alimenta-se de peixes, rãs, insetos aquáticos, crustáceos e pequenos vertebrados terrestres, como lagartos, lagartixas, roedores e aves. Constrói ninho de gravetos sobre árvores e nidifica em grandes colônias, juntamente com outras aves aquáticas. Normalmente, esses ninhos são construídos sobre áreas alagadas e podem ficar a alturas de até 50 m.

Curiosidades:

- Uma garça-branca-grande pode pesar até 1,5 kg.
- O pescoço, quando encolhido, forma um S.
- A postura da garça-branca-grande varia de um a seis ovos.
- O período de incubação é de 25-26 dias e os filhotes abandonam o ninho com dois meses e meio de vida.

Garrinchão ►

(Campylorhynchus turdinus)

Comprimento: 20 cm. O garrinchão é uma ave de coloração pouco evidente, cinzenta-acastanhada, mais clara no ventre, porém, sua presença é logo detectada no Pantanal, através de seu canto. Emite uma seqüência de sons fortes, audíveis ao longe, parecendo tratar-se de uma ave maior. Habita matas, cerrados, campos com árvores esparsas e veredas de palmeiras. Constrói ninho colonial, arredondado, com várias câmaras de incubação, cada uma com entrada própria. Alimenta-se de insetos e outros artrópodes, como aranhas e opiliões.

Curiosidades:

- O garrinchão pesa cerca de 40 gr.
- Seu canto é uma das vozes mais bonitas do Pantanal. O casal canta em dueto.
- Observamos um garrinchão se alimentando com restos de insetos presos às teias de aranha de uma árvore. A ave passou em varredura todas as teias que havia naquela árvore antes de mudar-se para outra.

Gavião-belo ►

(Busarellus nigricollis)

Comprimento: 45 a 50 cm. O gavião-belo tem a plumagem avermelhada, ferrugínea; cabeça branca e mancha preta na garganta. Na plumagem juvenil tem peito amarelado, com estrias longitudinais pretas; coloração ferrugínea menos intensa, com barras transversais escuras. Característico em vôo pelas asas longas e largas e a cauda curta. Destaca-se ao longe pela cabeça branca, quando pousado. Habita áreas pantanosas, alagadas e margens de rios. Alimenta-se, principalmente, de peixes. Insetos aquáticos e caramujos também fazem parte da sua dieta. Tem dedos ásperos e unhas longas, curvas, para facilitar a pesca. O ninho é feito de gravetos e, geralmente, sobre árvores altas.

Curiosidades:

- O gavião-belo macho pesa cerca de 700 gr., enquanto a fêmea, maior, pesa por volta de 800 gr.
- A postura é de um ovo.
- No Pantanal do Mato Grosso do Sul também é conhecido como gavião-velho, vovô ou gavião lavadeira.
- As traíras, que vivem em água rasa, são suas presas mais comuns, no Pantanal. Não é muito arisco.

Gralha-do-pantanal ▲

(Cyanocorax cyanomelas)

Comprimento: 38 cm. A gralha-do-Pantanal é uma ave muito comum na região. É inconfundível pelo seu tamanho, canto e comportamento. Emite gritos de alarme de forma contínua, quando detecta alguma coisa estranha no ambiente. Habita matas, cerrados e cerradões. Geralmente, é observada isolada ou em pequenos grupos. Alimenta-se de frutos, insetos, sementes e de pequenos vertebrados. Constrói ninho de gravetos em arbustos ou árvores.

Curiosidades:

- A gralha-do-Pantanal gosta de freqüentar os quintais de fazendas atrás de sobras de alimento. Ataca os varais de carne postos para secar, assim como frutas no pomar.
- Está sempre alerta e é sempre a primeira a dar o aviso quando alguém se aproxima.
- No Pantanal, pode ser vista junto com a gralha-picaça.

Irerê ►

(Dendrocygna viduata)

Comprimento: 38 a 48 cm. O irerê é um marreco característico, com a parte anterior da cabeça branca e a parte posterior preta; os lados do corpo são finamente barrados de branco e preto. Está sempre ativo, mas se alimenta mais no crepúsculo e à noite. Habita margens de rios, lagos, áreas pantanosas e campos alagados. Normalmente, é observado em bandos. Alimenta-se de sementes, brotos, insetos, crustáceos e de matéria vegetal. O ninho é feito no solo, em meio à vegetação aquática.

Curiosidades:

- Um irerê pesa entre 500 e 800 gr.
- A postura varia de quatro a 13 ovos e o período de incubação, de 26 a 28 dias.
- Os filhotes fazem a muda completa das penas com oito semanas de vida.
- Ocorre nas Américas e na África, onde um censo, em 1987, registrou 200 mil marrecos.
- Voa durante a noite, em bandos. Normalmente, passa assobiando e, por isso, percebemos sua presença.

Jaburu ou Tuiuiú ▼

(Jabiru mycteria)

Comprimento: 1,4 m. O jaburu é a maior cegonha e também a maior ave voadora da fauna brasileira. Mede 1,5 m. de altura e tem 2,60 m. de envergadura. Habita áreas pantanosas, margens de lagos e rios. Possui cabeça e pescoço nus, recobertos apenas por uma pele. Seu bico mede mais de 35 cm e é uma excelente ferramenta para capturar peixes, rãs, cobras, filhotes de jacarés, pequenas tartarugas, insetos, caranguejos, caramujos e toda a sorte de pequenos seres que estiverem ao seu alcance. Sua técnica de caça difere das outras cegonhas. Anda em água rasa, mergulhando o bico repetidamente para espantar e apanhar peixes escondidos, especialmente mussuns, traíras, cascudos e piranhas. O período de reprodução coincide com a época seca, quando as lagoas e campos alagados estão mais rasos, facilitando a captura de alimento. Constrói seu ninho em árvores isoladas e bem altas, para facilitar pousos e decolagens. O casal vive junto por toda a vida e utiliza o mesmo ninho todos os anos. Durante a fase de acasalamento, o ninho sofre uma reforma para ser reutilizado, tornando-se cada vez maior ano após ano. O ninho chega a ter dois m. de diâmetro. O ninho é tão grande que muitas vezes serve de apoio para as caturritas construírem uma colônia. Outra ave que freqüentemente pode ser observada construindo ninho na mesma árvore do jaburu é a curicaca-cinza. A postura do tuiuiú é de quatro ou cinco ovos. Os filhotes passam de três a quatro meses no ninho, antes de seus primeiros vôos. Nesse período, recebem alimento várias vezes por dia e, nos dias muito quentes, até mesmo água é trazida pelos pais.

Curiosidades:

- O jaburu é a ave símbolo do Pantanal, onde é mais conhecido por tuiuiú.
- Um jaburu pesa cerca de oito kg.
- Os adultos não têm voz, mas produzem ruídos estalando o bico.
- Consta que o jaburus podem viver até 36 anos.
- Durante as horas quentes do dia, voam bem alto aproveitando as correntes de ar quente.
- No Pantanal, pode-se observar jaburus albinos. Nem sempre o albinismo é completo, mas essas aves, geralmente, não apresentam as partes negras, somente vermelho, no pescoço, bico e pernas.
- As cegonhas têm o hábito de urinar nas pernas para provocar a queda da temperatura do corpo. Por esta razão, apresentam-se freqüentemente com as pernas sujas de branco.

Jaçanã ▲

(Jacana jacana)

Comprimento: 21 a 25 cm. A jaçanã é uma ave relativamente comum e pode ser encontrada em áreas alagadas e pantanosas, desde que haja muita vegetação aquática na superfície. As jaçanãs fêmeas são nitidamente maiores que os machos. Os dedos e unhas longos permitem a locomoção da ave sobre plantas aquáticas flutuantes e já são desenvolvidos mesmo nos filhotes. Durante o vôo, destaca-se a coloração das asas, verde-claro, amareladas; no encontro das asas há um esporão amarelo, que serve para defesa. Alimenta-se de insetos e outros invertebrados e também sementes. O ninho é feito de partes de plantas aquáticas e escondido em meio a estas, sobre a água. Uma mesma fêmea pode pôr ovos em mais de um ninho e a incubação e cuidados com a prole são tarefas do macho.

Curiosidades:

- Uma jaçanã macho pesa entre 89 e 118 gr.; uma fêmea, entre 140 e 151 gr.
- A postura é de quatro ovos.
- O período de incubação é de 28 dias. A incubação é feita pelo macho.
- Os filhotes são nidífugos e abandonam o ninho tão logo possam caminhar, mas não se afastam da lagoa, onde mergulham quando alertados pelos pais e colocam apenas a ponta do bico fora d'água, para respirar.
- Os filhotes dormem sobre a vegetação aquática.
- No Pantanal, em certas ocasiões, pode-se observar concentrações incomuns de jaçanãs com certos grupos contendo mais de 50 aves.
- Um predador muito comum dos jaçanas são as sucuris.

Japacanim ►

(Donacobius atricapillus)

Comprimento: 23 cm. O japacanim é um pássaro característico de áreas pantanosas, com muita vegetação aquática, como taboais e juncais. Quando voa, mostra manchas brancas nas asas e cauda, bem contrastadas. Tem vocalização variada, emitindo sons audíveis ao longe. Constrói ninho aberto, no formato de taça em meio à vegetação aquática. Alimenta-se de artrópodes no interior do brejo e na superfície da água, ficando a maior parte do tempo ocultos.

Curiosidades:

- O japacanim pesa cerca de 43 gr.
- O japacanim responde prontamente a uma boa imitação de seu canto. Sai de dentro da vegetação e pousa no alto para responder ao intruso. Essa é uma boa maneira de atraí-lo para poder vê-lo ou fotografá-lo.
- No Pantanal, o japacanim costuma esmagar formigas com o bico e esfregá-las contra as penas das asas e do corpo. O ácido fórmico das formigas deve ser útil no combate aos parasitas que vivem sob suas penas.
- Até recentemente, era incluído na família Mimidae.

Japu►

Psarocolius decumanus

Comprimento: 34 a 45 cm. O japu é uma ave grande, de plumagem sobretudo preta; destaca-se o bico branco-amarelado e a cauda amarela. Vive na mata, em bandos, onde faz seu ninho em forma de grande bolsa pendente, tecida com fibras vegetais; pode haver muitos ninhos na mesma árvore. Tem vocalização ventríloqua e característica; quando está cantando, no final, inclina o corpo para a frente, abaixa a cabeça e sacode as asas. Alimenta-se de insetos e frutos. Pode ser parasitado pela graúna, a qual põe ovos em seus ninhos.

Curiosidades:

- Um japu pode pesar entre 155 e 360 gr.
- Os japus atacam os pomares das fazendas, fazendo grande estrago nas laranjas e mamões.
- Quando voam, provocam um som característico do atrito do ar com as asas.
- As suindaras, quando atacam os ninhos dos japus, penduram-se nos sacos de capim e os rasgam na lateral para alcançar os filhotes.

João-de-barro▼

Furnarius rufus

Comprimento: 19 cm. O joão-de-barro é uma ave das mais conhecidas em razão do ninho de barro no formato de forno, que o casal constrói na época reprodutiva, em árvores ou postes. Além do barro, filamentos vegetais são também utilizados para reforçar a estrutura do ninho; este tem uma pequena antecâmara que previne a entrada de correntes de ar e de predadores e, após, uma câmara incubadora mais ampla. O joão-de-barro habita campos com árvores esparsas e cerrados; torna-se comum em áreas abertas pelo homem, onde encontra alimento e material para a construção do ninho. Alimenta-se, principalmente, de insetos e outros artrópodes.

Curiosidades:

- O peso de um joão-de-barro é de, aproximadamente, 49 gr.
- O peso do ninho do joão-de-barro pode chegar a quatro kg. E sua construção leva cerca de 20 dias.
- A postura usual do joão-de-barro é de três a quatro ovos.
- Não é verdade que o joão-de-barro macho prende a fêmea no ninho se ela o trair. Essa história não tem o menor fundamento, considerando o seu comportamento reprodutivo.
- Seus filhotes podem ser predados por pássaros maiores, como o tucanuçu.

Juriti►

Leptotila verreauxi

Comprimento: 24 a 29 cm. A juriti é muito semelhante à gemedeira, da qual difere pela fronte menos esbranquiçada e pelo brilho verde-metálico da parte posterior do pescoço. Quando voa, emite um som sibilante, produzido pelas penas das asas. Habita matas, capoeiras e cerrados; gosta de locais quentes. Alimenta-se no chão, de grãos, pequenos frutos e insetos. Constrói ninho de gravetos, em arbustos ou árvores.

Curiosidades:

- A juriti pesa entre 100 e 157 gr.
- A postura usual é de dois ovos.
- O período de incubação é de cerca de 12 dias.
- Os filhotes ensaiam seus primeiros vôos com dez a 12 dias de vida.
- Canta nas horas quentes, pousada sobre árvores e arbustos.

Maguari

(Ardea cocoi)

Comprimento: 1,25 m. O maguari é a maior espécie de garça que ocorre no Brasil. Sua identificação é bastante simples, uma vez que apresenta coloração única entre as garças brasileiras. Quando em vôo, destacam-se as grandes asas cinzentas, o pescoço é branco e o topo da cabeça, negro. Geralmente, é solitário e ocupa uma grande variedade de ambientes úmidos. Distribui-se homogeneamente ao longo de rios, margens de lagos e pântanos. Alimenta-se, sobretudo, de peixes, rãs e insetos aquáticos. Captura suas presas ficando imóvel até o momento de desfechar uma flechada certeira com seu bico pontiagudo. Nidifica em colônias, juntamente ou não com outras aves aquáticas; o ninho é feito de gravetos em árvores ou arbustos.

Curiosidades:

- O maguari tem o hábito de abrir as asas parcialmente e ficar em pé de frente para o sol. Essa atitude, provavelmente, serve para controlar a temperatura interna do corpo.
- A postura típica do maguari varia entre dois e quatro ovos.
- O período de incubação é de 24 a 26 dias.
- O maguari é bastante arisco e dificilmente permanece por perto de pessoas. Uma distância considerada segura por esta ave é de, pelo menos, 60 a 80 m.

Maria-faceira

(Syrigma sibilatrix)

Comprimento: 53 cm. A maria-faceira é uma garça muito elegante, de plumagem cinza e amarelada. O bico é róseo e a face azul. Difere das outras garças em muitos aspectos. Voa com o pescoço mais esticado e bate as asas com mais rapidez e menor amplitude. Seu canto é um assobio agudo e longo, que é emitido enquanto voa. Tem atividade estritamente diurna. Habita áreas abertas, secas ou úmidas, especialmente arrozais. Alimenta-se de artrópodes, incluindo libélulas e larvas de besouros, pererecas, enguias (mussuns e tuviras), lagartos e cobras-d'água. Nos pastos secos, podem apanhar pequenos roedores. Quando está concentrada, observando sua presa, mantém a cabeça imóvel enquanto avança um ou dois passos, movendo o pescoço lateralmente. Normalmente, é vista sozinha ou em pares, mas pode ocorrer em grupos de 30 a 40 aves, como pudemos observar, em setembro de 1999, no Pantanal.

Curiosidades:

- Geralmente, essas garças vivem em pares, mas nunca voam lado a lado. Por isso, sempre que observar uma delas voando procure pela outra, que deverá aparecer alguns segundos depois.
- A postura típica da maria-faceira varia entre três e quatro ovos.
- Pouco se sabe sobre sua reprodução, a não ser que a incubação e muda dos filhotes leva cerca de dois meses.

Martim-pescador-grande

(Ceryle torquata)

Comprimento: 42 cm. O martim-pescador-grande é a maior das nossas espécies de martim-pescador e a única com cabeça, topete e dorso cinzento-azulados. No macho, as partes inferiores são vermelho-ferrugíneas; na fêmea destaca-se uma faixa larga transversal cinzento-azulada no peito, sendo a parte ventral também vermelho-ferrugínea. O bico pode medir oito cm. Ave comum no Pantanal, geralmente vista empoleirada em árvores secas, nas margens de lagoas e rios, espreitando suas presas. Alimenta-se de peixes e insetos aquáticos (ou insetos terrestres). Peixes maiores capturados são batidos várias vezes contra o poleiro e então engolidos. Nidificam em buracos, em barrancos, geralmente próximo da água. Pode haver concentração de ninhos no mesmo barranco (nidificação em colônias). A escavação do ninho é feita com o auxílio dos pés, com a participação do macho e da fêmea; é um túnel sinuoso de um a dois m. de comprimento, que termina em uma câmara de incubação.

Curiosidades:

- O martim-pescador-grande pode pesar entre 305 e 341 gr.
- Em certos trechos de rios do Pantanal, podem ser encontrados barrancos com dezenas de ninhos de martim-pescador-grande. Nesses locais, o ruído de suas vozes é muito alto, uma vez que estão sempre voando e cantando.
- Quando viaja, cruzando grandes distâncias, o martim-pescador-grande está sempre cantando, em intervalos de alguns segundos.

Martim-pescador-verde

(Chloroceryle amazona)

Comprimento: 30 cm. O martim-pescador-verde é um ave comum, sendo geralmente vista empoleirada em galhos secos, nas margens de rios e lagoas, espreitando suas presas. Alimenta-se principalmente de peixes e insetos. Habita, de preferência, locais abertos. Mas também pode ser visto em pequenos riachos com mata ciliar densa. Apresenta o dorso verde-escuro, com brilho metálico e partes inferiores brancas; sexos diferentes, tendo o macho, peito vermelho-ferrugíneo. Em ordem de tamanho, é nitidamente menor que o *Ceryle torquata* e maior que o *Chloroceryle americana*. Nidifica em buracos, em barrancos, estes geralmente próximos à água. A escavação é feita com o auxílio dos pés e dela participam o macho e a fêmea; a galeria tem cerca de 1,60 m. de comprimento, terminando em uma câmara de incubação.

Curiosidades:

- A postura é de dois a quatro ovos.
- O período de incubação é de 22 dias.
- O martim-pescador-verde pode pairar no ar como um trinta-réis, enquanto localiza sua presa, para então se jogar na água com as asas fechadas de alturas de até dez m.

Mexeriqueira ►

(Vanellus cayanus)

Comprimento: 21 a 24 cm. A mexeriqueira, freqüentemente, é classificada sob o gênero *Hoploxypterus*. Inconfundível pela presença de larga faixa preta na cabeça e outra no peito, bem destacadas. Possui esporões vermelhos nas asas. Habita margens de lagoas, praias e bancos de areia em rios. Alimenta-se de insetos, miriápodes e moluscos. O ninho é uma simples depressão no solo e seus ovos são castanhos, com pequenas manchas escuras.

Curiosidades:

- O peso de uma mexeriqueira varia entre 55 e 85 gr.
- A postura é de dois ovos.
- Antes de abandonar o ninho, devido à aproximação de algum intruso, a mexeriqueira cobre os ovos com areia, que ela joga com os pés, pisoteando em volta do ninho.
- Macho e fêmea da mexeriqueira são idênticos.
- Os filhotes são nidifugos.

Mutum-de-penacho ◄

(Crax fasciolata)

Comprimento: 77 a 85 cm. O mutum-de-penacho macho tem plumagem preta, com baixo ventre e ponta da cauda brancos; ceroma e base do bico, amarelos. A fêmea tem o dorso estriado de branco, penas do topete brancas com a ponta preta e ventre ocráceo-amarelado. Habita matas, capões, margens de rios, isoladamente ou aos pares. Procura alimentos no solo, caminhando lentamente; alimenta-se de frutos caídos, sementes, brotos, flores. Constrói ninho de gravetos e folhas, em árvores, elevados a alguns metros acima do solo.

Curiosidades:

- O peso de um mutum-de-penacho macho varia de 2,7 a 2,8 kg.; a fêmea, de 2,2 a 2,7 kg.
- A postura do mutum-de-penacho é de dois ovos.
- O período de incubação é de cerca de 30 dias.
- No Pantanal, em locais onde os mutuns-de-penacho são abundantes, pode-se encontrar dezenas de aves andando juntas, especialmente ao longo de rios, visitando as praias.
- No Pantanal, ao longo das praias do Rio Negro (MS), pode-se ver mutuns-de-penacho se alimentando de fezes de ariranhas.

Papagaio-verdadeiro ▼

(Amazona aestiva)

Comprimento: 35 a 37 cm. O papagaio-verdadeiro é o mais conhecido e o mais freqüentemente mantido como animal de estimação. Aprende a pronunciar palavras ou mesmo frases inteiras. A coloração amarela na cabeça é variável, podendo ser quase inexistente ou substituída por azul ou verde; a coloração da fronte é azul-clara, podendo ser bastante reduzida. Habita matas, bosques de palmeiras, cerrados e chaco; é associado às áreas de plantas adultas, onde grandes árvores propiciam a existência de ocos para nidificação. Alimenta-se, principalmente, de frutos e sementes.

Curiosidades:

- O peso médio de um papagaio-verdadeiro é de 400 gr.
- A postura usual é de três ovos.
- O período de incubação é de 23 a 25 dias.
- O período completo de nidificação, desde a postura até o vôo dos filhotes, não ultrapassa 60 dias.
- O papagaio-verdadeiro é a espécie mais capturada para criação em cativeiro.

Pica-pau-branco ►

(Melanerpes candidus)

Comprimento: 29 cm. O pica-pau-branco também é chamado de birro, que é onomatopéia de sua vocalização. Ocorre em pequenos bandos, em campos e cerrados, onde sua vocalização pode ser ouvida a distância. Alimenta-se de insetos e frutos; é também observado alimentando-se da gordura de pedaços de carne bovina, secando ao sol.

Curiosidades:

- Na época de reprodução, o pica-pau-branco realiza vôos de exibição.
- Os bandos de pica-paus-brancos podem conter de seis a oito aves.
- Em fazendas, no Pantanal, o pica-pau-branco costuma sugar ovos em ninhos de galinhas.

Pica-pau-do-campo ▲

(Colaptes campestris)

Comprimento: 32 cm. O pica-pau-do-campo é também chamado de chã-chã, em alusão a uma de suas vocalizações. Freqüenta ambientes abertos, como campos e cerrados, onde sua vocalização é ouvida a distância. Nidifica em troncos ocos, cupinzeiros ou mesmo ocos em mourões de cerca. O macho difere da fêmea por ter uma faixa avermelhada de cada lado, na parte inferior da cabeça. Pousa com freqüência no solo, onde captura insetos como formigas e cupins.

Curiosidades:

- Na época de reprodução, vários pica-paus-do-campo se reúnem no chão e, de tempos em tempos, iniciam suas exibições com saltos e cambalhotas.
- A postura do pica-pau-do-campo é de três a quatro ovos.
- Para manter o ninho o mais limpo possível, os pais ao trazer comida para os filhotes, carregam as fezes para longe.

Pica-pau-de-banda-branca ▼

(Dryocopus lineatus)

Comprimento: 33 cm. O pica-pau-de-banda-branca possui a parte superior da cabeça e o topete vermelhos; a fêmea difere, sobretudo, por ter a fronte preta e ausência de vermelho abaixo dos olhos. Habita matas, cerrados e campos com árvores esparsas. Necessita de ocos em grandes árvores para nidificação. Observado na mata, pode ser confundido com o pica-pau-de-garganta-preta, do qual difere por ter os lados da cabeça e o bico escuros. Alimenta-se, principalmente, de larvas de insetos. Também come formigas.

Curiosidades:

- Para localizar as larvas de besouros sob a casca das árvores, o pica-pau bica o tronco e aguarda uns instantes para ouvir a reação das larvas que estão por perto, então decide qual é o melhor lugar para furar e extrair a larva.
- Sua língua, longa e elástica, é a ferramenta ideal para extrair as larvas de seus buracos.

Quero-quero ►

(Vanellus chilensis)

Comprimento: 32 a 38 cm. O quero-quero é uma ave comum em áreas abertas, onde é bastante barulhenta, emitindo gritos de alarme à aproximação de qualquer animal estranho ou até mesmo de pessoas. Nas asas, tem esporões vermelhos, exibidos em atitude de defesa. Habita campos, margens de rios e lagos, áreas alagadas e ambientes alterados pelos humanos. Alimenta-se, sobretudo, de insetos capturados próximo ou distante da água. Nidifica no solo, em uma depressão, onde são postos os ovos castanho-claro, com muitas manchas escuras. É bastante agressivo contra eventuais predadores que se aproximem do ninho. Voa rasante sobre os intrusos, mesmo que seja um grande gavião ou até mesmo pessoas, os quais tenta atrair para longe do ninho andando e parando para ser seguido. Os filhotes têm penugem castanha com manchas pretas no dorso, e facilmente se escondem na vegetação rasteira.

Curiosidades:

- O quero-quero pesa cerca de 300 gr.
- A postura é de quatro ovos.
- O período de incubação é de cerca de 27 dias.
- Os filhotes são nidífugos; abandonam o ninho horas depois do nascimento e atendem prontamente ao grito de alerta dos pais, deitando e permanecendo imóveis.
- O quero-quero captura minhocas e larvas de insetos enterradas na lama úmida, batendo com um dos pés no chão para vibrar a superfície gelatinosa e localizá-los.

Sabiá-do-campo ►

(Mimus saturninus)

Comprimento: 26 cm. Embora seja chamado sabiá-do-campo, essa ave não pertence à família dos verdadeiros sabiás. A cauda longa, cujas penas laterais têm extremidades brancas, é constantemente levantada e entreaberta, tornando-se evidente quando a ave voa de um poleiro a outro. Habita campos, áreas abertas com árvores esparsas e áreas com presença humana. Sua alimentação é variada, consistindo de artrópodes, pequenos frutos, sementes; eventualmente apanha ovos de outros pássaros. Constrói ninho com gravetos, em árvores ou arbustos.

Curiosidades:

- O sabiá-do-campo pesa cerca de 73 gr.
- Seu ninho é freqüentemente parasitado pelo chopim. Um ninho de sabiá-do-campo que contenha muitos ovos pode, em muitos casos, indicar que a maioria deles pertence aos chopim.
- Desloca-se pelo campo em pequenos bandos.

Sabiá-laranjeira◄

(Turdus rufiventris)

Comprimento: 25 cm. O sabiá-laranjeira é típico pelo peito castanho-claro oliváceo e partes ventrais ferrugíneas, o que o distingue de imediato de outras espécies de sabiás de nossa fauna. Habita matas, cerrados e áreas ocupadas por pessoas; até mesmo em quintais, jardins e praças das cidades. Alimenta-se de frutos e insetos, especialmente larvas. Constrói ninho com filamentos vegetais unidos com barro, sobre galhos em forquilha; outros locais abrigados podem ser eventualmente utilizados, como a base de folhas de bananeira ou cachos de bananas.

Curiosidades:

- O sabiá-laranjeira macho pesa cerca de 68 gr.; a fêmea, 78 gr.
- A postura usual do sabiá-laranjeira é de quatro ovos.
- Como vários outros passáros, seus ninhos também costumam ser parasitados por chopim. O sabiá-laranjeira acaba incubando normalmente os ovos do invasor.
- Seu canto é um dos mais bonitos e melodiosos da nossa avifauna. Por esta qualidade, chegou a ser proposto como a ave símbolo do Brasil. Atualmente, ao que parece, a ave símbolo mais aceita é a guaruba, uma espécie de psitacídeo da Amazônia, que exibe as cores verde e amarelo.

Sanhaço-cinzento▲

(Thraupis sayaca)

Comprimento: 17 cm. O sanhaço-cinzento é um pássaro comum e bastante conhecido. Sua coloração é cinzenta-clara; verde-azulado no dorso, sobretudo nas asas e cauda. Habita matas e cerrados, mas é comum em áreas de cultura, especialmente pomares. Alimenta-se de frutos, insetos e larvas. Pode ser visto aos casais ou em grupos, que, geralmente, são mistos e incluem outras aves, como sanhaços, cardeais (galos-de-campina) e bicos-de-lacre.

Curiosidades:

- Uma sanhaço-cinzento pesa 42 gr.
- Os sanhaços-cinzentos são aves muito agitadas e estão sempre disputando alimento ou o domínio do território entre si ou com outras aves do grupo.
- É muito comum próximo de sedes de fazendas e residências, mesmo nas cidades.
- Todas as manhãs, pode ser visto comendo restos de insetos presos às teias de aranhas feitas na noite anterior.

Sanhaço-do-coqueiro ◄

(Thraupis palmarum)

Comprimento: 18 cm. O sanhaço-do-coqueiro é verde-oliváceo, com reflexos azulados e partes acastanhadas no dorso. Com freqüência, é visto em palmeiras, nas quais nidifica. Habita matas, cerrados e áreas cultivadas. Alimenta-se de frutos, insetos, aranhas e larvas.

Curiosidades:

- A postura do sanhaço-do-coqueiro é de dois a três ovos.
- O período de incubação é de 12 dias e a fêmea choca sozinha.
- O sanhaço-do-coqueiro, freqüentemente, pode ser visto próximo das sedes de fazendas, onde, inclusive, constrói ninhos aproveitando a segurança dos telhados. Chega até mesmo a reutilizar o mesmo ninho várias vezes.
- Nas matas, viaja em bandos mistos, misturados a sanhaços, cardeais (galos-de-campina) e bicos-de-lacre.

Seriema ►

(Cariama cristata)

Comprimento: 75 a 90 cm. A seriema é uma ave típica de campos e cerrados abertos, onde seu canto pode ser ouvido a grandes distâncias. Se perseguida, prefere fugir correndo e só levanta vôo quando necessário; os pés, de dedos curtos, são adaptados à corrida. Passa todo o dia, sobretudo no solo, eventualmente subindo em algum tronco baixo. Dorme empoleirada em árvores. Alimenta-se de artrópodes, principalmente insetos, ratos, lagartos, lagartixas e cobras. Constrói grande ninho de gravetos, em árvores, cerca de quatro a cinco m. acima do solo.

Curiosidades:

- O peso médio de um seriema é de 1,5 kg.
- A postura usual é de dois ovos ou, algumas vezes, três.
- O período de incubação é de 24 a 30 dias.
- Os filhotes abandonam o ninho com cerca de 14 dias. A plumagem de adulto é adquirida entre quatro e cinco meses.
- Seu canto pode ser considerado a voz típica do Cerrado.
- Se perseguida por um automóvel, numa estrada rural, pode chegar a 40 ou 70 km. por hora antes de voar. A seriema é uma das grandes vítimas de atropelamentos nas estradas brasileiras.
- A seriema lembra o secretário, uma ave de rapina da savana africana.

Socó-boi ▼

(Tigrisoma lineatum)

Comprimento: 76 cm. O socó-boi é uma garça inconfundível. É uma ave grande e de bico extremamente longo. A plumagem adulta é adquirida apenas aos dois anos de idade. Essa mudança da plumagem é gradual, provocando o aparecimento de aves com diferentes aparências. Pode ser visto visto isolado ou em pares. Habita a vegetação nas margens de rios e lagos; é sobretudo crepuscular e noturno, mas também se alimenta durante o dia. Alimenta-se de peixes, insetos aquáticos, crustáceos e cobras d'água. Constrói ninhos de gravetos, sempre isolado, em árvores altas.

Curiosidades:

- O socó-boi, quando desconfiado ou alerta, estica o pescoço, arrepiando as penas da nuca enquanto balança a cauda. Visto bem de frente, seus olhos se destacam nos lados da cabeça.
- A postura típica do socó-boi é de dois ovos.
- O período de incubação é de 31 a 34 dias e feita somente pela fêmea.
- O ninhos de socó-boi encontrados no Pantanal são geralmente construídos sobre as águas. Por vezes, contrariando a regra, não são muito altos, cerca de dois m. do chão e contem um único filhote vivo.
- No Pantanal, o socó-boi pode se alimentar de pequenos filhotes de sucuri, mas, em contrapartida, seus filhotes podem ser predados por tuiuiús adultos.

Socozinho ▼

(Butorides striatus)

Comprimento: 36 cm. O socozinho é um espécie pequena de garça. É altamente territorialista e vive solitário, sempre encolhido quando em repouso. Anda agachado, como se estivesse com pressa. Sempre que surpreendido voa assustado gritando bem alto. Habita tanto áreas interiores como o litoral, onde aparece nos manguezais. É muito comum ao longo de rios, córregos ou lagos. A plumagem dos jovens é ligeiramente diferente da dos adultos. Alimenta-se de peixes, rãs, insetos, crustáceos, sanguessugas, pequenos répteis e até mesmo ratos. O casal procria isoladamente ou em pequenos grupos; constrói ninho de gravetos muito bem escondido em árvores ou arbustos.

Curiosidades:

- Para pescar, usa várias técnicas de captura. Chega até mesmo a oferecer uma isca para atrair sua vítima para o alcance de sua fisgada.
- Um socozinho pesa, no máximo, 250 gr.
- A postura típica do socozinho varia entre dois e cinco ovos.
- O período de incubação é de 19 a 25 dias e os filhotes abandonam o ninho com cinco semanas de vida.

Suiriri-cavaleiro ►

(Machetornis rixosus)

Comprimento: 19 cm. O suiriri-cavaleiro é um papa-mosca muito comum no Brasil. Distingue-se de outras aves da mesma família por seus hábitos terrícolas. Habita campos e cerrados. Acompanha o gado no pasto, apanhando insetos ao redor. Pousa com freqüência sobre bois, cavalos e também animais selvagens, como capivaras e veados. Procria em ninhos abandonados de outras aves, por exemplo, em ninhos de *carpiteiros*; também pode construir seus próprios ninhos, que mais parecem uma bola de capim.

Curiosidades:

- Quando o suiriri-cavaleiro pousa sobre o gado ou cavalos, ele apenas está utilizando esses animais como poleiros para localizar os insetos sobre os quais se precipita e persegue em vôo até capturá-los.
- Pode ser visto aos pares e, com freqüência, os dois cantam em dueto, muitas vezes respondendo ao canto de outro casal por perto.

Tabuiaiá ◄

(Ciconia maguari)

Comprimento: 1,40 m. O tabuiaiá é uma cegonha também conhecida popularmente por maguari ou joão-grande. Habita, geralmente, áreas abertas e alagadas, onde pode ser visto isolado, aos pares ou em grupos. O tabuiaiá caça de espreita, como as garças e os socós. Alimenta-se de peixes, rãs, caranguejos, pequenos roedores, cobras, insetos aquáticos e outros invertebrados. Usualmente, nidifica no solo, em meio à vegetação densa, mas também pode construir seu ninho no topo de palmeiras. Atinge a maturidade sexual aos três anos nos machos e quatro anos nas fêmeas. Reproduz na época seca, quando há maior disponibilidade de alimento. Os filhotes são brancos ao nascer, mudando a seguir para coloração escura com garganta alaranjada. Após os três meses de idade, se parecem com os adultos.

Curiosidades:

- O tabuiaiá para fazer algum ruído apenas estala o bico.
- Toma banho de sol, que também serve para regular a temperatura corporal, abrindo as asas e deixando-as cair levemente.
- Essa cegonha pertence ao mesmo gênero da cegonha européia, muito conhecida nas histórias infantis.
- O tabuiaiá pesa cerca de 4,5 kg.
- Consta que o tabuiaiá pode viver até 20 anos.

Tachã

(Chauna torquata)

Comprimento: 83 a 95 cm. O tachã é também chamado de anhuma. É uma ave robusta, de asas longas e largas, que destacam ao longe sua silhueta em vôo. Os pés, de dedos longos, facilitam sua locomoção sobre as plantas aquáticas. Possui dois esporões, no encontro das asas, usados como arma de defesa. Tem vocalização muito alta e característica, audível a grande distância. Habita, sobretudo, áreas pantanosas, margens de lagoas e de rios. Alimenta-se principalmente de brotos de plantas, sementes e folhas. Pequenos animais, sobretudo artrópodes, podem também fazer parte da dieta. O ninho é construído ao nível do solo, feito de talos, folhas e ramos, próximo ou sobre a água, nem sempre oculto entre as plantas. Os filhotes, recobertos de espessa penugem castanho-amarelada, são nidífugos e passam as primeiras semanas na água, entre plantas aquáticas, onde se refugiam.

Curiosidades:

- O tachã é a sentinela dos campos alagados. Quando assustado, avisa todos da presença de algum intruso. O casal grita em dueto, um respondendo ao canto do outro.
- O peso de um tachã chega a 4,4 kg.
- A postura usual do tachã é de três a cinco ovos.
- O período de incubação é de 43 a 46 dias.
- Os tachãs, usualmente, são vistos aos pares, mas, em certas ocasiões, agrupam-se formando bandos com centenas de aves.

Talha-mar

(Rynchops niger)

Comprimento: 41 a 46 cm. O talha-mar é uma ave de bico muito característico, com parte inferior mais longa, de extremidade afilada e em forma de lâmina. Voa rente à água, com o bico aberto, mantendo a parte inferior semi-submersa; quando pequenos peixes ou camarões, tocam o bico, são apanhados; para isso, a ave curva a cabeça para baixo e freia, momentaneamente, abrindo a cauda. Essa forma de alimentação é única entre as aves. O vôo é bastante leve, auxiliado pelas asas longas e estreitas. Habita grandes rios e lagos; ocorre também no litoral e em manguezais. Nidifica no solo, geralmente praias, em uma depressão rasa, onde são postos os ovos acastanho-claros, com muitas manchas cinzentas e castanho-escuras.

Curiosidades:

- O peso de um talha-mar macho varia entre 308 e 374 gr.; na fêmea, 232 e 295 gr. Macho nitidamente maior que a fêmea.
- A postura usual é de três ovos.
- O período de incubação é de 21 a 26 dias.
- Os filhotes deixam o ninho após uma semana e completam a primeira muda das penas entre 28 e 30 dias.
- O talha-mar é a única ave que possui os olhos em forma de fenda, lembrando um gato.
- Na natureza, um talha-mar vive pelo menos 20 anos.
- No Pantanal, na época seca, podem-se encontrar praias com centenas de talha-mares, geralmente dividindo a mesma praia com trinta-réis-grandes (*Phaetusa simplex*) e trinta-réis-anões (*Sterna superciliares*).

Tucanuçu

(Ramphastos toco)

Comprimento: 56 cm, incluindo o bico, que, por sua vez, mede de 18 a 20 cm. O tucanuçu é a maior espécie de tucano. O bico é proporcionalmente muito grande e tem coloração amarela, alaranjada e vermelha. É bem caracterizado pela presença de uma mancha preta ovóide, na ponta. Os sexos são semelhantes. Alimenta-se de frutos variados e as sementes são regurgitadas posteriormente, sendo dispersadas no meio ambiente. Apanha também pequenas presas, como insetos. Saqueia ninhos de aves menores, dos quais retira ovos ou filhotes. O bico longo atua como pinça e é manobrado com grande habilidade. Habita matas, cerrados e campos com árvores esparsas. Nidifica geralmente em ocos de árvores, altos ou baixos; também em cupinzeiros terrestres ou em buracos em barrancos. Ocorre isoladamente, em casais ou em bandos, geralmente, de alguns indivíduos.

Curiosidades:

- Um tucanuçu pode pesar cerca de 540 gr.
- A postura pode ser de um ou dois ovos.
- Em ninhos de tucanuçu encontrados na natureza, podem ser encontrados de dois a três filhotes em média. Seu ninho pode ter restos de caroços de frutas, misturados com fezes.
- Frequentemente andam em pares, mas também podem ser vistos em grupos. Pode-se ver bandos de mais de 20 tucanuçus viajando em fila indiana. Quando a ave da frente pousa, a seguinte inicia o vôo, a que está na frente se lança para a próxima árvore, e assim por diante.

Urubu-de-cabeça-vermelha

(Cathartes aura)

Comprimento: 64 a 81 cm. O urubu-de-cabeça-vermelha é relativamente comum. Seu vôo planado desafia a gravidade, sendo, muitas vezes, executado em baixa velocidade e bem próximo do solo. Também viaja a grandes alturas. A cabeça, com coloração vermelha, é esbranquiçada na nuca. Seu olfato é bem desenvolvido e desempenha papel importante na localização de carcaças de animais mortos. Pode ser visto em pequenos grupos, quando encontra animais mortos, mas é tímido e, geralmente, dominado pelos outros urubus. Habita matas, cerrados e áreas abertas. Distribuição geográfica: do Canadá até a Argentina e todo o Brasil.

Curiosidades:

- Um urubu-de-cabeça-vermelha pode pesar até dois kg.
- Sua envergadura atinge de 1,80 m. a dois m.
- O urubu-de-cabeça-vermelha chega a voar a mais de quatro mil metros de altitude.
- A postura usual é de dois ovos e o período de incubação, de 38 a 41 dias.
- As migrações de inverno na América Central registram milhares de aves dessa espécie. Uma contagem em Vera Cruz, no México, registrou cerca de um milhão de urubus.

Anta

(Tapirus terrestris)

Comprimento: cabeça e corpo de 180 a 250 cm; cauda de cinco a 13 cm. A anta é o maior animal terrestre do Brasil. Tem o lábio superior alongado em uma pequena tromba curvada para baixo; tem crina curta, de pêlos grossos e rígidos na parte superior da cabeça e sobre o pescoço. Habita matas, nas proximidades da água, na qual se refugia, quando necessário, mergulhando. É principalmente noturna e solitária, permanecendo durante o dia oculta na vegetação fechada. Possui um excelente senso de audição e olfato, por isso, dificilmente é avistada, sendo em geral identificada pelos rastros deixados. Alimenta-se em geral de folhas, frutos e raízes.

Curiosidades:

- Uma anta pode pesar até 320 kg.
- Seu período de gestação é de 385 a 412 dias, gerando apenas um filhote, raramente dois. O filhote nasce com quatro a sete kg. Permanece escondido em um ninho por uma semana antes de acompanhar a mãe, com quem convive por dez a 11 meses. Os filhotes, quando nascem, são avermelhados com listas brancas e amareladas. Perdem esse padrão de coloração entre cinco e oito meses. Atingem a maturidade entre três e quatro anos de idade.
- Em cativeiro, uma anta pode viver até os 35 anos de idade.

Ariranha

(Pteronura brasiliensis)

Comprimento: cabeça e corpo de 90 a 140 cm; cauda de 33 a 100 cm. A ariranha tem a pelagem curta, densa e aveludada. Coloração castanha, muito escura quando molhada, da qual se destaca uma mancha branca-amarelada, na garganta, pescoço anterior e peito; essa mancha varia em forma e tamanho, funcionando como marca individual para cada animal. Pés com membranas interdigitais, as quais, juntamente com a cauda achatada, presta-se à natação. Habita rios de águas calmas e lagos, em geral orlados de matas; é diurna e vive em grupos de até 20 ariranhas, mas é mais comum ver grupos menores, com seis a oito animais. Um grupo consiste de um casal adulto, um ou mais subadultos e um ou mais jovens nascidos naquele ano. Alimenta-se de peixes, aves, ovos; pode apanhar cobras e pequenos jacarés. É, principalmente, aquática; peixes são comidos em terra ou enquanto o animal nada de costas, segurando a presa com as mãos. Quando alarmadas, vêm para a superfície e, com a cabeça fora d'água, emitem sons característicos.

Curiosidades:

- As ariranhas machos podem pesar de 26 a 34 kg., e as fêmeas, de 22 a 26 kg.
- Possuem várias locas ao longo do rio, que usam alternadamente. Todo o grupo dorme junto na mesma loca. O período de gestação das ariranhas é de 65 a 70 dias, e as ninhadas, de dois a cinco filhotes, que pesam cerca de 200 gr., quando nascem, e recebem comida sólida a partir de três a quatro meses. As ariranhas atingem a maturidade sexual com dois anos de idade.
- Em cativeiro, elas podem viver até os 15 anos.
- Embora tenham fama de agressivas, na verdade são tímidas e evitam qualquer contato com pessoas, sempre que possível. Marcam seus territórios esparramando urina e fezes nos locais próximos de suas locas.

Bugio ►

(Alouatta caraya)

Comprimento: 120 cm. Também chamado de guariba ou barbado. Emite sons altos, audíveis a quilômetros de distância; o osso hióide, bastante desenvolvido, forma uma caixa de ressonância e tem relação com a baixa freqüência dos sons emitidos. Vocalizam em grupo, geralmente ao amanhecer e ao entardecer. Os bugios são de hábitos diurnos, arborícolas e vivem em grupos de até 20 animais. Habitam estratos altos, de dez a 20 m., em matas; também no Cerrado, freqüentam as margens dos rios. Alimentam-se de folhas e frutos.

Curiosidades:

- Um cachorro-do-mato pode pesar entre cinco e oito kg.
- O cachorro-do-mato é um dos animais que mais morrem vítimas de atropelamento nas estradas brasileiras. Em seguida, vêm o tamanduá e o tatu.
- No Pantanal, quando as lagoas estão secando, o cachorro-do-mato pode ser visto capturando peixes, especialmente traíras e mussuns.
- O período de gestação é de 52 a 59 dias. Tem ninhadas de três a seis filhotes. Os filhotes pesam de 130 a 150 gr. quando nascem e abrem os olhos depois de 14 dias. Os filhotes são desmamados com 90 dias e atingem a maturidade com nove meses.
- Em cativeiro, um cachorro-do-mato pode viver até 12 anos.

Cachorro-vinagre ►

(Speothos venaticus)

Comprimento: cabeça e corpo, 57 a 75 cm; cauda, 12 a 15 cm. Os cachorros-vinagres vivem em grupos que caçam em conjunto de até dez animais. São de hábitos diurnos e se escondem em buracos e ocos à noite. Habitam florestas e campos úmidos, freqüentemente próximos da água. Nadam com grande destreza e perseguem suas presas mesmo que tenham de cruzar grandes rios. Caçam até mesmo pacas e cutias, além de outros roedores. Quando se deslocam pela mata, o fazem emitindo grunhidos característicos. Raramente são vistos.

Curiosidades:

- Os bugios anunciam as mudanças de tempo no Pantanal, gritando em grupo horas antes das frentes frias chegarem.
- Os machos são pretos e as fêmeas castanho-amareladas, sendo também dessa cor o macho jovem.
- Vivem em grupos, com machos, fêmeas e filhotes, sob a liderança de um macho adulto.
- O período de gestação é de 185 a 195 dias, sendo gerado apenas um filhote de cada vez.
- Os bugios-pretos machos pesam cerca de sete kg. e as fêmeas, 4,5 kg.

Cachorro-do-mato ◄

(Cerdocyon thous)

Comprimento: cabeça e corpo, 60-70 cm; cauda, 30 cm. O cachorro-do-mato também é chamado de graxaim ou lobinho. Sua coloração é cinzenta ou castanho-amarelada, com dorso e extremidade das pernas pretos. É de hábito crepuscular e noturno e, durante o dia, oculta-se em ocos de árvores ou tocas no solo. Habita geralmente matas abertas, cerrados, campos. É onívoro, alimentando-se de frutos, insetos, caranguejos, ovos, aves e carniça. Em geral, é observado aos pares; grupos maiores são representados por indivíduos adultos com filhotes. Ambos os pais cuidam e trazem alimentos para os filhotes.

Curiosidades:

- Um cachorro-vinagre pesa entre cinco e sete kg. Sua altura não ultrapassa 30 cm.
- O período de gestação é de 67 dias. A ninhada pode ser de até seis filhotes, em geral quatro. Os filhotes pesam cerca de 100 gr. quando nascem e são desmamados entre quatro e cinco meses.
- Em cativeiro, um cachorro-vinagre pode viver mais de 13 anos.

Capivara

(Hydrochaeris hydrochaeris)

Comprimento: cabeça e corpo, de 100 a 130 cm. A capivara é o maior dos roedores; de coloração castanha , torna-se escura quando molhada. Tem cabeça grande, com orelhas e olhos localizados no alto, o que representa adaptação para a vida aquática; pés com membrana interdigital; não tem cauda. Machos adultos têm um conjunto de glândulas sebáceas que forma protuberância oval preta e sem pêlos, na parte superior do focinho; são utilizadas na demarcação de território. As capivaras são semi-aquáticas e vivem em grupos; bandos grandes podem ter cerca de 40 indivíduos. Têm hábitos diurnos ou noturnos, sendo mais ativas no início da manhã e no final da tarde. Fogem de eventuais predadores saltando na água e mergulhando. Durante a corrida para a água soltam vários gritos. Enquanto estão nadando apenas as narinas, olhos e orelhas aparecem fora d'água. Alimentam-se de várias plantas aquáticas. Habitam áreas pantanosas, lagos e rios.

Curiosidades:

- Uma capivara pode pesar de 27 a 79 kg. O período de gestação é de 149 a 156 dias e as ninhadas são geralmente de quatro a seis filhotes.Os filhotes, ao nascer, pesam 1.500 gr. e são amamentados por 16 semanas. Ambos os sexos atingem a maturidade sexual com 15 meses. A expectativa de vida na natureza é de oito a dez anos.
- Em cativeiro, uma capivara pode viver mais de 12 anos.

Cateto

(Pecari tajacu)

Comprimento: cabeça e corpo de 75 a 100 cm; cauda de 15 a 55 mm. O cateto, ou caititu, é menor que a queixada. Caracteriza-se pela presença de uma faixa amarelada em semicírculo, dos lados do corpo. A pelagem é castanho-escura, quase preta, finamente estriada de branco-amarelado. Habita matas, em grupos de até 20 indivíduos, mas que podem chegar a até 50 animais, deslocando-se em fila única, geralmente liderados por um macho mais velho. Quando assustados ou ameaçados, estalam os dentes. Sua visão é deficiente, mas têm boa audição e ótimo olfato, capaz de localizar raízes enterradas de cinco a oito cm. O cateto é diurno ou crepuscular alimentando-se principalmente de vegetais (frutos, tubérculos) e pequenas presas que apanha no solo, inclusive cobras. Ao contrário dos porcos domésticos, os catetos são animais que mantêm seus corpos limpos.

Curiosidades:

- Um cateto pode pesar entre 14 e 30 kg.
- O período de gestação é de 145 dias e a ninhada de um a quatro filhotes, que pesam, ao nascer, entre 500 e 900 gr. Mamam até seis ou oito semanas e permanecem com a mãe por dois ou três meses.
- Em cativeiro, um cateto pode viver até 25 anos.
- Correndo, um cateto pode atingir 35 km/h. Os catetos são resistentes às picadas da cobra cascavel. Nos anos 60 e 70, matavam-se, na América Latina, cerca de 200 mil catetos por ano, para o comércio de peles. Em alguns anos esse número chegou à casa dos 700 mil animais. O valor de uma pele variava entre US$ 0,20 e US$ 8.

Cervo-do-pantanal ▼

(Blastocerus dichotomus)

Comprimento: cabeça e corpo de 153 a 195 cm; cauda de 10 a 16 cm. O cervo-do-Pantanal é o maior cervídeo da América do Sul. A galhada do macho tem base grossa, de superfície rugosa e atinge até 60 cm de comprimento. Coloração castanho-avermelhada, com extremidade das pernas e focinho pretos. Cascos longos e unidos internamente por uma membrana forte, o que facilita sua locomoção em ambientes alagados. É diurno e vive solitário ou em pequenos grupos. Habita áreas pantanosas, com vegetação densa, que permite ao animal ocultar-se; prefere locais onde a água não ultrapasse 50 cm de profundidade. Alimenta-se de gramíneas e de várias espécies de plantas aquáticas.

Curiosidades:

- Um cervo-do-pantanal pesa entre 80 e 150 kg.
- O período de gestação é de cerca de nove meses e, geralmente, nasce um único filhote. A onça-pintada e talvez a sucuri, para os filhotes e fêmeas, sejam seus principais inimigos naturais.
- De tempos em tempos, o cervo-do-Pantanal deixa cair sua galhada. Então, um novo conjunto de chifres irá crescer, protegido por uma membrana chamada velame.

Cutia ▼

(Dasyprocta leporina)

Comprimento: cabeça e corpo, de 41 a 62 cm; cauda, de 1 a 3,5 cm. As cutias são animais diurnos que vivem exclusivamente no chão e adaptados para correr em caso de perigo. Podem andar, trotear, galopar e até mesmo saltar verticalmente a uma altura de dois m. Geralmente, sentam eretas para comer, segurando o alimento nas patas. Alimentam-se de frutas, vegetais e de várias plantas suculentas.

Curiosidades:

- Uma cutia pesa até quatro kg. Seu período de gestação é de 104 a 120 dias. As ninhadas são de dois filhotes, algumas vezes três. Nascem de olhos abertos e já podem correr depois de um hora de vida. Nos primeiros dias, usam uma toca como refúgio, para escapar de perigos ou passar a noite. Mamam até cerca de 20 semanas. As fêmeas têm quatro pares de mamas.
- A cutia enterra frutas e sementes para comer em outro momento e contribui de maneira decisiva para disseminação das espécies das quais se alimenta.
- Uma cutia viveu em cativeiro 17 anos e nove meses.

Gambá-de-orelha-preta ►

(Didelphis marsupilais)

Comprimento: cabeça e corpo até 50 cm; cauda 50 cm. O gambá-de-orelha-preta é um marsupial de hábitos solitários e essencialmente noturnos; passa o dia escondido em buracos no chão, em ocos de árvores ou cavidades nas rochas. Vive nas florestas, mas pode ser visto ocasionalmente caçando próximo de residências ou sedes de fazendas. Embora subam em árvores com facilidade, os gambás são terrícolas e bons nadadores. As fêmeas possuem uma bolsa bem desenvolvida, com cerca de 13 mamas dispostas em círculo. Para reprodução, constróem um ninho com vegetação que é carregada na boca ou presa na cauda preênsil. A ninhada pode ser de até 20 filhotes muito pequenos. Apenas os mais fortes, que chegarem primeiro às mamas, sobreviverão.

Curiosidades:

- Os filhotes de gambá pesam cerca de 0,13 gr. Numa colher de chá pode-se colocar 20 deles. Um adulto pode pesar cinco kg. Os filhotes passam os primeiros 50 dias grudados às mamas de suas mães e só deixam a bolsa depois de 70 dias. - Atingem a maturidade aos seis/oito meses e têm apenas dois anos de atividade reprodutiva.
- Não vivem mais que três anos.
- Ocasionalmente, fingem-se de mortos quando ameaçados. Deitam-se e ficam imóveis por períodos de alguns minutos até várias horas.
- São onívoros, isto é, comem de tudo; frutas, ovos, carne, vegetais, sementes e até carniça.

Jaguatirica ▼

(Leopardus pardalis)

Comprimento: cabeça e corpo, 100 cm; cauda, 45 cm. A jaguatirica é um felino muito ágil devido ao seu pequeno tamanho e grande força muscular. Vive em florestas densas e sobe com facilidade em árvores para caçar ou fugir de seus inimigos. Durante o dia refugia-se em buracos e troncos de árvores e sai para caçar ao entardecer e à noite. Depende da visão e da audição para localizar suas presas. Alimenta-se especialmente de aves, mamíferos de pequeno porte, cobras, lagartos e peixes. Sua pelagem clara com manchas escuras lhe confere uma perfeita camuflagem com a vegetação do chão da floresta.

Curiosidades:

- Uma jaguatirica pesa cerca de 15 kg.
- O período de gestação é de cerca de 79 a 85 dias e a ninhada tem de um a três filhotes.Todos os dias uma jaguatirica percorre de dois a sete km. para caçar.
- Os filhotes pesam, ao nascer, de 200 a 340 gr. e são desmamados com seis semanas de vida.
- Uma jaguatirica viveu em cativeiro 21 anos e cinco meses. Entre os anos 1960 e 1975, mais de 200 mil jaguatiricas foram mortas anualmente para abastecer o mercado de peles. Estima-se que deveriam existir entre 1,5 milhão e três milhões de jaguatiricas na natureza.

Lobo-guará ►

(Chrysocyon brachyurus)

Comprimento: cabeça e corpo, de 95 a 130 cm; cauda, de 28 a 49 cm. O lobo-guará, também chamado de guará, é o maior canídeo da América do Sul. Pelagem longa, castanha-avermelhada, com pernas, focinho e pêlos do alto dorso, pretos; estes últimos ficam eretos quando o animal está em atitude agressiva. Tem orelhas grandes e pernas longas. Sua altura chega a 90 cm. Habita campos, cerrados e matas abertas. Alimenta-se de pequenos animais (roedores, aves, lagartos e insetos), ovos e frutos; um deles, o fruto-de-lobo, é uma espécie de tomate selvagem ingerido freqüentemente para auxiliar a digestão. O guará tem hábitos crepusculares e noturnos; geralmente solitário.

Curiosidades:

- Um guará pesa entre 20 e 26 kg. O período de gestação é de 62 a 66 dias e as ninhadas são de dois a quatro filhotes. Os filhotes, quando nascem, pesam 350 gr. e abrem os olhos depois de oito ou nove dias.
- Começam a ingerir comida regurgitada pelos pais com quatro semanas e são desmamados com 15 semanas.
- Em cativeiro, um guará viveu até 15 anos e oito meses.

Macaco-prego ▲

(Cebus apella)

Comprimento: cabeça e corpo até 50 cm; cauda 55 cm. É um animal arborícola e de hábitos diurnos. Desce ao chão, ocasionalmente, mas sempre por pouco tempo. Sua dieta é extremamente eclética: frutas, castanhas, sementes, insetos, pererecas, ovos, aranhas e seiva de árvores. Vive em grupos de até 20 indivíduos, chefiados por um único macho adulto. Normalmente, é visto em matas secas, mas freqüenta também as margens de rios, onde bebe água. Aprende a tolerar a presença de pessoas desde que receba algum alimento em troca.

Curiosidades:

- Um macaco-prego adulto macho pesa cerca de 3,5 kg. A fêmea pesa entre 2,5 e três kg.
- As fêmeas criam um filhote de cada vez e os carregam agarrados aos seus pêlos por vários meses.
- Em cativeiro, um macaco-prego chegou a viver 45 anos.
- Na região de Bonito, no Rio Formoso, pode-se observar peixes da espécie piraputanga seguindo bandos de macacos-prego pela margem do rio e se alimentando das frutas derrubadas pelos macacos.

Morcego-vampiro ►

(Diaemus youngi)

Comprimento: cabeça e corpo, cerca de 85 mm. Esta espécie de morcego-vampiro se alimenta preferencialmente de sangue fresco de aves. Mas já foram registrados casos de pessoas terem sido sugadas por morcegos durante o sono, especialmente nas extremidades dos pés e das mãos. O morcego faz uma pequena incisão com seus dentes e, então, lambe o ferimento para se alimentar. Como a saliva dele contém substâncias anestésicas e anticoagulantes, quanto mais o animal lambe a ferida, mais sangue continua saindo, sem que a vítima sinta qualquer desconforto.

Curiosidades:

- No Pantanal, é comum poder encontrar os morcegos-vampiros sugando galinhas e perus nos seus poleiros.
- Atacam a mesma vítima todas as noites. Depois de vários dias, as aves ficam muito fracas e acabam morrendo.
- Existem apenas três espécies de morcegos hematófagos no Brasil entre mais de 150 outras.
- Um morcego-vampiro adulto pode pesar 30/45 gr.
- São os substitutos das aves no período da noite. Eles se dividem em insetívoros, frugívoros, nectarívoros, piscívoros; são importantíssimos no controle dos insetos, dispersão de sementes e polinização das plantas.

Onça-parda ▼

(Puma concolor)

Comprimento: cabeça e corpo de 100 a 190 cm; cauda de 66 a 78 cm. A onça-parda também é conhecida como suçuarana e puma. É o mamífero de maior distribuição geográfica das Américas. Ocorre desde o Canadá até a Patagônia. Os animais das regiões tropicais são menores do que os que habitam as regiões temperadas e frias. Habita todos os tipos de ambientes: campos, florestas, cerrados, caatinga. No Brasil, suas presas principais são os cervídeos. Nas fazendas, normalmente atacam ovelhas e cabritos. Um ataque pode resultar em muitas mortes. Muitas vezes a onça-parda persegue o rebanho de ovelhas matando de 15 a 20 delas de uma só vez. Em uma fazenda em Goiás, uma onça-parda matou uma novilha de um ano e meio e conseguiu levá-la para o alto de uma árvore.

Curiosidades:

- Uma onça-parda macho pesa entre 67 e 103 kg. As fêmeas pesam entre 36 e 60 kg. O período de gestação da onça-parda é de 90 a 96 dias. Cada ninhada pode ter entre um e seis filhotes; normalmente, três ou quatro. Os filhotes pesam entre 226 e 453 gr. ao nascer e possuem pintas que permanecem até os seis meses de idade. Eles são desmamados depois dos três meses, mas começam a aceitar carne após seis semanas de vida.
- Uma onça-parda fêmea com filhotes caça um veado a cada três dias. Já um adulto solitário, normalmente, mata um veado a cada 16 dias. A onça-parda atinge a maturidade sexual aos três anos (dois anos e meio para as fêmeas) e permanecem reproduzindo até os 20 anos (12 anos para as fêmeas).
- Em cativeiro, uma onça-parda viveu mais de 20 anos. Na natureza, uma fêmea foi morta com pelo menos 18 anos de idade.

Onça-pintada ▼

(Panthera onca)

Comprimento: cabeça e corpo de 112 a 185 cm; cauda de 45 a 75 cm. A onça-pintada, também chamada de jaguaretê, é o maior felino das Américas. Possui oito subespécies distribuídas pelas Américas. Pode apresentar também mutação melânica (melanismo), que é a onça-preta ou pantera-negra, encontrada na Amazônia. Essa forma preta é a mesma onça-pintada. Dependendo do ângulo de incidência da luz sobre a pelagem do animal, é possível ver as manchas negras características da espécie. A onça é uma andarilha, todas as noites caminha grandes distâncias atrás de novas presas. Quando mata algum animal em um determinado lugar, ela abandona aquela área por um longo período. Dessa foram, a população daquela presa se recupera da perda, mas tempos depois ela volta a atacar no mesmo local. Por isso, seu território é muito grande e quase nunca se encontram várias onças na mesma área, exceto na época de acasalamento, quando vários machos disputam as fêmeas. Tem hábitos diurnos ou noturnos, sobretudo solitária e terrestre, mas gosta de água e nada muito bem; sobe em árvores com facilidade. Vive em matas, cerrados, pântanos entremeados com moitas de vegetação densa. Suas presas mais comuns são: capivaras, catetos, queixadas, veados, jacarés, cervos-do-pantanal, ariranhas e peixes. Onças-pintadas raramente atacam pessoas. E das vezes em que isso aconteceu, a maioria das pessoas saiu viva, o que é um contra-senso devido à grande força e agilidade desse felino. Isso indica que o ataque foi muito mais um ato de defesa do que uma ação de caça intencional, contra a qual uma pessoa não teria a menor chance. É muito mais provável alguém jamais encontrar uma onça, mesmo aventurando-se pela floresta, do que a onça atacar essa pessoa. O cheiro de gente significa perigo para esses animais e eles sempre se afastam antes mesmo de ser vistos. Também consta da lista dos animais ameaçados de extinção no Brasil. A principal razão é a destruição das florestas, mas a caça direta também contribui para a sua eliminação do meio ambiente.

Curiosidades:

- Uma onça-pintada macho pode pesar entre 90 e 120 kg. As fêmeas, entre 60 e 90 kg. Existem informações de animais com até 158 kg.
- O período de gestação é de 93 a 105 dias. A ninhada é de um a quatro filhotes, que nascem pesando entre 700 e 900 gr. Os filhotes de onça-pintada abrem os olhos entre três e 13 dias e mamam até os cinco ou seis meses de vida. Os filhotes permanecem junto da mãe até dois anos de idade e atingem a maturidade sexual entre dois e quatro anos.
- Em cativeiro, uma onça-pintada viveu até 24 anos de idade. Durante os anos 60, cerca de 15 mil onças-pintadas eram mortas por ano, para o comércio de peles, somente na Amazônia.

Quati

(Nasua nasua)

Comprimento: cabeça e corpo, de 41 a 67 cm; cauda de 32 a 69 cm. O quati é característico pelo focinho longo e cauda com anéis escuros, geralmente mantida elevada, perpendicular ao corpo. Os machos são maiores que as fêmeas. Varia bastante em coloração, podendo ser cinzento-escuro, castanho-escuro, castanho-avermelhado. Habita matas e cerrados, em grupos de até 20 ou mais animais. Tem hábitos diurnos e procura alimento no solo, com seu longo focinho sensitivo; sobe muito bem em árvores, sobre as quais também procura por comida. É onívoro, alimentando-se de frutos, peixes, cobras, insetos, moluscos, caranguejos e anfíbios. Tem pernas anteriores com unhas longas e fortes, que auxiliam sua escalada em árvores.

Curiosidades:

- O período de gestação dos quatis é de cerca de 80 dias e as ninhadas são de dois a sete filhotes, que pesam cerca de 100 a 180 gr. quando nascem e abrem os olhos com 11 dias. São desmamados com quatro meses. Atingem o tamanho de adulto com 15 meses e a maturidade sexual aos dois anos.
- Em cativeiro, um quati viveu até 17 anos e oito meses.
- No Pantanal, quando as lagoas estão quase secas, os quatis fuçam na lama procurando por peixes enterrados, como mussuns.

Queixada

(Tayassu pecari)

Comprimento: cabeça e corpo, de 90 a 130 cm; cauda, de 15 a 65 mm. A queixada é a maior dentre as duas espécies de porcos silvestres de nossa fauna. De pelagem preta, destaca-se o maxilar branco-amarelado, daí seu nome; os filhotes são castanho-ocráceos, tornando-se gradativamente mais escuros com o desenvolvimento. Vivem em grupos com cerca de 50 a 300 indivíduos, normalmente dirigidos por machos mais velhos. Quando irritadas, eriçam os longos pelos dorsais e batem os dentes emitindo som característico, audível a centenas de metros. Vivem em matas e têm hábitos sobretudo diurnos. Alimentam-se de grande variedade de ítens vegetais e animais, inclusive carniça, que procuram no solo e entre folhas caídas, com auxílio do focinho.

Curiosidades:

- Uma queixada pode pesar entre 20 e 50 kg. O período de gestação é de 156 a 162 dias e a ninhada, geralmente, é de dois filhotes.
- Em cativeiro, uma queixada viveu 21 anos e um mês.
- As queixadas são consideradas perigosas quando encontradas na mata, mas, se não forem acuadas por cachorros ou pelo homem, sempre preferem fugir. Contam os caçadores que basta subir sobre um tronco para se livrar de um ataque das queixadas. Mas, por precaução, é melhor que seja bem alto para evitar que alguma queixada salte correndo e possa atingi-lo.

Tamanduá-bandeira ▲

(Myrmecophaga tridactyla)

Comprimento: 210 cm. O tamanduá-bandeira é um dos mamíferos mais característicos do Cerrado. Seu aspecto mais notável é a grande cauda, com pêlos muito longos, que se destaca como uma "bandeira". O focinho é longo e cilíndrico, e a língua, também longa, pode ser protraída até 50 cm fora da boca. Tem pernas anteriores muito fortes, providas de grandes unhas curvas, e dessa forma abre ninhos de formigas e cupins, os quais se constituem sua alimentação; são capturados pelo tamanduá através da língua longa, recoberta de saliva adesiva. Durante a locomoção, as grandes unhas das pernas anteriores não tocam o chão e ficam curvadas para dentro. Pode ser diurno ou noturno. É um animal do tipo solitário, que vive em matas, cerrados e campos.

Curiosidades:

- Um tamanduá-bandeira pode pesar entre 18 e 39 kg.
- O olfato do tamanduá-bandeira é 40 vezes mais sensível que o humano.
- Um tamanduá-bandeira pode comer mais de 35 mil formigas e cupins por dia.
- O período de gestação é de 190 dias, com geração de um filhote, que é carregado no dorso da mãe por seis a nove meses, mas também pode ser deixado em um ninho, enquanto ela sai em busca de alimento.

Tamanduá-mirim ▼

(Tamadua tetradactyla)

Comprimento: 140 cm. O tamanduá-mirim tem coloração amarelada e preta, bem definida, formando no tórax desenho semelhante a um "colete", daí ser também chamado tamanduá-de-colete. A cauda é semipreênsil, com pêlos curtos na extremidade, o que auxilia seus hábitos arborícolas. As pernas anteriores são muito desenvolvidas, com unhas fortes para abrir ninhos de formigas e cupins, sua principal alimentação. É ativo no crepúsculo e à noite. Durante o dia, oculta-se em ocos de árvores ou buracos de tatu abandonados. Habita matas e cerrados.

Curiosidades:

- O período de gestação é de 160 dias, gerando apenas um filhote, que também é carregado nas costas da mãe ou deixado em um ninho. Quando mais desenvolvido, o filhote acompanha a mãe, enquanto esta se alimenta.
- Um tamanduá-mirim pode pesar até sete kg.
- Para caminhar o tamanduá-mirim se apóia no dorso das patas dianteiras evitando que suas grandes unhas furem a própria carne.
- Quando ameaçado, o tamaduá-mirim fica em pé, apoiado nas patas trazeiras e na cauda. Deixa as mãos livres para se defender.
- Em cativeiro, um tamanduá-mirim viveu nove anos e seis meses.

Tatu-galinha ►

(Dasypus novemcinctus)

Comprimento: cabeça e corpo, 57 cm; cauda, 48 cm. Os tatus-galinha são de hábitos noturnos, mas podem ser vistos já em atividade no crepúsculo. Constróem buracos a uma profundidade que pode atingir três m. e, às vezes, com até sete m. de comprimento. Alimentam-se de insetos, como besouros e formigas, pequenos répteis e anfíbios. Quando capturados, enrolam-se o máximo possível para proteger suas partes inferiores. Após o acasalamento e fertilização do óvulo, este poderá aguardar até cinco meses para ser implantado e então iniciar o desenvolvimento dos embriões. Ao contrário do tatu-peludo, o tatu-galinha é muito veloz e dificilmente pode ser apanhado sem ajuda de armadilhas.

Curiosidades:

- Um tatu-galinha pode pesar até dez kg. Em cativeiro, um tatu-galinha viveu mais de 22 anos.
- O período de gestação é de 120 dias. A ninhada, geralmente, consiste de quatro filhotes, todos do mesmo sexo, nascidos de um único óvulo fertilizado.
- Os filhotes pesam entre 30 e 50 gr. e são desmamados depois de quatro a cinco meses. Atingem a maturidade com um ano de vida.
- Contam os caçadores que a carne do tatu-galinha é saborosa e, realmente, se parece com a carne de galinha.

Tatu-peludo ▼

(Euphractus sexcinctus)

Comprimento: 70 cm. O tatu-peludo tem a carapaça castanho-amarelada, com pêlos esparsos, esbranquiçados e evidentes; parte central da carapaça com seis ou oito bandas móveis; dedos anteriores com unhas grandes e fortes; cauda longa (19 a 24 cm), com placas. É, principalmente, diurno e, em geral, observado isoladamente. As poucas vezes que é visto em grupos ocorrem quando se concentram em torno de uma carniça ou quando uma fêmea no cio atrai vários machos que competem por ela. Habita cerrados, campos e bordas de matas. É bastante ativo e localiza alimento por olfato. Tem alimentação variada, constando de tubérculos, frutos, insetos e até carniça.

Curiosidades:

- O tatu-peludo pode pesar entre três e seis kg.
- O período de gestação é de 60 a 64 dias e as ninhadas, de um a três filhotes, que já nascem pesando cerca de 100 gr. e abrem os olhos depois de 22 a 25 dias. Os filhotes atingem a maturidade aos nove meses.
- Em cativeiro, um tatu-peludo viveu 18 anos e dez meses. Certa ocasião, seis tatus-peludos machos foram vistos entrando no mesmo buraco atrás de uma fêmea no cio.
- Sua visão é deficiente. Confia mais na audição e no olfato para detectar seus inimigos. Em caso de dúvida, corre para o buraco mais próximo.

Veado-campeiro ▼

(Ozotoceros bezoarticus)

Comprimento: cabeça e corpo, de 100 a 140 cm; cauda, de 10 a 15 cm. O veado-campeiro tem a pelagem castanho-avermelhada; coloração branca ao redor dos olhos, no interior das orelhas, no ventre e na parte inferior da cauda. Nos machos, a galhada completa tem geralmente três pontas de 30 cm de comprimento. Habita cerrados abertos e campos, daí seu nome; pode ocultar-se em moitas de vegetação no campo aberto. Vive aos pares ou pequenos grupos de até seis animais.

Curiosidades:

- Um veado-campeiro pesa entre 25 e 40 kg. O período de gestação é de sete meses, gerando apenas um filhote, que nasce pintado. O filhote pesa, ao nascer, 2,2 kg. Começa a ingerir comida sólida com seis semanas e perde suas pintas com dois meses de idade. Atinge maturidade sexual com um ano.
- Os machos têm glândulas nos cascos traseiros que emitem fortes odores, detectáveis a 1.5 km. de distância.
- Os veados-campeiros trocam os chifres todos os anos. Em cativeiro, um veado-campeiro viveu 21 anos e um mês.

Veado-catingueiro ▲

(Mazama gouazoubira)

Comprimento: 60 cm. A pelagem do veado-catingueiro é semelhante à do veado-mateiro, mas de um marrom mesmo intenso. Os chifres são simples, sem ramificações, e medem de dez a 13 cm de comprimento. Consta que o veado-catingueiro inclui frutas frescas e secas na sua alimentação. Vive solitário ou em casais quando acompanhados de sua cria.

Curiosidades:

- O veado-catingueiro pesa cerca de 17 kg.
- O período de gestação é de 206 dias e, normalmente, nasce um único filhote, todo pintado. O filhote pesa entre 510 e 600 gr. As fêmeas possuem quatro mamas.

Veado-mateiro ►

(Mazama americana)

Comprimento: 70 cm. O veado-mateiro é marrom-avermelhado com pescoço acinzentado e ventre branco. A cauda é marrom por cima e branca por baixo. Os chifres não possuem ramificações e medem de dez a 13 cm de comprimento. São diurnos, noturnos e crepusculares. Esses veados parecem gostar de água e são bons nadadores. Alimentam-se de gramíneas, trepadeiras e de brotos e folhas novas. Também comem frutas. São muito tímidos e raramente são vistos. Vivem em bosques e matas fechadas ocupando apenas uma pequena porção de terrirtório.

Curiosidades:

- Um veado-mateiro pesa cerca de 20 kg. O período de gestação é de 225 dias e, normalmente, nasce um único filhote, todo pintado. O filhote pesa entre 510 e 670 gr. ao nascer.
- Em cativeiro, um veado-mateiro viveu pouco mais de 16 anos.Quando se sente ameaçado, o veado-mateiro fica imóvel até chegar o momento de fugir rapidamente e parar depois de alguns metros para olhar o intruso.
- Os cachorros domésticos matam com facilidade um veado-mateiro e são seus piores inimigos depois do homem.

Dourado ►

(Salminus maxillosus)

Comprimento: 1 m. Dentre os peixes de água doce, é um dos mais cobiçados troféus de pesca. É pescado com anzol, em rios, utilizando-se como isca peixes pequenos, os quais são vorazmente abocanhados. Seu nome decorre da bela coloração dourada do corpo; tem escamas com traço preto central, o que forma um desenho de linhas pretas longitudinais ao longo de corpo; a cauda, de coloração vermelha e alaranjada, tem faixa preta central. Tem dentes cônicos, em série, apropriados à captura de peixes pequenos, que são sua principal alimentação. Subindo rios para desova, pode saltar cachoeiras de vários metros de altura.

Curiosidades:

- As fêmeas só se tornam aptas a desovar aos quatro ou cinco anos, quando atingem o seu desenvolvimento completo. Estas se distinguem dos machos pela fenda maior, anterior ao orifício anal.
- O dourado é um dos peixes mais rápidos dos rios brasileiros. Na região de Bonito, onde se encontra protegido contra a pesca, pode-se nadar em água transparente e observar vários dourados de bom tamanho, que nadam tranqüilos à sua volta. Em nenhum outro lugar, mesmo no Pantanal, isto é possível.

Jaú ►

(Paulicea luetkeni)

Comprimento: atinge mais de 1 m. O jaú é um bagre de grandes proporções. Sem dúvida é um dos maiores peixes brasileiros. Habita os grandes rios das bacias do Paraná, Paraguai e Amazonas. Tem coloração uniforme escura; os peixes jovens se apresentam amarelos com o corpo coberto de manchas violáceas. Prefere poços profundos onde a correnteza e os redemoinhos se encarregam de fazer circular a água por suas guelras e oxigenar seu corpo. É um dos mais cobiçados troféus dos pescadores.

Curiosidades:

- Um jaú pode pesar mais de 100 kg.
- São famosas as histórias de pescarias de jaú, não só pelas medidas exageradas dos peixes como pela luta do pescador para retirar o peixe da água; é comum levar-se mais de duas horas para vencer o peixe pelo cansaço.
- Um jaú de 70 kg, cujos ovários pesavam quatro kg, produziu, aproximadamente, 3.640.000 óvulos, um recorde para peixes de água doce.

Jurupoca ▼

(Hemisorubim platyrhynchus)

Comprimento: 50 cm. A jurupoca é um bagre de hábitos noturnos que prefere locais não muito profundos. Esconde-se debaixo da vegetação ribeirinha ou sob galhadas caídas. Geralmente, é vista em pequenos grupos embora não forme cardumes como os outros peixes, nadando em formação. Tem o focinho muito achatado e o corpo coberto por um muco grosso, que a deixa extremamente escorregadia.

Curiosidades:

- A jurupoca pode atingir cerca de três kg. Sua carne é amarelada e muito saborosa. Quando capturada ou fisgada, a jurupoca emite um som grave, como um berro rouco.

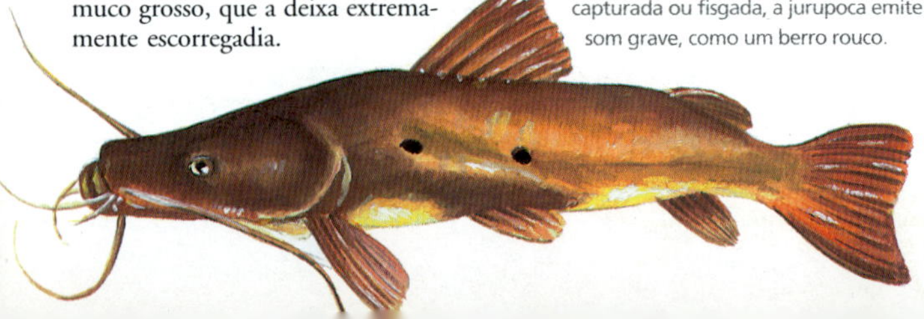

Lambari

(Astyanax bimaculatus)

Comprimento: 15 cm. O lambari é também chamado de tambiu ou lambari-de-rabo-amarelo. Em vista lateral, tem corpo largo, prateado, com dorso esverdeado-escuro; destacam-se mancha preta atrás do opérculo e traço da mesma cor no centro da cauda, esta, de coloração amarela. É espécie comum, que ocorre em grandes cardumes; geralmente pescada esportivamente com caniço.

Curiosidades:

- Os lambaris, pelo seu porte pequeno e hábito de nadar próximo à superfície, se constituem na principal fonte de alimentação de socós, garças e martins-pescadores.
- Os lambaris preferem as lagoas rasas e remansos dos rios onde se concentram em cardumes de centenas de peixinhos.
- Podem atingir 17 cm de comprimento e pesar cerca de 90 gr.

Pacu

(Piaractus mesopotamicus)

Comprimento: 50 cm. O pacu é também chamado de caranha. Tem coloração castanho-acinzentada, mais escura no dorso; lado ventral amarelado. No Pantanal, representa um dos peixes mais importantes para a pesca amadora e profissional, sendo capturado em quantidades consideráveis. É sobretudo frugívoro, podendo ser encontrado em remansos de rios sob árvores que derrubam frutos na água; alimenta-se também de folhas, brotos e pequenas presas. Os dentes são molariformes, com cúspides cortantes, adaptados a hábitos herbívoros.

Curiosidades:

- Pode medir mais de 60 cm de comprimento e pesar cerca de sete kg.
- Os pacus deslocam-se em cardumes com dezenas, às vezes, centenas de peixes; nos corixos e vazantes mais rasas misturam-se às piranhas.
- São de comportamento arisco e sempre mantêm uma boa distância de segurança de um mergulhador.

Pintado

(Pseudoplatystoma corruscans)

Comprimento: 1 m. Há duas espécies na região do Pantanal, o pintado e o cachara. Ambos têm grande importância econômica, sendo pescados em quantidades consideráveis. De aspecto característico, tem cabeça larga e achatada, com longos barbilhões; a coloração geral é castanho-acinzentada, com manchas e traços pretos; corpo alongado e aproximadamente cilíndrico, afilado posteriormente. Vive em rios onde prefere os remansos. É sobretudo ictiófago, alimentando-se de outros peixes.

Curiosidades:

- Considerados um dos mais belos exemplares de peixes de couro no Brasil, há uma diferenciação quanto aos nomes: as cacharas geralmente tem listas; o surubim tem pintas grandes e os pintados, pintas pequenas e numerosas.
- Embora não nadem em cardumes, como os outros peixes, os pintados e cacharas se reúnem em determinados pontos dos rios, especialmente sob galhadas de árvores caídas; são curiosos e normalmente permitem um certa aproximação por parte de um mergulhador.

Piranha ▼

(Pygocentrus nattereri)

Comprimento: 50 cm. A piranha é um peixe de coloração cinzento-esverdeada no dorso, lados do corpo com pontos dourados e região ventral vermelho-amarelado. A mandíbula é projetada para a frente e os dentes cortantes são dispostos em série; é predadora de peixes, mesmo grandes, os quais são dilacerados e comidos; atacam em cardume. Habitam lagoas e remansos de rios. Piranhas são potencialmente perigosas para outros animais, inclusive o homem, sobretudo se indivíduos feridos e sangrando entram na água. Em pescarias, é preciso muito cuidado para retirá-las vivas do anzol, pois podem provocar sérios ferimentos ao pescador inexperiente.

Curiosidades:

- As piranhas são os peixes mais comuns no Pantanal; ocorrem em praticamente todos os locais onde haja água com alguma profundidade.
- Embora as ocorrências com piranhas nos rios do Pantanal sejam extremamente raras, por precuação é aconselhável manter uma certa distância do cardume e nunca deixar que elas circulem em torno do mergulhador.
- Um pintado de 12 kg pode ser devorado por um cardume de piranhas em menos de dois minutos. As piraputangas também participam desses ataques; depois que a maior parte da carne e vísceras já desapareceu, entram em cena as piavas e os lambaris, que terminam com o restante.
- Caso queiram nadar em rios que tenham piranhas, escolham o nado de peito que provoca menos agitação e barulho na água; em lagoas fechadas não é recomendável nadar.

Piraputanga ▼

(Brycon microlepis)

Comprimento: 40 cm. A piraputanga é um peixe onívoro, que habita rios, lagoas e corixos. Alimenta-se sobretudo de insetos, frutos e sementes. Ocorre em cardumes e tem aspecto bastante característico, de cauda vermelha com faixa preta central; o corpo, lateralmente, tem brilho prateado intenso. É apreciada como peixe comestível. Ao mesmo gênero pertencem a piracanjuba e o matrinxã.

Curiosidades:

- Na região de Bonito, pode-se observar cardumes de piraputangas que acompanhava bandos de macacos-prego nas árvores ribeirinhas, elas esperam os frutos que caem na água e se alimentam desta forma.
- De dezembro a janeiro ocorre a desova e cardumes imensos podem ser vistos subindo fortes correntezas. Seu nome foi dado pelos índios e literalmente significa peixe vermelho.

Traíra ▼

(Hoplias malabaricus)

Comprimento: 50 cm. A traíra é um peixe carnívoro, predador, de corpo grosso e nadadeira caudal arredondada. Possui a mandíbula ultrapassando nitidamente a maxila superior, quando a boca está fechada. Habita águas paradas e rasas onde se esconde em depressões do terreno. Também é chamada de lobó. Sua coloração lhe confere excelente camuflagem contra o fundo arenoso ou lamacento das lagoas e riachos. Para capturar suas presas aguarda que os peixinhos passem próximo de sua boca e, então, dá o bote.

Curiosidades:

- Para encontrar traíras à noite, basta usar uma lanterna de foco concentrado, e varrer a superfície da água; os olhos das traíras refletem a luz e brilham avermelhados denunciando a presença do peixe.
- É aconselhável muito cuidado ao manusear uma traíra porque seus muitos dentes caniniformes e afiados cortam como navalha.
- A traíra se alimenta de peixes pequenos que captura em águas rasas. Pode chegar a três kg.

Tuvira ▼

(Gymnotus cf. carapo)

Comprimento: 40 cm. A tuvira é um peixe muito alongado, desprovido de nadadeiras dorsais e ventrais. A nadadeira anal, no entanto, é muito longa, chegando a apresentar mais de 200 raios. A nadadeira peitoral é semelhante à de outros peixes. Tem hábitos noturnos e vive próximo da superfície, entre a vegetação aquática.

Curiosidades:

- As tuviras são mais utilizadas como iscas vivas para captura de outros peixes maiores, como dourados e pintados. Esses peixes delicados e de beleza especial são trespassados vivos pelos anzóis e jogados na água para atrair, com seu nado desesperado, os peixes maiores. Esta captura seletiva, para o comércio, precisa ser proibida com rapidez para diminuir a pressão sobre as populações desses peixes.
- As tuviras possuem órgãos elétricos e eletrorreceptores, que lhes permitem formar um campo elétrico ao redor do corpo. Dessa forma, qualquer animal que penetrar nesse campo elétrico irá provocar uma distorção e será detectado pela tuvira.

Jabuti ▼

(Geochelone carbonaria)

Comprimento: atinge 70 cm. O jabuti é um réptil que tem o corpo revestido por uma couraça formada por placas ósseas soldadas e revestidas por material córneo. Pode retrair a cabeça e as pernas e ficar protegido dentro de sua carapaça. Vive na mata onde se esconde entre a vegetação caída no chão. Desloca-se lentamente mas com determinação, o que lhe permite cruzar boas distâncias em curto período de tempo. Alimenta-se de vegetais e frutas.

Curiosidades:

- A fêmea do jabuti se chama jabota. A jabota cava um buraco com as patas traseiras para depositar seus ovos.
- O jabuti é um dos animais mais citados no folclore brasileiro.

Calango ►

(Ameiva ameiva)

Comprimento: até 60 cm. O calango, junto com o teiú, é um dos lagartos mais comuns no Brasil. É muito rápido. Quando está imóvel no chão da mata é quase impossível localizá-lo. Denuncia sua presença pelo barulho das folhas secas que, constantemente, está remexendo atrás do que comer. Alimenta-se de insetos, lagartixas, anfíbios e outros pequenos vertebrados.

Curiosidades:

- Os calangos são ovíparos. Cada ninhada pode ter cinco ou seis ovos.
- Nos barrancos dos rios, ocupam ninhos abandonados de martins-pescadores.

Jacaré-do-pantanal ▼

(Caiman crocodilus yacare)

Comprimento: atinge 2,5 m. No Pantanal, ocorre essa subespécie, que tem mandíbulas com manchas pretas. Na estação seca é visto em abundância, nas baías e mesmo em depressões artificiais, com água represada, nas quais encontra comida. Alimenta-se de peixes, aves, anfíbios, caramujos, insetos, crustáceos. Os ovos são postos em um grande amontoado de folhas e talos de plantas, construído pela fêmea, que vigia o ninho com ovos até a eclosão. Predadores de ninhos são o coati e o teiú, entre outros. Para proteção, durante o dia, os filhotes ficam junto da mãe; se dispersam à noite, quando se alimentam sobretudo de insetos na superfície da água. Esse procedimento é repetido até que os filhotes adquiram independência. Quando pequenos, são presas fáceis das garças e cegonhas.

Curiosidades:

- Um ninho de jacaré-do-Pantanal pode conter até 50 ovos. A fêmea fica bastante agressiva, mesmo em terra, quando está defendendo seu ninho.
- Na década de 80, estima-se que mais de cinco milhões de jacarés foram mortos no Pantanal e suas peles contrabandeadas para a Europa, Estados Unidos e Ásia, pelo Paraguai.
- Na época seca, os jacarés percorrem grandes distâncias por terra, especialmente à noite, em busca do rio ou lagoa mais próximo.

Jararaca-pintada ▼

(Bothrops neuwiedi)

Comprimento: 70 cm. A jararaca-pintada é conhecida como boca-de-sapo, no Pantanal. Ela é responsável pela maioria dos acidentes com picadas de cobras na região. Isso acontece, principalmente, porque essas serpentes procuram se esconder nas casas simples dos moradores da região e terminam por facilitar um encontro ocasional com pessoas. Seu veneno é necrosante, causa grande mal-estar e pode levar à morte se o paciente não for medicado a tempo. O local da picada ficará marcado para sempre, se não for bem cuidado, com aplicações locais do soro próprio para combater esse veneno. Essa espécie possui 12 subespécies; no Pantanal ocorre a *Bothrops neuwiedi matogrossensis*.

Curiosidades:

- Os apanhadores de iscas, que vasculham as superfícies das lagoas e brejos rasos atrás de tuviras, acabam encontrando muitas dessas jararacas e, algumas vezes, são picados. Outra vítima freqüente dessas serpentes são os cavalos, que pastam próximo das lagoas ou em campos alagados. Eles têm um comportamento curioso e procuram cheirar as jararacas que reagem picando o animal na região do focinho. Se não forem socorridos a tempo, certamente morrerão.
- Olhando de frente uma jararaca, você verá quatro orifícios no focinho; duas narinas e duas focetas loreais. Estas são sensores de calor, que auxiliam essas serpentes a localizar suas presas à noite. As jararacas são vivíparos. O veneno de seus filhotes, ao nascerem, é tão violento quanto o das cobras adultas.

Jibóia ▼

(Boa constrictor)

Comprimento: atinge de 3 a 5 m. A jibóia é uma cobra não venenosa, da mesma família da sucuri. Mata suas presas por constrição, enrolando-se rapidamente em torno da vítima e apertando lentamente, mas com firmeza, até sufocá-la. Habita florestas úmidas, cerrados e caatingas. Alimenta-se de animais pequenos e médios, como sapos, roedores, cutias e aves.

Curiosidades:

- A jibóia é vivíparo, isto é, seus filhotes nascem ativos e independentes.
- Deve-se evitar muita aproximação das jibóias, pois, quando provocadas, elas se tornam agressivas e reagem rapidamente, desferindo dolorosas mordidas.
- Freqüentemente são criadas como animais de estimação. Nesse caso, aprendem a conviver com pessoas e raramente agridem.
- Podem ser encontradas nas serras que limitam o Pantanal e geralmente saem à noite para caçar animais de pequeno porte, como aves e roedores.

Sinimbu ▼

(Iguana iguana)

Comprimento: 1,30 m. O sinimbu é uma iguana-verde, que pode também ser chamado de camaleão. Esse nome, camaleão, não é adequado, pois camaleões verdadeiros não existem no Brasil. Ocorre em muitos tipos de ambientes; desde florestas úmidas, cerrados e no sertão árido da caatinga. Nas margens dos rios, apóiam-se sobre a vegetação para se aquecer preguiçosamente ao sol. Resistem até o último instante possível, antes de fugir ou saltar para a água. Nadam com grande facilidade, cruzando qualquer rio. São herbívoros.

Curiosidades:

- No Rio Cuiabá, próximo a Porto Cercado, existe uma grande população de sinimbus. Em certos locais, pode-se contar entre 20 e 30 animais sobre a vegetação ribeirinha. Muitos sinimbus fazem seus ninhos nas praias; enterrando, em covas rasas, 20 a 30 ovos, que são incubados pelo calor e umidade da areia.
- Os principais predadores de ninhos de sinimbus são os quatis e os guaxinins.
- Mudam de cor conforme o ambiente onde vivem. São cinzentos na caatinga e verdes na floresta.

Sucuri ▼

(Eunectes noctaeus)

Comprimento: atinge 8 m. A sucuri é a maior serpente do Pantanal. É comum em áreas pantanosas, lagoas, rios e campos alagados. Dorsalmente, tem coloração olivácea-acastanhada, com manchas pretas, que a tornam bastante camuflada quando em meio à vegetação aquática, em água rasa. Não é venenosa e mata suas presas por asfixia, enrolando-se nelas, ou apenas prendendo a presa em uma dobra do corpo, no caso de animais menores. É crença popular que a sucuri pode comer um boi, o que se trata de evidente exagero. Podem ocorrer contatos esporádicos com um jacaré adulto, por exemplo, o qual representa presa grande demais para a sucuri. Na verdade, essa serpente apanha presas bem menores e variadas, como aves, pequenos roedores, lagartos, rãs e peixes; eventualmente, pode alimentar-se de peixes mortos. Aves aquáticas parecem ser o ítem mais importante da dieta; apanha, por exemplo, a jaçanã ou mesmo aves pousadas em galhos próximos à água. Reproduz-se por ovoviviparidade, com ninhadas de 15 a 36 filhotes.

Curiosidades:

- No Pantanal, em 1985, uma sucuri que foi morta atacando as galinhas domésticas de uma fazenda, continha 36 filhotes, divididos em três bolsas com 12 sucuris em cada. As cobrinhas fugiram todas assim que as bolsas foram abertas.
- Em várias ocasiões pode-se observar uma sucuri lutando com jacarés. Quando o jacaré consegue abocanhar a cobra, normalmente ela se machuca e abandona a luta.
- Filhotes de sucuri são presas fáceis de garças, cegonhas e jacarés, nos seus primeiros meses de vida.

Teiú ▼

(Tupinambis teguixin)

Comprimento: atinge 2 m. O teiú é um dos lagartos terrestres mais comuns do Brasil. Tem coloração preta, cinzenta-clara e branca, com aspecto bandeado; ventre esbranquiçado, com faixas pretas transversais. A musculatura mastigadora é bem desenvolvida, formando uma "papada" em lagartos velhos. Habita matas, cerrados e campos. Vive em buracos na terra, geralmente abaixo de raízes ou mesmo no solo. É onívoro, alimentando-se de frutos, insetos, pequenos vertebrados, como camundongos e rãs, e ovos. São ovíparos.

Curiosidades:

- O teiú, quando surpreendido em seu ambiente natural, permanece inicialmente imóvel, com a cabeça elevada, para em seguida disparar em carreira rápida.
- Uma fêmea de teiú chega a depositar mais de 30 ovos em uma única postura.

Víbora ▼

(Dracaena paraguayensis)

Comprimento: atinge 1,30 m. A víbora é um grande lagarto de hábitos semi-aquáticos; coloração verde-oliva acastanhada. A cauda longa e achatada é usada para natação, por meio de movimentos laterais. Sobe em galhos sobre áreas alagadas, com muitas plantas aquáticas; na presença de um eventual predador, salta na água e mergulha. Alimenta-se quase que exclusivamente de moluscos gastrópodes do gênero Pomacea, aruás, cujas conchas são quebradas por meio de dentes fortes e achatados do lagarto; os pedaços da concha são eliminados e as partes moles engolidas. Eventualmente, alimenta-se também de peixes, ovos e filhotes de aves aquáticas.

Curiosidades:

- No Pantanal, consideram a víbora venenosa, mas ela é inofensiva. Quando perseguida e acuada, no entanto, defende-se com vigor. Talvez por isso acreditem que seja perigosa. Para encontrá-la, procure sobre os troncos de árvores acima da água dentro de lagoas, onde houver indícios da presença de caramujos aquáticos. Passa as horas quentes do dia tomando sol.
- As víboras são ovíparos e seus ninhos construídos em torno das lagoas onde vivem.

PLANTAS

Acuri ►

(Attalea phalerata)

O acuri é uma palmeira que atinge oito m. de altura, sendo o tronco geralmente coberto por bases velhas de pecíolos; nas bainhas das folhas instalam-se outras espécies vegetais, como a figueira-mata-pau, que cresce envolvendo a palmeira e acaba por matá-la depois de alguns anos. Os acuris concentram-se em áreas denominadas acurizais. No Pantanal, essas palmeiras crescem nas áreas altas e mais secas dos capões e matas de cordilheiras. Os frutos oblongos crescem em cachos e, quando maduros, ficam amarelos. Servem de alimento para animais silvestres, como cutias, catetos, queixadas, e também para o gado, muitos dos quais atuam como dispersores das sementes. Ocorre de preferência em solos argilosos e é considerada boa indicadora de solos férteis.

Curiosidades:

- As castanhas que se encontram no interior dos frutos do acuri são o principal alimento da araraúna e da arara-azul. Representam mais de 90% da sua dieta e são as únicas aves capazes de abrir esse fruto usando o bico.
- As folhas são usadas para cobertura de habitações humanas.
- O palmito, que pode ser extraído do seu tronco, é muito saboroso, ótimo para a confecção de tortas e pastelões.
- A água do fruto, que é estéril, pode ser usada como colírio.

Aguapé ◄

(Eichhornia crassipes)

O aguapé é uma planta aquática flutuante, com pecíolos esponjosos, dilatados ou alongados; folhas largas e arredondadas, com superfície lisa e brilhante. As raízes formam um tufo denso e ramificado, submerso, que serve para desova de peixes e abrigo a inúmeros animais aquáticos. Flores em cacho, azul-claro arroxeadas com pequena mancha amarela. O aguapé é uma séria planta invasora que rapidamente toma conta de lagos, podendo ocupar toda a superfície da água. A reprodução é feita por meio de sementes ou estolões, os quais produzem novas mudas ao redor da planta principal. É planta ornamental em aquários.

Curiosidades:

- O aguapé pode ser utilizado na recuperação de rios e lagos poluídos, pois suas raízes formam um conjunto denso que retém partículas finas em suspensão.
- No Pantanal, muitas vezes, o aguapé toma conta de pequenos corixos e vazantes, cobrindo toda a superfície e impedindo a navegação.
- Os caramujos aquáticos, aruás, passam suas vidas presos às raízes flutuantes dos aguapés e, de tempo em tempo, alcançam a superfície para respirar.

Aguapé-de-cordão ►

(Eichhornia azurea)

O nome aguapé-de-cordão refere-se à sua forma de desenvolvimento, no início, enraizado no fundo e, depois, continuado em longo caule flutuante, que pode atingir até dois m. de comprimento. As folhas emersas são arredondadas e o pecíolo é longo e esponjoso, permitindo a flutuação da planta. Tem flores em cachos; são arroxeado-claras a quase brancas, com o centro escuro. A reprodução é por meio de sementes ou rizomas. Desenvolve-se bem em áreas pantanosas e lagos, podendo cobrir toda a superfície da água.

Curiosidades:

- No Pantanal, pode-se encontrar em uma mesma lagoa duas espécies de aguapés.
- Os caramujos aquáticos, aruás, passam suas vidas presos às raizes flutuantes dos aguapés e, de tempo em tempo, alcançam a superfície para respirar. Eles também utilizam os talos altos das folhas, ou as próprias folhas, para depositar seus ovos. São aglomerados com até 600 ovos.

Angico-branco ▼

(Anadenanthera colubrina)

O angico-branco é uma árvore que atinge de 12 a 15 m. de altura. O tronco chega a 50 cm. de diâmetro. Gosta de solos arenosos ou argilosos, mas férteis. Sua madeira é dura e pesada, sendo muito utilizada para a confecção de postes, dormentes, peças torneadas, carrocerias e móveis. Os frutos são vagens longas e produz grande quantidade de sementes. Germinam com facilidade. Com quatro meses, as mudas já podem ser transplantadas no campo. Suas flores são melíferas.

Curiosidades:

- O angico-branco tem vários usos medicinais: a casca é cicatrizante e contra hemorragias; o melado fervido e concentrado é usado contra a tosse e a bronquite; também baixa a pressão.
- A casca e os frutos do angico-branco são ricos em tanino, podendo ser utilizada na indústria de curtumes.

Aroeira ►

(Myracrodruon urundeuva)

A aroeira é uma das árvores mais importantes da flora brasileira. Atinge de 20 a 25 m. de altura, em solos férteis, e diâmetro de 80 cm.. Sua madeira, muito pesada e de grande resistência mecânica, é praticamente imputrescível. Normalmente, é utilizada para mourões, postes, esteios e para a construção de currais e pontes. A planta, no pasto, resiste ao fogo. Floresce nos meses de agosto e setembro.

Curiosidades:

- Os frutos da aroeira são muito apreciados por periquitos e papagaios.
- A casca é utilizada contra hemorragias das vias respiratórias e urinárias e tem comprovado efeito antiinflamatório e cicatrizante contra úlceras e alergia.
- A aroeira é característica de terrenos secos e rochosos; ocorre em agrupamentos densos nas matas e cerradões.

Bocaiúva ▼

(Acrocomia aculeata)

Também conhecida como macaúba, essa palmeira tem um tronco de 15 m. de altura, revestido de espinhos. Produz grandes cachos de frutos arredondados, de casca dura, com cerca de cinco cm. de diâmetro; são de coloração verde-acastanhada e fornecem polpa da qual é extraída uma gordura comestível. A madeira é bastante durável para uso em construções. As fibras obtidas das folhas prestam-se para a confecção de redes e cordões.

Curiosidades:

- Os frutos da bocaiúva são muito apreciados pelos animais: gado, cavalos, tatu-peludo, ema, araras e roedores.
- As araras azuis preferem comer a castanha do interior do fruto; para isso, elas apanham os cocos regurgitados pelo gado nos currais ou locais de dormida.
- O óleo de bocaiúva serve como laxante; a raiz é diurética.
- No Pantanal, as bocaiúvas formam grandes concentrações em certas áreas, chamados de bocaiuvais. Nesses locais, quase sempre, há uma grande concentração de araras e papagaios que lá procuram abrigo.

Buriti

(Mauritia vinifera)

O buriti atinge 25 m. de altura, tendo o tronco com até 50 cm. de diâmetro. Ocorre em concentrações denominadas buritizais, em áreas de brejo ou mesmo permanentemente inundadas. Os frutos, arredondados ou oblongos, são castanho-avermelhados com superfície lisa, de aspecto reticulado; são dispostos em grandes cachos com até três m. de comprimento. As folhas podem ser usadas para cobertura de habitações humanas. Dos pecíolos das folhas é obtido material leve e macio, usado em artesanato. É bastante ornamental, podendo ser utilizado em arborização de parques e cidades.

Curiosidades:

- Da polpa do fruto se extrai o vinho-de-buriti e também pode-se preparar um doce.
- O fruto serve de alimento para araras-amarelas (canindé) e roedores.
- No Pantanal, os buritizais são mais comuns próximo a Barão de Melgaço (MT) e ao longo dos rios Negro, Taboco e Aquidauana (MS).

Cambará

(Vochysia divergens)

O cambará é uma árvore que atinge 18 m. de altura, dotada de copa frondosa e pouco densa. A madeira é leve, macia e fácil de trabalhar, própria para tábuas. Floresce nos meses de julho a setembro. Os frutos amadurecem nos meses de dezembro a janeiro e as flores amarelas recobrem toda a copa das árvores. É muito apreciada por beija-flores, abelhas e macacos, que a visitam em busca de néctar. As sementes do cambará são disseminadas pelo vento e pela água.

Curiosidades:

- No Pantanal, os cambarás formam bosques chamados de cambarazais, onde predominam. Geralmente situados em matas ciliares, capões e campos de inundação por rio, corixos ou vazantes.
- O xarope da casca de cambará, com mel, é bom para tosse e gripe; o chá da folha é usado contra asma, gripe e apendicite; a seiva serve de colírio.
- As flores do cambará são comidas por peixes.
- Os pantaneiros usam a madeira do cambará para fazer canoas, cochos, varas de porteiras e ranchos.

Carandá ◄

(Copernicia alba)

O carandá atinge 20 m. de altura e, no tronco, há vestígios dos pecíolos das folhas. Ocorre em áreas úmidas ou parcialmente alagadas, onde constitui formações características denominadas carandazais. Os frutos são alimento de muitas aves e, dessa forma, as sementes são dispersadas. Das folhas também pode ser extraída a cera. O tronco do carandá tem madeira muito durável, mesmo dentro d'água; é freqüentemente utilizado para confecção de postes e mourões de cercas.

Curiosidades:

- Os frutos do carandá servem de alimento para peixes e podem ser usados como isca para a pesca do pacu.
- No Pantanal, os carandazais são mais comuns em Nabileque e ao redor das salinas da Nhecolândia. Na região de Poconé e Cáceres (MT) também é freqüente.
- O palmito é comestível e a raiz é diurética.
- Os índios kadiweu fazem artesanato usando essa palmeira.

Canafístula ▼

(Cassia grandis)

A canafístula tem ampla distribuição pelo Pantanal. Atinge 15 a 20 m. de altura, com tronco de 40 a 60 cm de diâmetro. Sua copa é larga. Floresce de julho a dezembro. As flores são rosas, quando novas, e laranja-salmão, quando velhas. Os frutos são vagens grandes, que podem pesar até 1 kg; ficam pendurados na árvore por vários meses. A madeira é dura e não muito durável; pode ser usada para móveis. Habita matas de cordilheiras, ciliares e matas de carandás; cresce em solos argilosos.

Curiosidades:

- No Pantanal, na região de Poconé, MT, a canafístula é comum. Cresce principalmente ao longo do rio Cuiabá.
- A canafístula produz anualmente grande quantidade de sementes; um quilograma contém cerca de 1890 unidades.

Caraguatá ▲

(Bromelia balansae)

O caraguatá é um planta terrestre, da mesma família do abacaxi, com folhas longas, rígidas e portadoras de fortes espinhos nas margens; atinge até dois m. de altura; na época de floração tem folhas centrais vermelhas; flores de pétalas roxas, em inflorescência esbranquiçada. Ocupa áreas abertas, onde prolifera e forma barreiras quase impenetráveis para o homem e o gado. As fibras obtidas das folhas prestam-se para a confecção de bolsas, cintos e roupas. O fruto é comestível e tem propriedades medicinais contra enfermidades da garganta; é digestivo e pode atuar como vermífugo.

Curiosidades:

- Do fruto pode-se preparar xarope contra a tosse.
- O fruto, muito ácido, pode ser comido cru, cozido ou tostado. Era utilizado como alimento pelos índios bororo.
- Como cresce em volta dos capões e matas de cordilheiras, serve de refúgio para animais, como cutias, porcos e quatis. Também serve de esconderijo para ninhos de jacarés.

Figueira-mata-pau ►

(Ficus pertusa)

A figueira-mata-pau é mais abundante em capões e matas ciliares. Atinge 20 m. de altura. Distingue-se pelo figo com pintas roxas, quando verde, e vermelhas e pretas, quando maduro. Esse fruto comestível, muito apreciado pelos animais, é responsável pela disseminação dessa espécie. Morcegos, aves, bugios e até peixes se alimentam dos frutos. As sementes que saem nas fezes grudam nos galhos das outras árvores, especialmente da palmeira acuri, germinam e dão início ao crescimento de uma nova planta. Com o passar dos anos, a figueira abraça a hospedeira e acaba por sufocá-la, substituindo-a na floresta. Nos ocos das raízes aéreas e troncos vivem comunidades de morcegos e abelhas.

Curiosidades:

- A madeira da figueira-mata-pau é branca e leve; serve para forro e caixotes. O látex produz a borracha.
- O látex é vermicida e alimentício, podendo ser tomado diluído em água, senão queima a boca.
- Nos capões do Pantanal, é difícil encontrar um acuri que não esteja parasitado por uma figueira-mata-pau. Muitas vezes, os dois gigantes se entrelaçam durante anos até que um deles morra. Em raras situações a palmeira triunfa.

Jatobá-mirim ◄
(Hymenaea courbaril)

O jatobá-mirim é uma árvore que atinge de 15 a 20 metros de altura. O tronco pode ter quase 1 metro de diâmetro. Cresce em matas ciliares não alagáveis e prefere solos arenosos ou argilosos. Floresce nos meses de outubro a dezembro e os frutos amadurecem a partir de julho. A madeira é pesada, muito dura ao corte e resistente ao ataque de cupins. Aves e mamíferos se alimentam de seus frutos e são agentes dispersores de sementes.

Curiosidades:

- Na língua guarani, jatobá quer dizer folha dura.
- O fruto do jatobá-mirim é comestível; tem consistência farinhenta e é rico em cálcio e magnésio.
- A semente e a seiva são ótimos fortificantes. A resina extraída dos frutos é medicinal e também usada para verniz.

Jenipapo ▼
(Genipa americana)

O jenipapo é uma árvore muito conhecida por suas múltiplas aplicações. Atinge 12 m. de altura. Floresce nos meses de setembro a dezembro e produz frutos entre outubro e fevereiro. A planta gosta de terrenos úmidos e pode ser encontrada em matas primárias e nas formações secundárias. A madeira é flexível, fácil de trabalhar e de longa durabilidade, quando não exposta ao solo e à umidade. É usada para a confecção de remos, gamelas, colheres, cabos de ferramentas e esculturas.

Curiosidades:

- Jenipapo, na língua tupi, quer dizer mancha escura. De fato, o líquido extraído da fruta verde, quase preto, é excelente para fixar tatuagens temporárias. Os índios o utilizam para desenhar sobre o corpo. Os desenhos permanecem por vários dias ou até semanas, se forem reforçados.
- O fruto é comestível; serve para se fazer sucos, doces e licores.
- As propriedades medicinais são muitas: diurético, contra anemia, estômago, fígado, nervos e intestinos. A semente é usada contra diarréia e hemorragia; provoca vômitos.
- É difícil encontrar frutos maduros na natureza, porque os animais chegam sempre na frente: tucanos, aracuãs, macacos e até os peixes comem as sobras que caem. O fruto do jenipapo serve também como isca para a pesca de pacus.

Mandacaru ►

(Cereus peruvianus)

O mandacaru é uma cactácea típica de regiões áridas Brasil. É um arbusto de dois a seis metros de altura. Floresce nos meses de setembro a abril. Sua flor é noturna e pouco perfumada, mas atrai morcegos e besouros. Os frutos amadurecem entre outubro e maio; são comestíveis e muito apreciados pelas aves que o disseminam. Habita bordas de clareiras no cerradão e matas; prefere solos arenosos e calcáreos.

Curiosidades:

- No Chaco, é comum fazerem doce e xarope do fruto do mandacaru. Do caule, se pode fazer doce ou comê-lo cru.
- O suco do mandacaru é estéril e pode ser utilizado para lavar feridas.
- Nas morrarias calcárias típicas das periférias ao Pantanal, o mandacaru atinge porte de árvores, com até 16 m. de altura.

Novateiro ▲

(Triplaris americana)

O novateiro é uma árvore de cinco a 15 m. de altura. Habita matas ciliares e capões alagáveis; cresce em solos argilosos. Floresce em agosto e setembro. Os frutos caem em setembro e outubro. Os pelos da flor causam muita coceira. Germinam em 20 dias e crescem muito rápido.

Curiosidades:

- No interior dos ramos ocos do novateiro vivem formigas vermelhas, muito agressivas. Quando alguém toca à árvore, as formigas se alvoroçam e se jogam sobre a pessoa; o novato, não sabendo da existência delas, logo leva várias ferroadas, extremamente doloridas; equivalentes à picada de abelhas e marimbondos.
- Na Bolívia, o novateiro é chamado de "palo diablo".
- A casca do novateiro é um remédio contra hemorróidas e diarréia.

Paratudo ou Ipê-amarelo ▲

(Tabebuia caraiba)

O ipê-amarelo é uma das árvores mais comuns do Brasil. Ocorre na Caatinga, no Cerrado e no Pantanal Mato-grossense. Atinge 20 m. de altura e diâmetro de 40 cm.. O tronco é tortuoso e revestido por casca grossa, que tolera bem o fogo. A madeira é excelente, meio pesada, dura, mas flexível; pouco durável se for exposta à intempérie. Floresce durante os meses de agosto e setembro, com a árvore quase totalmente despida da folhagem.

Curiosidades:

- O pantaneiro masca a casca no campo, ou põe na água, para problemas de estômago e fígado, amarelão, vermes, diabetes, febre, malária; a folha tostada substitui o mate.
- No Pantanal, ocorre em formações chamadas paratudais; geralmente em terrenos alagáveis de solos argilosos.
- As flores do Ipê-amarelo são comestíveis (amargas como alface); procuradas por aves como aracuãs, cujubis, papagaios; mamíferos como bugios, veados; o gado também come as flores e folhas.

Piúva ou Ipê-roxo ◄

(Tabebuia heptaphylla)

O ipê-roxo é uma árvore que atinge de 10 a 20 m. de altura. O tronco pode chegar a 80 cm. de diâmetro. É abundante em todo o Pantanal. Está associada a rios e vazantes. A madeira é dura, pesada, boa para pontes, currais e esteios. Difícil de trabalhar, não aceita prego. Própria para construção externa. Resiste bem à intempérie. Floresce entre julho e setembro, com a planta totalmente despida de sua folhagem.

Curiosidades:

- O ipê-roxo é vítima de raios por ser uma das maiores árvores de campo aberto.
- O fervido da entrecasca é indicado contra o câncer. O extrato da entrecasca dos ipês é depurativo, estomacal e bactericida. O cerne contém lapachol, inibe tumores e alivia a dor.
- As flores são comestíveis; serve de alimento para aves, como aracuãs, cujubis, papagaios; também os bugios se alimentam delas.
- No Pantanal, a floração dos ipê-roxos constitui-se num dos grandes espetáculos anuais; mas é preciso estar atento ao fenômeno, pois dura apenas alguns dias.

Pequi ►

(Caryocar brasiliense)

O pequi é uma árvore que atinge de 5 a 15 m. de altura. Seu tronco é tortuoso, de 30 a 40 cm. de diâmetro. Cresce no cerrado e cerradões, em solos arenosos. Floresce nos meses de setembro a novembro; seu odor atrai morcegos que fazem a polinização. Os frutos amadurecem de novembro a fevereiro. A madeira tem filamentos que provocam coceira; é usada para xilografia, construção civil e naval; nas fazendas é usada para cochos e currais.

Curiosidades:

- O fruto é comestível, cheiroso e utilizado para produção de licores; também é muito conhecido o prato arroz-com-pequi. Mas é preciso cuidado com os espinhos do fruto.
- Da polpa do fruto se extrai óleo para a culinária e, da amêndoa, um óleo perfumado para cosméticos.
- O pequi é um excelente fortificante e equivale ao óleo de fígado de bacalhau.
- O óleo de pequi também pode ser usado em massagens contra o reumatismo.

Vitória-régia ◄

(Victoria regia)

As folhas da vitória-régia podem atingir 1,2 m. de diâmetro. O pecíolo que fixa a planta ao fundo prolonga-se por mais de cinco m. em alguns locais. No lado inferior das folhas flutuantes há uma rede de nervuras e compartimentos cheios de ar e recobertos de espinhos. As flores são perfumadas. No Pantanal, ocorre no Rio Paraguai, desde Cáceres até Corumbá, em áreas de remanso ou lagoas marginais.

Curiosidades:

- Seu nome, *Victoria,* foi uma homenagem do descobridor Lindley à rainha Victoria, da Inglaterra.
- Nos rios Paraná, Paraguai e afluentes, ocorre a variedade *Victoria regia mattogrossensis.*
- Quando as lagoas onde as vitórias-régias vivem secam completamente, suas cápsulas de sementes ficam enterradas na lama até o retorno da água, no ano seguinte, para então, germinar.
- O nome popular, forno-d'água, atribuído à vitória-régia, deve-se ao fato de as grandes folhas flutuantes se assemelharem aos tachos rasos usados para torrar farinha de mandioca.

CRÉDITOS

A: alto inteira	E: embaixo
Ad: alto direita	Ed: embaixo direta
Ae: alto esquerda	Ee: embaixo esquerda
C: centro	Pd: página dupla
Cd: centro direita	Pi : página inteira
Ce: centro esquerda	

Capa
Ninhal - Peter Milko / Colhereiro – Haroldo Palo Jr. / Tuiuiú – Haroldo Palo Jr. / Alagado – Izan Petterle / Boiada – Zig Koch / Chapada dos Guimarães – Izan Petterle.

Sumário
4 E : Mario Friedlander / 5 A : Adriano Gambarini / 5 Cd : Zig Koch / 5 Ce : Mario Friedlander / 6 e 7 dupla : Carlos Zaith.

Apresentação
9 Pi : Peter Milko.

Descobrindo o Pantanal
12 / 13 P / D : Victor Andrade / 14 A : Peter Milko / 14 C : Zig Koch / 14 E : Carlos Zaith /16 A / C : Denise Greco / 16 E : Cícero Viegas / 17 Pi : Zig Koch / 18 A : Mario Friedlander /18 Cd : Izan Petterle / 18 E : Adriano Gambarini / 19 Pi : Milton Shirata.

Cenário Ecológico
24 / 25 Pd : Adriano Gambarini / 26 A / C / E : Mario Friedlander / 27 Pi : Adriano Gambarini / 28 A : Izan Petterle / 28 C : Victor Andrade / 28 E: Zig Koch / 29 A : Adriano Gambarini / 29 E : Mario Friedlander / 30 A / E : Mario Friedlander / 31 A : Victor Andrade / 31 C : Mario Friedlander / 31 E : Izan Petterle / 32 A : Cícero Viegas / 32 C : Izan Petterle / 32 E : Adriano Gambarini / 33 E : Mario Friedlander / 36 A / Ad : Peter Milko / 36 C : Victor Andrade / 36 E : Mario Friedlander / 37 A : Adriano Gambarini / 37 E : Victor Andrade / 38 A : Zig Koch / 38 C / E : Mario Friedlander / 39 A : Cícero Viegas / 39 E : Haroldo Palo Jr. /40 A : Mario Friedlander / 40 E : Milton Shirata / 41 Pi : Adriano Gambarini / 44 A / E : Zig Koch / 45 A : Haroldo Palo Jr. / 45 C : Adriano Gambarini / 45 E : Mario Friedlander / 46 A / Ad / E : Mario Friedlander / 47 A : Peter Milko / 47 E : Izan Petterle.

O Homem do Pantanal
48 / 49 Pd : Victor Andrade / 50 A : Victor Andrade / 50 E : Mario Friedlander / 51 Pi : Mario Friedlander / 52 A / C / Pd : Mario Friedlander / 53 A : Mario Friedlander / 54 A / E : Mapoteca / Odebrecht / 55 A : Mapoteca / Odebrecht / 55 C : Mario Friedlander / 56 A / E : Ag. Emporium / 57 C : Ag. Emporium / 60 A / E : Mario Friedlander / 60 C : Cícero Viegas / 61 A : Haroldo Palo Jr. / 61 E : Mario Friedlander / 62 A / E : Mario Friedlander / 63 Pi : Victor Andrade / 70 A : Victor Andrade / 70 C / E Haroldo Palo Jr. / 71 Pi : Izan Petterle / 72 A / E : Milton Shirata / 73 A: Mario Friedlander / 73 E : Zig Koch.

Pantanal Norte
74 / 75 Pd : Zig Koch / 76 C : Mario Friedlander / 76 E: Victor Andrade / 77 A / C : Cícero Viegas / 78 Pi: Cícero Viegas / 79 A : Zig Koch / 79 E : Milton Shirata / 81 A / Ce : Mario Friedlander / 81 E : Milton Shirata / 82 A / C / E : Mario Friedlander / 83 A : Milton Shirata / 83 Ce : Mario Friedlander / 84 A / C : Victor Andrade / 85 Pi : Mario Friedlander / 86 C : Mario Friedlander / 86 A : Milton Shirata / 87 A / Ce / Cd / E / Ee : Mario Friedlander / 90 A / : Peter Milko / 90 E: Mario Friedlander / 91 Ae : Peter Milko / 91 C : Mario Friedlander / 92 A : Peter Milko / 92 C / E : Mario Friedlander / 93 Pi : Mario Friedlander / 94 A : Mario Friedlander / 94 E : Mario Friedlander / 95 A / E: Mario Friedlander / 96 A / C : Zig Koch / 96 E : Mario Friedlander / 97 A / C / E : Divulgação / 98 A / C/ E : Mario Friedlander / 99 A : Peter Milko / 99 Cd / E: Mario Friedlander / 102 A : Zig Koch / 102 C : Milton Shirata / 102 E : Mario Friedlander / 103 A : Mario Friedlander / 103 C : Milton Shirata / 104 Ad : Zig Koch / 104 Ae : Haroldo Palo Jr. / 104 C : Izan Petterle / 104 E : Mario Friedlander / 105 Ad : Zig Koch/ 105 C: Victor Andrade / 106 A : Zig Koch / 106 Cd : Mario Friedlander / 106 / Ce / E : Mario Friedlander / 107 Cd : Izan Petterle / 107 Ce / E : Mario Friedlander / 108 Pi : Mario Friedlander / 109 A : Zig Koch / 109 C : Mario Friedlander / 110 A / C : Mario Friedlander / 110 Ce : Zig Koch / 110 E : Izan Petterle/ 111 Ae / Ce : Izan Petterle / 111 C : Zig Koch / 111 E : Mario Friedlander/ 114 A : Izan Petterle / 114 E : Mario Friedlander / 115 A : Mario Friedlander / 115 Ce : Peter Milko / 116 A / E : Mario Friedlander / 116 C : Izan Petterle / 117 A / E / Ee : Mario Friedlander / 118 Pi : Mario Friedlander/ 119 A / C : Mario Friedlander / 119 E : Haroldo Palo Jr./ 120 C : Mario Friedlander / 120 E : Milton Shirata/121 A / E : Mario Friedlander / 121 C : Milton Shirata.

Pantanal Sul
122 / 123 Pd : Mario Friedlander / 124 A : Haroldo Palo Jr./ 124 E : Vitor Andrade / 125 A : Peter Milko / 125 C: Victor Andrade / 126 Pi : Zig Koch / 127 A : Victor Andrade / 127 C / E : Haroldo Palo Jr. / 128 Ae : Haroldo Palo Jr. / 128 Ad / C / Ed / Ee : Victor Andrade/ 129 C : Victor Andrade / 130 Pi: Victor Andrade / 131 Ae / C / Ed : Victor Andrade / 131 Ad/ E : Haroldo Palo Jr. / 132 Ad / Ae / E : Victor Andrade/ 132 Cd : Haroldo Palo Jr. / 133 A: Divulgação / 133 E: Divulgação / 133 C : Haroldo Palo Jr. / 136 A : Peter Milko / 136 E : Victor Andrade / 137 A/ C : Victor Andrade / 138 C / E : Victor Andrade / 139 C: Victor Andrade / 140 A : Victor Andrade / 140 C : Claudia Vieitas / 141 A : Peter Milko / 144 A / C / Ed/ Ee : Victor Andrade / 145 A / C : Victor Andrade / 146 Ae / Ad / C : Victor Andrade / 147 Pi : Victor Andrade / 148 A / Ed / Ee : Victor Andrade / 149 Ad/ C : Victor Andrade / 149 Ae : Denise Greco / 150 A / C : Victor Andrade / 151 Pi : Victor Andrade / 154 A: Peter Milko / 154 Ee : Zig Koch / 155 Ae : Claudia Vieitas / 155 Ad : Victor Andrade / 156 A / E : Victor Andrade / 157 A / C : Haroldo Palo Jr. / 157 E : Victor Andrade / 158 Ae / Ad : Peter Milko / 158 E : Mario Friedlander / 159 Ad : Peter Milko / 159 C : Mario Friedlander / 160 A : Divulgação / 161 Pi : Peter Milko/ 162 A : Claudia Vieitas 162 C / E : Victor Andrade / 163 A : Mario Friedlander / 163 Cd / Ce : Milton Shirata / 164 A: Adriano Gambarini / 164 Ee : Zig Koch / 164 C : Haroldo Palo Jr. / 164 Ed : Victor Andrade / 165 A: Divulgação / 165 C / E : Victor Andrade / 166 Ad / E : Victor Andrade / 166 C : Milton Shirata / 167 Pi: Cícero Viegas / 170 A / Ed / Ee : Milton Shirata / 171 Cd / Ce : Victor Andrade / 172 A / C / E : Divulgação / 173 Pi : Victor Andrade.

Bonito
174 / 175 Pd : Zig Koch / 176 A : Victor Andrade / 176 E : Carlos Zaith / 177 A : Haroldo Palo Jr. / 177 E : Claudia Vieitas / 180 A : Carlos Zaith / 180 E : Victor Andrade / 181 C / E : Carlos Zaith / 182 Ad / E : Carlos Zaith / 182 C : Milton Shirata / 183 E : Victor Andrade / 183 C : Claudia Vieitas / 184 A : Claudia Vieitas / 184 C : Carlos Zaith / 184 E : Zig Koch / 185 A : Izan Petterle / 185 E : Victor Andrade / 186 A / E : Haroldo Palo Jr. / 186 C : Victor Andrade / 187 A : Mario Friedlander / 187 C : Haroldo Palo Jr. / 188 E : Haroldo Palo Jr. / 189 A / E : Haroldo Palo Jr. / 190 Pi : Victor Andrade / 191 A / E : Victor Andrade / 192 A / C : Carlos Zaith / 193 A : Haroldo Palo Jr. / 193 C : Adriano Gambarini / 193 E : Victor Andrade / 194 A / E : Victor Andrade /195 A / C : Victor Andrade / 196 Pi : Victor Andrade / 197 A / E : Victor Andrade / 198 A : Victor Andrade/ 198 Ad / C : Prefeitura Bodoquena / 199 A : Haroldo Palo Jr./ 199 E / Ed : Prefeitura Bodoquena / 200 A : Prefeitura Bodoquena / 200 C : Mario Friedlander / 200 E : Haroldo Palo Jr. / 201 A : Victor Andrade / 201 C: Prefeitura Bodoquena. / 201 E : Haroldo Palo Jr.

Chapada dos Guimarães
202 / 203 Pd : Mario Friedlander / 204 E : Mario Friedlander / 204 A : Peter Milko / 205 A / E : Mario Friedlander / 208 A : Mario Friedlander / 208 C : Carlos

Zaith / 208 E : Milton Shirata / 209 Ae : Zig Koch/ 209 Ad / E : Mario Friedlander / 210 A : Milton Shirata/ 210 C : Mario Friedlander / 210 E : Haroldo Palo Jr. / 211 Ad : Victor Andrade / 211 C : Haroldo Palo Jr. / 211 E : Victor Andrade / 212 A : Mario Friedlander / 212 E : Haroldo Palo Jr. / 213 A : Milton Friedlander / 213 Ce : Zig Koch / 213 C / Cd : Victor Andrade / 214: Pi : Mario Friedlander / 215 A / E : Mario Friedlander / 216 A : Mario Friedlander/ 217 A / E : Mario Friedlander/ 218 A / C : Mario Friedlander / 218 E : Haroldo Palo Jr. / 219 A / C / E: Mario Friedlander.

Serviços
220 / 221 Pd : Victor Andrade / 230 / 231 Pd : Mario Friedlander.

Animais
238 / 239 Pd : Zig Koch / 240 A / C / E : Haroldo Palo Jr. / 241 A / E : Haroldo Palo Jr. / 242 A / E : Haroldo Palo Jr. / 243 A : Zig Koch / 243 C : Haroldo Palo Jr. / 243 E : Mario Friedlander / 244 A : Zig Koch / 244 C / E : Haroldo Palo Jr. / 245 A/ C : Haroldo Palo Jr. / 246 A / E : Haroldo Palo Jr. / 247 A / E : Haroldo Palo Jr. / 248 A / C : Haroldo Palo Jr. / 249 A / E : Haroldo Palo Jr. / 250 A / E : Haroldo Palo Jr. / 251 A : Haroldo Palo Jr. / 251 C: Peter Milko / 252 A / C / E : Haroldo Palo Jr. / 253 A / C/ E : Haroldo Palo Jr. / 254 A / C : Haroldo Palo Jr. / 255 A / C / E : Haroldo Palo Jr. / 256 C : Haroldo Palo Jr. / 257 A : Zig Koch / 257 C : Haroldo Palo Jr. / 258 A / E : Haroldo Palo Jr. 258 C : Denise Greco /259 A : Haroldo Palo Jr. / 259 C: Zig Koch / 260 C : Haroldo Palo Jr. / 260 E : Zig Koch / 261 A / C / E : Haroldo Palo Jr./ 262 A / C/ E : Haroldo Palo Jr / 263 A / C : Haroldo Palo Jr. / 264 A / C : Haroldo Palo Jr. / 265 A / E : Haroldo Palo Jr. / 266 C / E : Haroldo Palo Jr. / 267 A / C : Haroldo Palo Jr. / 268 C / E : Haroldo Palo Jr. / 269 A : Haroldo Palo Jr. / 269 E : Mario Friedlander/ 270 A / E : Haroldo Palo Jr./ 271 A / C : Haroldo Palo Jr. / 271 E : Mario Friedlander / 272 C / E : Haroldo Palo Jr. / 273 C / E : Haroldo Palo Jr. / 274 A / E : Haroldo Palo Jr. / 275 A / C : Haroldo Palo Jr. / 276 A : Haroldo Palo Jr. / 276 E : Zig Koch / 277 E : Haroldo Palo Jr. / 278 C / E : Haroldo Palo Jr. / 279 A / E : Haroldo Palo Jr. / 280 C / E : Haroldo Palo Jr. / 281 A / C : Haroldo Palo Jr. / 281 E : Denise Greco / 286 A / C / E : Haroldo Palo Jr. / 287 C : Lizimar Dahlke / 287 E : Haroldo Palo Jr. / 288 A : Mario Friedlander / 288 E : Haroldo Palo Jr. / 289 A / E : Haroldo Palo Jr.

Plantas
290 / 291 PD : Mario Friedlander / 292 A / C : Haroldo Palo Jr. / 293 A / E : Haroldo Palo Jr. / 294 A / E : Haroldo Palo Jr. / 295 A / C : Mario Friedlander/ 296 A / E : Haroldo Palo Jr. / 297 A / E: Haroldo Palo Jr. / 298 A / E : Haroldo Palo Jr. 299 A/ C : Haroldo Palo Jr. / 300 A / C : Haroldo Palo Jr./ 301 A / C : Haroldo Palo Jr.

Índices
304 E : Zig Koch / 304 C : Denise Greco / 304 Ce / Cd : Adriano Gambarini.

AGRADECIMENTOS

Adalberto Eberhard – Presidente da Ecotrópica
Alcides Hirata – Presidente do Conselho Municipal de Turismo de Coxim
Antonietta Piva – Guia Turístico da cidade de Bonito
Cláudia Almeida – Posto de Informações Turísticas de Jardim
Coronel Carlos José Polhuber – Superintendente do Sistema de Vigilância da Amazônia - SIVAM
Coronel Paullo Esteves – Assessor de Comunicação Social do SIVAM
Deidamia Barbato Albuquerque – moradora da cidade de Aquidauana
Edison Willians Domingues – Diretor da SuperPesca
Enderson Guimarães - Philips do Brasil
Esdras Crepaldi – Coordenador de Turismo da Sec. Municipal de Meio Ambiente e Turismo de Cáceres
Everaldo Ferreira de Barros – Diretor da Grutas Tour – Nobres
Fátima Cordella – Diretora do Águas do Pantanal Inn e da Operadora Águas do Pantanal – Miranda
Flávia C. V. Moraes - Philips do Brasil
Francisco C. Lacerda – Sub-secretário da Secretaria do Estado de Desenvolvimento do Turismo de Mato Grosso
Giorgio Cordella – Diretor de Tours Externos do Águas do Pantanal Inn – Miranda
Gislaine Balbinot – Assessora de Comunicação CODE-MS/MS
Guilherme Rondon – Hotel Recanto Barra Mansa
Heleophar Serra – morador da cidade de Miranda
Israel Waligora – Diretor da Ambiental Expedições
Jairo Ernesto T. Freitas – Diretor do Portal Pantanal
Lana Mota - Assessora de Imprensa da Secretaria do Estado de Desenvolvimento do Turismo de Mato Grosso
Leonardo Hasenclever – Coordenador de Turismo da Secretaria Municipal de Meio Ambiente e Turismo de Corumbá
Major Ângelo Paccelli Cipriano Rabelo – Secretário de Meio Ambiente e Turismo de Corumbá
Manuel R. Puertollano - Gerente Regional de Vendas da Mercury Marine
Marcos Antonio Magalhães - Philips do Brasil
Mário Dílson – Assessor da Prefeitura Municipal de Bodoquena
Nícia Wendel de Magalhães – Bacharelada em História Natural pela USP e autora do livro Conheça o Pantanal
Nilza da Silva Taques Vieira – Assessora da Secretaria Municipal de Turismo de Barão de Melgaço
Paulo Brecia – Assessor da Secretaria Municipal de Meio Ambiente e Turismo de Corumbá
Profº Natalino Ferreira Mendes – Pesquisador e estudioso do Mato Grosso. Sócio do Instituto Histórico e Geográfico de Mato Grosso e membro da Academia Mato-grossense de Letras
Raquel de Lara Flores – Divisão Administrativa da Secretaria Municipal de Meio Ambiente e Turismo de Cáceres
Reinaldo F. F. Lourival – Presidente da Conservation International
Robertson Isan Vieira – Assessor do Conselho Municipal de Turismo de Coxim
Sebastião Moreira da Silva – Prefeito da cidade de Chapada dos Guimarães
Simoni Mamede – Bióloga da Prefeitura de Porto Murtinho
Sylvio Barros – Consultor de turismo
Thomas Milko – Piloto de avião

Dados Internacionais de Catalogação na Publicação (CIP)
(Câmara Brasileira do Livro, SP, Brasil)

Guia Pantanal e Bonito / [coordenação Fernanda de Paula].
São Paulo: Audichromo Editora, 2000.

Vários colaboradores.

1. Bonito (MS) – Descrição e viagens 2. Pantanal Mato-grossense (MT e MS) – Descrição e viagens I. Paula, Fernanda de.

ISBN 85-88031-01-9 CDD-918.171
00-3397 -918.172

Índices para catálogo sistemático:
1. Bonito: Mato Grosso do Sul: Descrição e viagens:
Guias 918.171
2. Pantanal Mato-grossense: Descrição e viagens: Guias 918.172

Índices

Cidades

Animais e Plantas